Yang Erche Namu, Christine Mathieu
Das Land der Töchter

Yang Erche Namu
Christine Mathieu

Das Land der Töchter

Eine Kindheit bei den Moso,
wo die Welt den Frauen gehört

Aus dem Amerikanischen
von Barbara Röhl

Ullstein

Die Originalausgabe erschien 2003 unter dem Titel
Leaving Mother Lake. A Girlhood at the Edge of the World,
bei Little, Brown and Company, New York

Ullstein Verlag
Ullstein ist ein Verlag des Verlagshauses Ullstein Heyne List GmbH & Co. KG

ISBN 3-550-07578-2

Unseren Müttern gewidmet

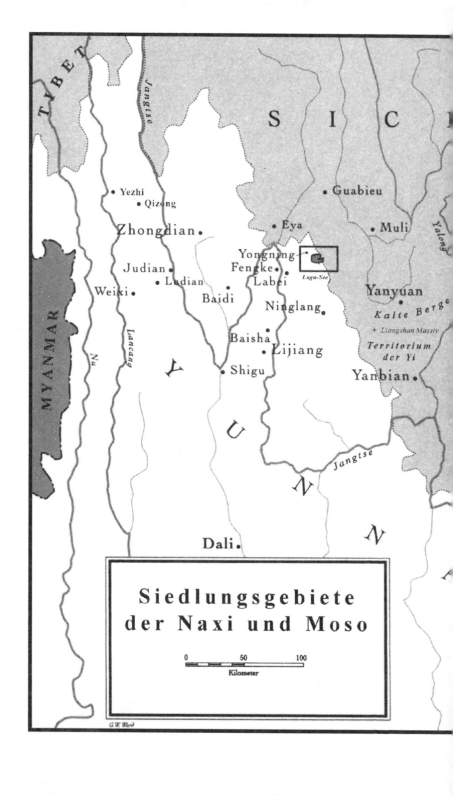

Siedlungsgebiete
der Naxi und Moso

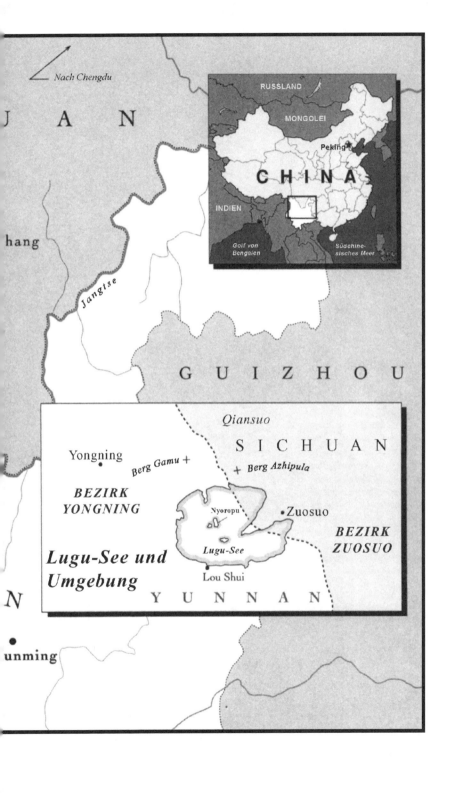

Genug Tränen für ein ganzes Leben

Meine Mutter hat vergessen, wann ich geboren wurde. Sie erinnert sich weder an das Jahr, den Monat noch den Tag. Wie sie sagt, weiß sie nur noch, dass ich zu viel geweint habe. »Von dem Moment an, in dem du geboren wurdest, hast du nichts als Schwierigkeiten gemacht.«

»*Ama*, versuch dich doch zu erinnern«, beharre ich.

Meine Mutter nimmt einen Schluck Buttertee. »Frag Dujema, sie war dabei«, gibt sie zurück.

Dujema ist unsere Nachbarin. Außerdem ist sie die beste Freundin meiner Ama, und die beiden sind oft zusammen. Sie arbeiten und singen dazu, um sich aufzumuntern. Und wenn sie von den Feldern zurück sind, sitzen sie am offenen Feuer, trinken Buttertee und plaudern. Für gewöhnlich reden sie über das Wetter und die Ernte, aber ebenso oft sprechen sie über Männer. Dujema ist groß und stark und sehr schön, und sie hat viele Liebhaber. Wenn meine Mutter und Dujema über Männer reden, dann lachen oder weinen sie, und manchmal tun sie beides zugleich.

Auch jetzt lacht Dujema. Im Schein des Kaminfeuers schimmert ihr hübsches, tief gebräuntes Gesicht wie polierter Bernstein.

Auf allen Vieren rutsche ich zu ihr hinüber und hocke mich dicht neben sie. »Sag mir, Dujema, wie war das, als ich geboren wurde? Erinnerst du dich?«

»Oh ja, und ob ich das noch weiß«, sagt sie.

Ich kuschle mich in ihre Armbeuge, und sie erzählt mir davon.

Es war im Jahr des Pferdes, und der Winter hatte begonnen. Die Berge waren bereits weiß überpudert, aber meine Ama spürte weder die Kälte, noch bemerkte sie, wie sich Stille über die schneebedeckten Felder breitete. Auch meine Schwestern hörte sie nicht, die auf der anderen Seite der Feuerstelle zankten und kicherten. Meine Ama fühlte nur eines, nämlich, dass der kleine Junge in ihrem Bauch sich standhaft weigerte, herauszukommen.

9

Dujema kniete auf der Strohmatte, auf der meine Mutter neben der Feuerstelle auf dem Boden lag. Sie wischte meiner Ama die Tränen vom Gesicht, strich ihr über die Stirn und ließ die Hände über ihren gespannten Leib gleiten, um sich zu vergewissern, dass das Kind sich in der richtigen Lage befand. Als die Schmerzen unerträglich wurden, steckte sie meiner Ama einen getrockneten Maiskolben in den Mund und befahl ihr, darauf zu beißen. Und als meine Ama endlich still war, legte Dujema Holz nach und starrte in die hellen Flammen. Wieder kam ihr derselbe erschreckende Gedanke. »Das ist ihr drittes Kind. Die Geburt müsste eigentlich viel leichter verlaufen.« Und als meine Ama den Maiskolben ausspuckte, sich zur Seite drehte und sich mit zitternden Händen den Bauch hielt, sagte Dujema: »Latso, du weißt, dass es bei Jungen immer besonders weh tut. Der hier muss ein sehr kräftiger Knabe sein.«

Meine Mutter schloss die Augen und verbiss sich die Tränen. »Ja. Ein Junge«, sagte sie. »Das ist den Schmerz wert.«

Einen ganzen Tag und eine ganze Nacht ging das so.

Am nächsten Morgen, kurz nachdem der Hahn die Sonne geweckt hatte, stöhnte Ama plötzlich lauter und bäumte sich heftig auf, und dann noch einmal. »Du hast es geschafft, Latso!«, rief Dujema. »Ich sehe den Kopf!« Erleichtert lachte sie. »Einen dicken Kopf. Den Kopf eines großen Jungen!« Und dann zerrte sie das strampelnde, schreiende Baby – mich – in den schmalen Strahl Morgenlicht, der durch die Öffnung im Dach, die sich direkt über dem Herd befand, einfiel.

»Geht es ihm gut?«, fragte Ama ängstlich. Sie wollte sich auf die Ellbogen stützen, um mich anzusehen, aber sie war zu schwach. So sank sie auf die Matte zurück, schloss die Augen und überließ es Dujema, mich im warmen Schein des offenen Feuers genauer zu untersuchen.

»Ja, dem Kind geht es gut«, antwortete Dujema, wickelte mich in eine Decke und wandte sich ab, um meine neugierigen Schwestern zur Ruhe zu rufen. Das Stöhnen meiner Mutter hatte sie geweckt. Sie waren aufgestanden und knufften sich jetzt gegenseitig, um einen besseren Blick auf ihren winzigen Bruder zu erhaschen.

Dujema raffte den langen Rock, auf dem sie gesessen hatte, und stand auf. Nach den langen Stunden, die sie neben meiner Ama gekauert hatte, knackten ihre Knie. Ungeduldig schnalzte sie mit der Zunge und rief meiner älteren Schwester zu, sie solle sich beeilen und die Schere aus dem Nähkorb holen. Dann nahm sie ein Stück Anmachholz aus dem Herd, um den heiligen Salbei anzuzünden, den sie vor fast zwei Tagen in dem großen Eisentopf bereitgestellt hatte.

Der Salbei knisterte. Dicker, duftender Rauch trieb langsam durch unser Blockhaus und stieg dann durch das Loch im Dach zu den Göttern im Himmel auf. Und während der Rauch alle Ecken und Winkel des Hauses reinigte, schöpfte Dujema warmes Wasser in unsere blaue Emailleschüssel. Nach einer so langen Geburt war keine Zeit zu vergeuden; sie musste mich von meiner Mutter trennen. Dujema nahm die Nähschere von meiner Schwester entgegen, zog sie durch den Salbeirauch und durchschnitt dann die Nabelschnur. Darauf tauchte sie mich in die Emailleschüssel.

»Alles ist gut, alles ist vom Glück begünstigt«, intonierte Dujema und übertönte mein Neugeborenengebrüll. »Der Raum ist geläutert. Das Kind ist gesund. Das Wasser ist rein. Alles befindet sich in Harmonie.«

Als sie mich gewaschen und abgetrocknet hatte, salbte Dujema meine Stirn mit einem kleinen Klecks Yak-Butter. Sie steckte mir eine Stoffwindel zwischen die Beine, packte mich in das traditionelle quadratische Baumwolltuch und band mir einen winzigen rot-grünen Baumwollgürtel um den Bauch.

Und dann reichte sie mich meiner schläfrig daliegenden Mutter.

»Es ist ein Mädchen, Latso«, erklärte Dujema.

Meine Ama schlug die Augen auf. »Ein Mädchen?«, fragte sie zurück, in der Hoffnung, ihre Freundin falsch verstanden zu haben.

Dujema sah in mein zerknittertes Gesichtchen und lächelte, während ich Tränen vergoss. »Ja! Ein kleines Mädchen.«

Meine Schwestern begannen von neuem zu kichern. »Ja, es ist ein Mädchen«, wiederholten sie. »Ein großes Mädchen mit einem dicken Kopf!«

Und jetzt kichere auch ich und vergrabe mein Gesicht in Dujemas Rock. »Warum hat die Geburt meiner Ama denn so weh getan, obwohl ich ein Mädchen war?«, frage ich.

»Vielleicht wolltest du ja nicht herauskommen, damit du sie nicht enttäuschst«, scherzt sie.

Meine Mutter lacht. Mit dem Ärmel wischt sie über das Gesicht des kleinen Howei, der selig seine Milch aufstößt, und nimmt noch einen Schluck Buttertee.

Die Enttäuschung meiner Mutter über meine Geburt war ungewöhnlich, denn wir Moso neigen dazu, Töchtern den Vorzug vor Söhnen zu geben – deswegen nennen die Chinesen unser Land auch das »Land der Töchter«. Bei uns erben die Frauen und nicht die Männer das Haus der Familie und stehen dem Haushalt vor. Aber eine Familie hat Söhne ebenso nötig wie Töchter. Wir brauchen Männer, die in den Bergen die Yaks hüten, mit den Pferdekarawanen reisen, Handel mit der Außenwelt treiben oder die lange Reise nach Lhasa unternehmen, um die heiligen buddhistischen Schriften zu studieren und Lamas zu werden. Ohne unsere Lamas könnten wir unseren Kindern keine Namen geben und die Seelen der Verstorbenen nicht in den nächsten Lebenszyklus schicken.

Doch in unserer Familie gab es keine Männer; wir hatten keine Onkel, keine Brüder und keine Söhne, die bei uns lebten; wir hatten weder Großmütter noch Tanten. Wir besaßen nicht einmal Verwandte in der Umgebung. Unsere Familie war anders als alle anderen im Dorf, und der Grund für all dies war, dass meine Mutter vor Jahren gegen den Brauch der Moso verstoßen hatte.

Nach unserer Tradition darf eine Familie niemals auseinander gehen. Töchter und Söhne bleiben ihr ganzes Leben lang bei ihrer Mutter und anderen Verwandten aus der mütterlichen Linie wohnen. Idealerweise sollen alle Familienmitglieder in dem Haus sterben, in dem sie geboren wurden, dem Haus ihrer Mutter und ihrer Großmutter. Aber als meine Ama ein sehr junges und sehr hübsches Mädchen war, lief sie aus dem Haus ihrer Großmutter fort. Sie war neugierig und rastlos und wollte die Welt sehen, diese wunderbare Welt, die ihre Onkel mit den Pferdekarawanen bereisten. Aber sie kam nicht sehr weit. Nach zwei Tagesmärschen war ihre Reise im

Zuosuo-Tal zu Ende, auf der anderen Seite des Berges. Dort verlor sie ihr Herz an einen gut aussehenden jungen Mann und vergaß bald die Träume, die sie in die Ferne gelockt hatten. Als ihr Bauch so rund wie der Vollmond war, beschloss sie, ein Haus zu bauen und in der Nähe seines Dorfes eine eigene Familie zu gründen.

Ein paar Monate nach dem Bau unseres Hauses wurde meine älteste Schwester Zhema geboren. Dann, bald nachdem Zhema laufen konnte, sang meine Mutter mit einem anderen Mann von neuem die Lieder der Werbung und brachte einige Monate später noch eine Tochter zur Welt, Dujelema. Darauf verliebte sie sich in einen neuen Mann. Sein Name war Zhemi, und er stammte aus Qiansuo, wo meine Großmutter lebte. Wenn er mit der Pferdekarawane nach Tibet zog, hielt er oft auf der Durchreise in Zuosuo an. Zhemi war groß, und er besaß sehr edle und schöne Hände. Oft hat meine Ama Dujema erzählt, dass sie sich in Zhemi verliebte, als sie seine Hände ansah.

Zhemi sollte mein Vater werden.

Bei meinem Volk leben die Familien üblicherweise auf die folgende Weise zusammen: Männer und Frauen heiraten nicht, denn die Liebe ist wie die Jahreszeiten – sie kommt und geht. Eine Moso-Frau kann in ihrem Leben viele Geliebte haben und viele Kinder. Aber jedes davon hat vielleicht einen anderen Vater, und keiner der Väter lebt mit seinen Kindern zusammen. Moso-Kinder wachsen im Haus ihrer Mutter auf und nehmen den Familiennamen ihrer Vorfahren mütterlicherseits an. Sie werden zusammen mit ihren Cousins und Cousinen großgezogen, den Kindern der Schwestern ihrer Mutter. Die einzigen Männer, die im Haus wohnen, sind die Brüder und Onkel der Frauen. Statt eines Vaters haben Moso-Kinder oft viele Onkel, die sich um sie kümmern. Und wir haben gewissermaßen auch viele Mütter, weil wir unsere Tanten *azhe Ami* rufen, was »kleine Mutter« bedeutet.

Als ich geboren wurde, hielt mein Vater sich im Haus seiner Mutter in Qiansuo auf, und da keine Verwandten bei uns lebten, war niemand da, der meiner Ama hätte helfen können. Keine Schwestern, die geholfen hätten, Feuerholz zu hacken oder Essen zu kochen, und keine Onkel, die ihr neugeborenes Baby auf dem Arm

13

trugen. Als Dujema sie also genug mit Eiern, Hühnersuppe und Maisgrütze gefüttert hatte und meine Ama stark genug zum Aufstehen war, band sie mich auf ihren Rücken. Und während meine zwei Schwestern an ihrem langen Rock hingen, trug sie mich überall mit sich herum, während sie kochte und putzte und die Hühner und Schweine versorgte.

Ich wurde ihr bald eine ziemliche Last.

Von dem Moment meiner Geburt an schrie ich. Ich schrie den ganzen Tag und oft auch noch die Nacht hindurch, Woche auf Woche und Monat auf Monat. Niemand begriff, warum ich einfach nicht zu weinen aufhörte. Meine Mutter versuchte alles. Sie sang mir Schlaflieder vor. Sie wiegte mich in ihren Armen und schaukelte mich sanft auf ihrer Schulter. Sie stillte mich, bis ihre Brüste versiegten.

Wenn sie mein Gebrüll nicht mehr aushielt, wickelte sie mich manchmal fest in ein Ziegenfell und legte mich unter den *Kang*, die hölzerne Plattform, auf der die Familie abends um den Herd sitzt. Dann hielt sie sich mit beiden Händen die Ohren zu und rannte in den Hof, wo sie die Tiere anschrie. Und wenn sie genug geschimpft hatte, dann ging sie auf und ab, bis sie sich ruhiger fühlte, und holte mich wieder unter der Plattform hervor, wo ich immer noch brüllte und strampelte.

Eines Abends hatte sie mich wieder allein unter dem *Kang* schreien lassen. Ich zappelte so lange, bis ich meine Ärmchen aus dem Ziegenfell befreit hatte, und griff nach der leuchtenden Glut, die durch die Risse unter dem Herd gefallen war. Meine winzigen Finger schlossen sich um die glühende Kohle, und ich kreischte, was meine kleinen Lungen hergaben. Meine Ama stürzte ins Haus zurück, aber meine Hand war bereits schrecklich verbrannt. Bis heute treten meiner Mutter Tränen in die Augen, wenn sie die Narbe an meiner rechten Hand betrachtet.

Danach beschloss Ama, Hilfe zu suchen. Sie schnitt einen Fetzen von meiner Kleidung ab und machte sich mit einem großen Bündel wilden Salbeis auf, um sich mit dem alten Lama Ruhi zu beraten.

Der heilige Mann scheuchte seine Hühner und Ferkel davon, und meine Ama trat durch das hölzerne Portal in seinen Hof. Dort nahm sie, wie der Brauch das verlangt, respektvoll ihren Kopfputz ab und vollführte drei Kotaus, wobei sie jedes Mal mit der Stirn den kalten Boden berührte. Als sie aufstand, strich sie sich den langen Rock glatt, nahm ihr Bündel auf und folgte Lama Ruhi in einen weiteren Innenhof. Dieser war auf zwei Seiten von den Zimmern der Frauen umgeben, und am entfernten Ende befand sich eine kleine Kapelle. Dort führte Lama Ruhi meine Mutter zu einem großen Tonofen, der an der Wand der Kapelle stand. Darauf häufte sie ihre Salbeizweige, und der alte Mann hielt ein Streichholz daran.

Die Zweige knackten, und der Rauch stieg durch den Kamin in den Himmel auf.

Lama Ruhi betrachtete den Rauch eine Weile, dann führte er Ama über die Treppe in seine kleine Kapelle, in der der Duft des Salbeirauchs, brennender Weihrauch und der Schein winziger Flammen, die in den Butterlampen auf dem Altar tanzten, eine freundliche Stimmung verbreiteten. Wieder senkte Ama ihren Kopf bis zum Boden, dieses Mal, um den Bildern der gelben Buddhas die Ehre zu erweisen, die heiter und wohlwollend von ihrem Platz über dem Altar hinabblickten. Und als endlich all diese Formalitäten erledigt waren, setzte Lama Ruhi sich auf ein großes rotes Kissen, während meine Mutter vor ihm auf dem nackten Boden niederkniete. Höflich legte sie ihre Hände zusammen, so dass ihre Finger nach oben in den Himmel zeigten und ihre Daumen ihr Herz berührten.

»Onkel Lama, wie ist deine Gesundheit?«, fragte sie. »Wie steht es um deine Felder?«

»Und wie geht es deiner Familie in Qiansuo?«, gab er lächelnd zurück. »Hast du etwas von deiner Mutter gehört? Von deinen Schwestern und Brüdern?«

»Danke der Nachfrage«, antwortete sie, »aber die Pferdekarawane ist noch nicht durchgezogen, und wir haben keine Nachricht.«

»Diesen Sommer hat es in Qiansuo gehagelt«, bemerkte er. »Konnte deine Familie eine gute Ernte einbringen?«

»Ich danke dir für deine Sorge. Alle sind wohlauf. Aber ich bin weder um meiner Mutter noch um meiner Schwestern und Brüder willen gekommen oder wegen der Ernte. Ich bin hier, weil meine dritte Tochter nicht zu weinen aufhört. Ich habe schon genug mit dem Lärm zu tun, den die Schweine, die Hühner und die Kühe veranstalten. Nachts kann ich nicht schlafen. Ich bin todmüde, und ich fürchte, ich werde noch alle Haare verlieren. Sie schreit und schreit. Ich kann tun, was ich will, sie hört einfach nicht auf.«

Meine Mutter nahm die Hände herunter, griff unter ihren Gürtel und holte das kleine Stück Stoff von meiner Kleidung hervor. »Bitte, Onkel, hilf mir«, bat sie.

Lama Ruhi beugte sich vor, nahm das Stoffstück und führte es an seine Nase. Er roch daran, schloss die Augen und schnüffelte noch einmal aufmerksam, und dann sah er meine Ama an. »Wann wurde das Kind geboren?«, fragte er.

Ama zögerte. »Als der Hahn krähte.«

»Ja, aber was ist ihr Sternzeichen?«

Meine Mutter runzelte die Stirn. »Nun ja, wir haben das Jahr des Pferdes, dann muss sie wohl Pferd sein ...«

Lama Ruhi lachte. »Was soll das heißen, sie muss Pferd sein? Weißt du denn nicht, wann deine Tochter geboren ist?«

Ama schlug die Augen nieder. »Ich weiß, dass es an der Zeit ist, dass sie einen Namen bekommt. Sie ist bestimmt schon über zwei Monate alt. Ich habe vier Mäuler zu stopfen, die Schweine und Hühner und Pferde zu versorgen und keine Brüder und Schwestern, die mir helfen. Darüber habe ich ja sogar meinen eigenen Geburtstag vergessen!«

Der alte Mönch unterdrückte ein Lächeln. Mit halb geschlossenen Augen begann er mit tiefer, leiser Stimme eine Sutra zu rezitieren. Als er fertig war, sah er meiner Mutter gelassen ins Gesicht. »Latso, auf deine dritte Tochter wartet ein ganz besonderes Schicksal. Aber um dein Problem zu lösen, musst du zuallererst einen passenden Namen für sie suchen.«

»Und wie finde ich diesen Namen?«, fragte meine Mutter eifrig. Sie war erleichtert zu hören, dass es einen Ausweg gab, und begierig, ihn so rasch wie möglich zu beschreiten. »Warum gibst du ihr nicht einen Namen, Onkel?«

»Am fünfzehnten Tag des Monats«, verkündete Lama Ruhi feierlich, »musst du dein Haus verlassen, bevor der Hahn kräht, dieses

Kind zum Kreuzweg in der Mitte des Dorfes tragen und dort warten. Den ersten Menschen, dem du begegnest, bittest du, ihr einen Namen zu geben. Dann wird sie zu weinen aufhören.«

Am fünfzehnten Tag dieses Monats stand Ama eine ganze Weile vor Sonnenaufgang auf. Sie wickelte mich fest ein, band mich auf ihren Rücken, warf sich eine Leinentasche mit Essen über die Schulter und ging die Straße entlang. Am Kreuzweg breitete sie ein Ziegenfell auf dem Boden aus und legte mich darauf. Sie nahm die Nahrungsmittel, die sie als Opfergabe für die Ortsgeister mitgebracht hatte, aus ihrer Tasche und platzierte sie behutsam auf der Erde – eine Schale roter Reis, eine Scheibe Schinken und ein ganzes gekochtes Huhn –, wobei sie die ganze Zeit grübelte. Es war so scheußlich kalt, dass kein Mensch, der bei Verstand war, sich vor Sonnenaufgang aus dem Haus wagen würde. Und wenn nun niemand kam? Würde das Kind ewig weiterschreien? Und was würden die anderen Mädchen tun, wenn sie aufwachten und feststellten, dass sie fort war? Was, wenn das Baby sich erkältete?

Sie griff nach ihren Gebetsperlen, und fast sofort geschah ein Wunder. Denn kaum hatte sie ein paar Mantras rezitiert, als nicht weit entfernt in der Dunkelheit das Glöckchen eines Lamas klingelte. Blinzelnd sah Ama der dunklen Gestalt entgegen, die über die Straße auf sie zu schritt, und lächelte dann. Der Ankömmling war der alte Bonpo-Mönch Lama Gatusa. Er ging sehr langsam, über seinen hölzernen Stock gebeugt und den Blick auf den Boden gerichtet. Er war auf dem Weg zum See, um Wasser für die Morgengebete zu holen.

»Onkel Lama! Du bist früh unterwegs!«, rief sie aus und vollführte einen Kotau.

Der verehrte Alte sah meine Mutter, die sich auf der harten, kalten Straße niedergeworfen hatte, ihre Opfergaben und das greinende Kind auf dem Ziegenfell.

»Was ist mit diesem Kind?«, fragte er.

»Onkel Lama«, antwortete meine Mutter und hob die Stirn vom Boden, »dies ist meine dritte Tochter. Sie weint zu viel. Ich habe Lama Ruhi aufgesucht, und er hat mir geraten, heute sei ein guter Tag, um ihr einen Namen zu geben. Ich solle zum Kreuzweg gehen und warten. Nie hätte ich gedacht, dass mir als erstes ein Lama begegnen würde. Meine Tochter ist vom Glück begünstigt. Bitte, Onkel, kannst du ihr nicht einen Namen geben?«

Lama Gatusa beugte sich noch etwas weiter vor und streckte meiner Mutter ein wenig zittrig die Hand entgegen, um ihr zu bedeuten, dass sie aufstehen solle. Dann versuchte er, mich hochzunehmen, überlegte es sich dann aber anders und bat meine Ama, mich von dem Ziegenfell aufzuheben, damit er mich genauer betrachten konnte. »Sie ist so hübsch wie das Licht des Mondes«, sagte er, und sein altes, zerfurchtes Gesicht verzog sich zu einem freundlichen Lächeln. Er legte die Hand auf meinen Bauch, sah mich lange an und begann mit leiser, bebender Stimme zu singen. »Ihr Name ist Erche Namu«, sagte er, als er aufhörte.

Ama nickte. In unserer Sprache bedeutet *erche* »kostbarer Schatz«, und *namu* heißt »Prinzessin«. Und da ich in diesem Moment rein zufällig zugleich wach war und ruhig, war meine Mutter sofort beeindruckt von dem Zauber, den mein Name anscheinend ausübte. »Meine kostbare Prinzessin«, sprach sie noch einmal leise vor sich hin. Und als der alte Lama langsam seinen Weg zum See wieder aufnahm, folgte Ama ihm, umschlang mich mit ihren Armen und passte dankbar ihren ungeduldigen Schritt dem unsicheren Gang des Alten an.

Wir Moso sagen, dass das Wasser des Lugu-Sees frühmorgens am reinsten ist, bevor die Vögel daraus trinken. Deswegen kommen die Lamas so früh zum See, um das Wasser für ihre Morgengebete zu holen. Als Ama und der alte Lama Gatusa das Ufer des Lugu-Sees erreichten, war die Nacht noch vollkommen still, aber der Mond verblasste bereits, und über den hohen, zerklüfteten Bergen verbreitete der nahe Sonnenaufgang bereits einen schwachen Schein. Wir waren gerade noch rechtzeitig zum See gekommen, denn die Vögel erwachen, wenn die Sonne aufgeht.

Den Anweisungen des Lamas folgend, tauchte meine Mutter die rechte Hand in den See und schöpfte gerade genug Wasser, um mein Gesicht zu waschen. Dann hielt sie mich unter den zustimmenden Blicken unserer großen Muttergöttin, des Berges Gamu, dem Himmel entgegen.

Was mich anging, so war ich durch das eiskalte Wasser auf meinem Gesicht jetzt hellwach und schrie mit aller Kraft.

Tatsächlich sorgte der Umstand, dass man jetzt einen Namen für mich hatte, und dabei noch so einen schönen, nicht dafür, dass ich mit dem Schreien aufhörte. Ganz im Gegensatz zu Lama Ruhis Prophezeiung schien mein Gebrüll sogar noch lauter zu werden, während die Tage vergingen und mein Körper von der Milch meiner Mutter immer kräftiger wurde. So laut, dass sich inzwischen überall in den Nachbardörfern und weit darüber hinaus die Kunde verbreitete, dass meine Mutter eine Tochter zur Welt gebracht hatte, die ein Sohn hätte werden sollen und die nicht zu weinen aufhörte. Meine Tränen waren zur Legende geworden.

Eines Tages im Sommer kam Dujema zu Besuch in unser Haus. Sie hatte Gerstenplätzchen mitgebracht und wollte, dass meine Mutter sich mit ihr an die Feuerstelle setzte und Tee trank. Ich brüllte wie üblich. Während also Ama Dujemas Kekse auf den Ahnenaltar legte und Butter und Salz holen ging, um sie in den Tee zu quirlen, nahm Dujema mich auf den Arm, ging hin und her, sang leise für mich und wiegte mich an ihrer Schulter.

Als der Tee fertig war, setzte sich Dujema an die für Ehrengäste reservierte Stelle am Feuer. Ama nahm ihr gegenüber Platz, auf der linken Seite, wo immer die Hausherrin sitzt.

»Schau dir dieses laute kleine Schweinchen an«, sagte Dujema und hielt mich im Schein des Feuers in die Höhe. »Kleines Schweinchen«, befahl sie, »kleine Kartoffel, hör auf zu weinen!« Und sie legte mich an ihre Brust. Ich trank gierig. »Schau, Latso, sie ist doch gar kein so böses Mädchen«, meinte Dujema. Und nach einer nachdenklichen Pause setzte sie hinzu: »Du bist wirklich vom Glück begünstigt. Du hast jetzt drei Mädchen, und ich nur zwei Jungen!«

Meine Ama gab keine Antwort. Sie intonierte die übliche Beschwörungsformel und spritzte gelassen ein paar Tropfen Tee über den Herd, zu Ehren des Feuergottes Zabbala. Dann schenkte sie zwei Schalen Tee ein und reichte, wie das unser Brauch ist, eine davon höflich mit beiden Händen an Dujema weiter. Dann stellte sie den Teller mit den Plätzchen vor Dujema auf den Holzboden.

Dujema nahm einen Schluck Tee und biss nachdenklich in ihren Keks. »Wenn ich keine Mädchen habe«, bemerkte sie, »wer soll mir dann Enkelkinder schenken? Jeder weiß, dass die Frauen der Reichtum eines Hauses sind.«

Meine Ama sah zu, wie ich an Dujemas Brust gluckerte und fragte sich, ob Dujemas Milch vielleicht süßer schmeckte als ihre eigene, aber sie schwieg und schaute ins Feuer.

»Sie mag dich«, sagte sie endlich.

Dujema nickte.

»Du kannst sie haben«, fügte meine Mutter hinzu.

Dujema lächelte. Genau das hatte sie bezweckt. »Zum Tausch für diese hier gebe ich dir Tsili«, meinte sie und sah in das müde Gesicht meiner Mutter auf. »Er ist schon zwei Jahre alt und macht nicht mehr viel Arbeit. Und du weißt ja, was die Leute erzählen, Latso. Wenn wir unsere Kinder tauschen, dann wirst du ganz bestimmt einen Sohn bekommen, wenn du das nächste Mal schwanger wirst.«

So kamen meine Ama und Dujema überein, ihre Kinder auszutauschen – eine Tochter gegen einen Sohn.

Mir schien leider dieses neue Arrangement nicht zu gefallen, denn kaum war ich in Dujemas Haus angekommen, fing ich wieder zu schreien an. Und nun brüllte ich so laut und so anhaltend, dass alle Mitglieder des Haushalts die Nacht mit zugehaltenen Ohren verbrachten. Ich schrie so laut, dass meine Ama sagte, sie hätte mich die ganze Nacht lang durch die Holzbohlenwände unseres Hauses gehört.

»Gib sie zurück!«, befahl Dujemas Mutter nach vierzehn schlaflosen Nächten. »Wenn sie so weitermacht, wird noch das ganze Haus auseinanderbrechen und zusammenfallen.«

Also gab Dujema mich an meine Ama zurück und nahm ihren Tsili wieder mit.

Ein Jahr später kam eine Frau aus einem Nachbardorf mit Geschenken in unser Haus: Tee, Schinken, Huhn, Eier und Gerstenplätzchen. Sie hatte gehört, dass meine Mutter geschwächt war, weil sie für ein Mädchen sorgen musste, das ein Junge sein wollte, und sie ging mit mir fort.

Die arme Frau hatte Jahre lang versucht, Kinder zu bekommen, aber trotzdem behielt sie mich nur zwei Nächte. Am dritten Tag brachte sie mich nach Hause. Ihre Augen waren rot und geschwollen durch den Schlafmangel. »Dieses kleine Mädchen hat ein schreckliches Temperament. Wir haben alles versucht. Lieber möchte ich gar kein Kind als ein Mädchen, das nicht zu weinen aufhört.«

Und so war ich wieder bei meiner Ama.

Wochen vergingen, dann Monate. Die Bäume am See wurden rot und orangefarben, und von den Berggipfeln flogen die Kraniche herbei. Dann fiel Schnee auf den Hügeln. Und eines Tages sang im Wald der Kuckuck, und der Frühling kehrte zurück.

Eines sonnigen Nachmittags erschien eine Frau, die ganz genau wie meine Ama aussah, in unserem Hof. Sie hielt einen kleinen Jungen an der Hand.

»Dies ist deine Tante Yufang«, erklärte meine Ama. »Und das ist dein Cousin Ache. Sie sind den weiten Weg von Großmutters Haus hergewandert, um dich kennen zu lernen.«

Ein paar Wochen später belud Tante Yufang ihr kleines Bergpony, und meine Mutter packte mich in warme Kleider ein. Wir winkten meiner Ama und meinem kleinen Cousin Ache zum Abschied zu und machten uns auf den Rückweg zu Großmutters Haus in Qiansuo. Aber sobald wir an die letzte Lehmmauer am Dorfrand kamen, begann ich an Tante Yufangs Hand zu ziehen und weigerte mich weiterzugehen. Und als Tante Yufang mich in die Arme nahm, um mich auf das kleine Pferd zu setzen, schrie und trat und kratzte ich. Wir waren nur ein paar Meilen weit gekommen, als sie aufgab und wir umkehrten. Meine Ama tauschte mich dann gegen meine ältere Schwester Dujelema ein und behielt Ache. Und ich wurde als das Mädchen bekannt, das drei Mal zurückgegeben wurde.

Aber auf jeden Fall hatte dieser letzte Tausch etwas Gutes. Denn nur wenige Monate, nachdem meine Mutter Dujelema zu Tante Yufang geschickt hatte, brachte sie meinen kleinen Bruder Howei zur Welt und bewies so die Richtigkeit unserer Tradition des Kindertausches. Und das war nicht alles. Von dem Moment an, in dem mein Adoptivbruder Ache zu uns zog, war ich vollständig fasziniert von ihm und hörte zu weinen auf. Es war, als wäre ich an einem einzigen Tag ein normales Kind geworden. Zumindest sah es zu Beginn so aus. Denn das Merkwürdige ist, dass ich, nachdem ich zu schreien aufgehört hatte, nie wieder geweint habe.

Dujema meint, das läge daran, dass ich in meinen ersten drei Jahren genug Tränen für ein ganzes Leben vergossen habe.

Latso

Meine Mutter Latso wuchs in der Gegend von Qiansuo auf, im Haus ihrer weiblichen Vorfahren, einem traditionellen Holzhaus mit drei Höfen, einem Gemüsegarten und Blumenbeeten. Meine Großmutter liebte Blumen. Besonders gern mochte sie gelbe Chrysanthemen, weil sie in den buddhistischen Tempeln die besten Opfergaben waren. Aber meine Großmutter pflanzte alle möglichen Blumen an, und wegen der vielen bunten Farben konnte man ihr Haus auf große Entfernung von der Bergstraße aus erkennen.

In ihrem Haus war meine Großmutter *Dabu*, das Oberhaupt des Haushalts. Zum Zeichen ihrer Stellung trug sie den Schlüssel zum Getreidespeicher am Gürtel und einen stolzen Ausdruck im Gesicht. Ihre Aufgabe war es, die Arbeit zu planen und zu organisieren und Nahrung und andere Güter zu verteilen, und jeder in der Familie schuldete ihr besonderen Respekt und Aufmerksamkeit. Man darf sich meine Großmutter aber nicht als absolute Matriarchin vorstellen. In Moso-Familien werden Entscheidungen stets in Absprache unter allen Erwachsenen getroffen, und die *Dabu* herrschen eigentlich über niemanden. Eher überträgt man ihnen Verantwortung, weil sie weise sind. Meine Großmutter war nicht die *Dabu*, weil sie die älteste war und nicht nur, weil sie eine Frau war, sondern weil sie unter all ihren Geschwistern die klügste und die tüchtigste war. Auch ihre Schwestern halfen im Haushalt und arbeiteten auf den Feldern, und sie waren fleißig und geschickt wie alle Moso-Frauen. Sie konnten einfach alles, sie pflügten den Boden, hackten Holz, nähten Kleidung oder schlachteten Tiere. Und die Brüder meiner Großmutter beschäftigten sich mit dem, was Moso-Männer immer getan haben: Sie halfen bei der Feldarbeit, bauten Häuser und schreinerten Möbel, und sie kümmerten sich um die Geschäfte mit der Außenwelt.

Mein ältester Großonkel reiste mit den Pferdekarawanen, um für Erzeugnisse aus unserer Gegend – Moschus, Heilkräuter aus den

Wäldern und auch Opium – Tee, Salz und Metallwerkzeuge einzu-
handeln. Manchmal gingen die Karawanen in den Norden, zu den
Marktstädten in Sichuan; ein andermal zogen sie nach Süden in
die Provinz Yunnan, nach Lijiang oder sogar bis Dali, und sie reisten
auch nach Westen, ins Innere Tibets. Damals dauerte es fast eine
Woche, bis man auch nur in die tibetische Stadt Zhongdian gelang-
te, die erste größere Stadt in Osttibet, und mindestens vier Monate
bis nach Lhasa, und die Reiter waren häufig ein Jahr lang fort.

Der zweitälteste Bruder meiner Großmutter war Hirte. Er lebte
ständig in den Bergen, wo er die Yaks der Familie und die der anderen Dorfbewohner hütete. Einmal im Monat kam er nach Hause,
um Butter zu liefern, die in dunkelgrüne Blätter eingeschlagen war.

Da die ältere Generation dahingeschieden war, ihr ältester Bruder an fernen Orten Handel trieb und ihr zweitältester im Gebirge
Yaks hütete, bestand der Haushalt meiner Großmutter meist nur
aus ihren beiden Schwestern und den Kindern – sämtlich ihre eigenen, denn obwohl meine Großtanten schön waren und viele
Liebhaber hatten, bekamen sie keine Kinder. So seltsam das erscheinen mag, in Moso-Familien ist das nicht ungewöhnlich. Viele
Moso-Frauen sind unfruchtbar, obwohl wir den Grund dafür nicht
kennen. Manche Leute behaupten, das liege daran, dass wir in großen Höhen leben. Und wieder andere meinen, dass oft die hüb-
schesten Frauen kinderlos bleiben. Meine Großmutter allerdings
war mindestens so schön wie ihre Schwestern, aber sie hatte fünf
Kinder, drei Töchter und zwei Söhne.

Unserem Brauch gemäß erzog meine Großmutter ihre Töchter
dazu, die Felder zu bestellen und den Haushalt zu führen, und ihre
Brüder betraute sie mit dem Großziehen ihrer Söhne. Als Großmutters ältester Sohn volljährig wurde, trat er in die Karawanen ein, die
die lange Reise nach Tibet unternahmen, und überließ es seinem
Onkel und seinem jüngeren Bruder, im nahe gelegenen Sichuan
und in Yunnan Handel zu treiben. Wenn ihr ältester Sohn unterwegs war, zählte meine Großmutter die Monate, und dann die Wochen und Tage, bis die Karawane zurückkehren würde. Bei einer
dieser Reisen zählte sie und wartete, aber weder Männer noch Pferde erschienen auf der Bergstraße. Nach einigen Wochen erreichte

sie die Nachricht, die ganze Karawane sei auf dem Weg nach Lhasa verschwunden. Und später kam ein anderes Gerücht auf, das besagte, die Reiter seien nach Indien gegangen. Aber was auch immer geschehen sein mochte, sie kehrten nie zurück.

Noch Jahre danach ging meine Großmutter, wenn am Ende des Tages ihre häuslichen Pflichten erledigt waren, schweigend vom Haus fort und denselben Bergweg hinunter, über den ihr Sohn fortgeritten war. Sie ging ein Stück weiter als bis zu der Stelle, an der, wenn man stehen bleibt und zurückschaut, die Häuser, die sich an den Hügel klammern, plötzlich aus dem Blickfeld verschwinden. Dort saß sie auf einem Felsbrocken, lauschte auf die Pferdeglocken und starrte in Richtung Lhasa, in das Stück Himmel direkt über den Berggipfeln. Sie schaute und schaute, aber niemand kam. Im Alter wurde Großmutter blind. Die Leute sagten, das komme davon, dass sie auf der Suche nach ihrem Sohn in den leeren Himmel gestarrt hatte.

Einige Monate nach dem Verschwinden ihres ältesten Sohnes erklärte Großmutter ihren beiden Brüdern: »Die Karawane hat mir einen Sohn weggenommen. Das reicht.« Also hörte ihr zweitältester Sohn auf, mit den Reitern zu reisen und hütete in den Bergen mit seinem Onkel die Yaks.

Meine Mutter Latso war ihr Lieblingskind. Großmutter war der Ansicht, meine Ama besitze alle Eigenschaften, die sie brauche, um *Dabu* zu werden und ihre Nachfolge als Familienoberhaupt anzutreten. Und weil Großmutter solche Hoffnungen für sie hegte, sagt meine Ama, dass dritte Töchter immer klüger sind als die anderen Kinder. Aber vielleicht sind dritte Töchter nicht nur die klügsten, sondern auch die schwierigsten, denn meine Ama wurde eine große Enttäuschung für ihre Mutter – ehrlich gesagt genauso, wie ich es für sie werden sollte.

Meine Mutter wuchs ohne Spielzeug auf. Ihr einziger kostbarer Besitz war ein kleiner Spiegel mit einem rosafarbenen Holzrahmen, den ihr Onkel ihr von einer seiner Reisen nach Lhasa mitgebracht hatte. Als sie eine junge Frau wurde, verbrachte sie viel Zeit damit, sich in diesem kleinen Spiegel anzusehen, hübsche Gesichter zu üben und vom Sommer zu träumen. Dann nämlich würden alle Dorfbewohner sich bei den heißen Quellen zum Fest der Berggöttin versammeln. Sie stellte sich vor, wie die jungen Männer ihr beim Baden zusahen. Ohnmächtig vor Liebe würden sie ihre üppige Figur betrachten, ihre glatte braune Haut und das lange Haar, das die vollkommene Rundung ihrer Hüften schmückte. Sie stellte sich vor, wie die jungen Männer darum wetteifern würden, ihr zum Zeichen ihrer Bewunderung die traditionellen bunten Gürtel zu verehren. Und dann sah sie sich selbst, wie sie bei Nacht im Licht der Feuer tanzte. Alle ihre Trophäen würde sie um die Taille tragen und im Schein der Flammen herumwirbeln, und die Gürtel mit ihren leuchtenden Farben würden wild um ihre Mitte fliegen, als trete sie durch einen blitzenden Regenbogen.

Aber meine Ama konnte noch viel mehr, als vor ihrem Spiegel Tagträumen nachzuhängen. Sie sprach die Sprache der Yi-Stämme und ein wenig Tibetisch, sie war eine fleißige Arbeiterin, eine gute Köchin und eine geschickte Reiterin, die mit Pfeil und Bogen ebenso gut umzugehen vermochte wie jeder Mann.

Tante Yufang sagt, dass meine Ama Frau und Mann zugleich war. Sie behauptet auch, dass meine Ama klüger und schöner war, als ihr gut tat. Alle schenkten ihr zu große Beachtung, nicht nur die Männer, sondern auch meine Großtanten, die ja keine Kinder bekommen konnten und sie völlig verzogen. »Welche Frau, die ihren Verstand beisammen hat, käme sonst auf die Idee, das Haus ihrer Mutter zu verlassen?«, fragt sich Tante Yufang, zieht an ihrer Tonpfeife und stößt eine kleine graue Rauchwolke aus. Eine Weile schaut sie dem Rauch nach, und dann lächelt sie mir wissend zu. »Deine Ama war ein wenig wie du, wirklich. Ihre vielen Talente haben sie verdorben. Sie war verwöhnt, und das Leben, das sie kannte, langweilte sie.«

So wurde meine Mutter also aus Langeweile zur Revolutionärin.

Gegen Ende des Winters 1956 verließ die Volksbefreiungsarmee die Stadt Lijian und marschierte über den Berg zu den Ufern des Jangtse-Flusses. Dort tauschten die Soldaten ein paar Schüsse mit einigen wenigen Moso, die noch Widerstand leisteten und von der anderen Seite aus mit ihren alten Flinten feuerten. Dann überquerten sie den Fluss und drangen über die Hügel weiter vor. In weniger als drei Tagen hatten die Kommunisten Yongning erreicht, die Hauptstadt der Moso, in der seit der mongolischen Eroberung 1265 unsere Feudalherrscher residiert hatten. Damals ließ der große Kublai Khan einen Beamten zurück, der über unsere Vorfahren herrschen sollte. Tatsächlich wissen wir nichts über diesen Beamten, nicht einmal seinen Namen, aber die Legende behauptet, er habe eine Moso-Königin geheiratet. Erst viel später, unter dem Druck der Ming-Kaiser, geriet unser Land der Töchter unter die Herrschaft von Männern, die ihr Amt vom Vater auf den Sohn vererbten. Als die Kommunisten im Moso-Land eintrafen, war jedenfalls der Feudalherr der Moso bereits abgesetzt.

Ungefähr einen Monat, bevor die Volksbefreiungsarmee auf Yongning marschierte, hatten die kommunistischen Behörden den Feudalherrn der Moso und seinen jüngeren Bruder Losan, unseren größten Heiligen und Lebenden Buddha, nach Kunming befohlen, die Hauptstadt der Provinz Yunnan. Von Kunming aus war der Lebende Buddha nach Ninglang geschickt worden, der Verwaltungshauptstadt des Bezirks, die einige Tagesmärsche östlich des Moso-Landes liegt. Der Lebende Buddha sollte lernen, wie jedermann sonst für seinen Lebensunterhalt zu arbeiten, hatten die Kommunisten gesagt. Unser Feudalherr war auf dem Weg nach Kunming gestorben. Eines natürlichen Todes, wie es hieß.

An jenem schicksalhaften Tag, als die Leute hörten, wie die kommunistische Armee näher kam, liefen sie fort, um sich in den Bergen zu verstecken. In Berichten war von blutigen Kämpfen im nahen Tibet die Rede gewesen, und ohne ihren Anführer, der den Widerstand hätte organisieren oder sich für sie hätte einsetzen können, hatten die Moso schreckliche Angst vor der chinesischen Armee. Aber die Kommunisten waren nicht zum Kämpfen gekommen. Sie waren gekommen, um die Moso zu befreien und ihnen demokratische Reformen zu bringen – die Leibeigenen freizulassen, das Land unter den einfachen Leuten zu verteilen und Massenversammlungen zu organisieren, auf denen sie die Bauern ermutigten, gegen die buddhistischen Mönche und die ehemaligen Oberherren und Aristokraten zu sprechen, die die Moso lange als eine göttliche Klasse von Menschen betrachtet hatten. In China habe es einen Umbruch gegeben, erklärten die Kommunisten, die alte feudale Ordnung sei tot und eine neue Ära heraufgezogen. Die Menschen müssten eine neue Einstellung entwickeln und neue Ideen annehmen. Dies war eine Zeit großer Verwirrung und seltsamer neuer Hoffnungen für die Moso.

Während sie den Menschen in Yongning beim Umbruch halfen, schickten die Kommunisten Soldaten, um die Revolution auch im Rest des Moso-Landes durchzuführen. So machten sich acht Mitglieder der Volksbefreiungsarmee auf den langen Fußmarsch zum Dorf meiner Großmutter in Qiansuo, wo sie unsere Familiengeschichte für immer veränderten.

Nur wenige Außenseiter kamen überhaupt in Großmutters Dorf, und diejenigen, die sich gelegentlich dorthin wagten, kamen fast immer von in der Nähe lebenden Stämmen: Lisu, die hofften, ihre Fruchtbarkeitsmedizin gegen Moso-Butter zu tauschen, oder Yi-Sklaven, die vor ihren Herren davongelaufen waren. Erschöpft und schmutzig nach ihrem siebentägigen Marsch über die Berge trafen eines späten Nachmittags die kommunistischen Soldaten ein und die Dorfleute kamen aus ihren Häusern, um sie sich genauer anzusehen. Zuerst versteckten sich die Kinder hinter den Röcken ihrer Mütter, und die Mütter sagten zwar nichts, waren aber neugieriger als alle anderen. Moso-Frauen kommen nicht besonders viel herum, besonders, solange sie jung sind, weil sie verantwortlich für die Felder und das Haus sind. Daher waren die meisten Frauen nie über die Berge von Qiansuo hinausgelangt. Nur sehr wenige hatten schon einmal einen Chinesen erblickt. Und niemand hatte jemals Chinesen in den staubigen grünen Uniformen der Volksbefreiungsarmee gesehen.

Die Soldaten lächelten und begrüßten die neugierigen Dorfbewohner, die sich um sie drängten. Dann ging einer vor einem kleinen Mädchen in die Knie, das sein Gesicht hinter dem Rock seiner Mutter versteckte, und streckte eine Hand aus. Und das kleine Mädchen, das vielleicht spürte, dass seine Mutter ebenfalls interessiert war, trat ein paar Schritte zur Seite und schlich sich wie eine Krabbe an den Soldaten heran, bis sie nahe genug gekommen war, um die merkwürdigen Baumwollkleider zu berühren, die Stiefel und das kalte Gewehr. Der Soldat stand auf, tätschelte den Kopf des kleinen Mädchens und fragte, ob jemand Chinesisch spreche. Ein Karawanenführer trat vor.

»Unser oberstes Ziel ist es, dem Volk zu dienen«, erklärte der Soldat. »Wir sind der Befreiung des Volkes vollständig ergeben und arbeiten ausschließlich für die Interessen des Volkes. Hast du mich verstanden?«

Der Mann schüttelte den Kopf. Er wandte sich zu den Dorfleuten und sagte, die Chinesen seien müde und hungrig. Kurz darauf drängte sich eine Frau durch die kleine Menschenmenge. Sie trug ein Tablett, auf dem Schalen mit Buttertee standen. Hinter ihr tauchte eine weitere mit einem Teller Gerstenplätzchen auf, und dann noch eine mit Walnüssen und Birnen. Die Soldaten hockten sich auf ihre Fersen und aßen und tranken dankbar. Währenddessen sahen die Dorfbewohner zu und machten Bemerkungen über ihre Art zu essen, ihre weiche, blassgelbe Haut, das kurze Haar, das unter den Mützen herausschaute, die glänzenden Gewehre und die staubigen Uniformen. Acht Soldaten waren keine große Armee, meinten sie übereinstimmend. Mit nur acht Soldaten konnte man nicht viele Menschen töten.

Und da es bereits dunkel war, erklärten sich einige bereit, die Chinesen in ihre Häuser einzuladen, wo sie ihnen Hühnersuppe zu essen gaben und sie an der Feuerstelle schlafen ließen.

Am nächsten Morgen waren die Soldaten bereit, ihre revolutionären Bestrebungen fortzusetzen. Mit Hilfe des Pferdeführers versammelten sie die Dorfbewohner und begannen mit großer Begeisterung von der modernen Welt jenseits unserer Berge zu sprechen – von Flugzeugen, Kinos, Autos und Lastwagen, und von der kommunistischen Partei.

»In China hat es einen Umsturz gegeben«, sagte der Pferdeführer. »Der Vorsitzende Mao wird euch alles geben, was ihr braucht.«

»Wirklich? Er gibt mir *alles,* was ich brauche?«, rief eine junge Frau anzüglich grinsend aus.

Die Dorfbewohner lachten.

In Großmutters Dorf gab es weder Aristokraten noch Feudalherren zu stürzen, und die Leute besaßen alle einen gerechten Anteil am Land, daher war die Revolution rasch erledigt. Aber die Kommunisten brachen nicht gleich wieder auf. Stattdessen hängten sie rote Fahnen mit großen chinesischen Schriftzeichen auf, die niemand lesen konnte. Dann suchten sie sich den größten Hof und begannen täglich politische Versammlungen abzuhalten, um die ländlichen Massen umzuerziehen.

Die Dorfbewohner lernten viele neue Dinge. So erfuhren sie zum Beispiel, dass Tibet und das Land der Moso schon immer zu China gehört hatten und dass die Moso keine Moso mehr waren, sondern Mitglieder der neuen nationalen Minderheit der Naxi, einer von ungefähr vierzig offiziellen Nationalitäten, aus denen die Volksrepublik China bestand. »Oh!«, sagten die Leute. Die Naxi sind unsere Nachbarn in Linjiang, am Westufer des Yangtse-Flusses. Wir sprechen zwar nicht dieselbe Sprache, essen nicht dieselbe Nahrung und kleiden uns ganz verschieden, aber die Chinesen behaupten seit jeher, wir seien ein und dasselbe Volk. Nur hatten sie bis zur Revolution darauf bestanden, die Naxi als Moso zu bezeichnen.

»Die Chinesen hatten schon immer komische Ideen«, bemerkte der Pferdehirte.

Die Dorfbewohner nickten bedächtig.

Im Großen und Ganzen war der Erfolg dieser Versammlungen gemischt. Den alten Leuten wurden sie bald langweilig, und der Pferdeführer hatte bald genug davon, Moso-Wörter zu erfinden, die nicht existierten. Aber die jungen Leute waren fasziniert. »Die jungen Menschen sind die aktivste und vitalste Kraft der Gesellschaft«, erklärten die Kommunisten. »Sie sind am lerneifrigsten und ihr Denken am wenigsten konservativ. Dies trifft vor allem auf die Ära des Sozialismus zu.«

Meine Mutter ließ keine einzige Versammlung aus. Wenn sie morgens aufstand, konnte sie kaum lange genug still sitzen, um ihr Frühstück zu essen. Dann raffte sie ihren langen Rock, nahm sich kaum die Zeit, einen letzten Blick in ihren rosa Spiegel zu werfen, und stürzte durch die Tür. Ihr Chinesisch machte rasche Fortschritte. Sie lernte, Parolen gegen die Klassenfeinde zu rufen und revolutionäre Lieder zu singen. Diese Lieder liebte sie über alles und weiß sie noch heute auswendig. Ihre Rhythmen waren so ganz anders, so inspirierend; sie machten Lust, auf die Berggipfel zu marschieren und zu schauen, was auf der anderen Seite lag.

Jeden Abend, wenn meine Ama von der letzten Versammlung des Tages heimkam, hatte sie rosige Wangen, und ihre Augen leuchteten.

Aber Großmutter wusste, dass das nichts mit Liebe zu tun hatte.

Es dauerte nicht lange, bis Großmutter erkannte, dass der Klassenkampf die ganze Erziehung bedrohte, die sie meiner Mutter mitgegeben hatte. Seit die Kommunisten ins Dorf gekommen waren, hatte meine Ama die Felder und die Tiere vernachlässigt. Sie weigerte sich sogar, manche Hausarbeiten zu erledigen. »Chinas Frauen sind ein großes Arbeitskräftereservoir. Diese Reserve sollte man anzapfen, um ein großes sozialistisches Land aufzubauen«, belehrte Genossin Latso die Großmutter.

Weil uns der Brauch verbietet, unsere Verwandten anzuschreien, brüllte Großmutter die Schweine an. »Was glaubt ihr, was ihr da erzählt? Ihr seid einfach schrecklich verwöhnt! Habt ihr denn kein Schamgefühl? Wo ist eure Verantwortung geblieben?«

Aber die Schweine grunzten bloß und liefen weg.

Spät abends, wenn meine Mutter ihren Kampf gegen die feudalen Unterdrücker beendet hatte und zu Bett gegangen war, stampfte Großmutter ihre Sojabohnen und sang das Lied, das wir singen, wenn wir Rituale für Menschen durchführen, die ihre Seele verloren haben.

»Latso, ah! Komm zu mir zurück.
Geh nicht in die fernen Berge, wandele nicht an fernen Flüssen,
dort hast du weder Familie noch Freunde.
Hohe Bäume können dich nicht schützen. Wenn der Wind weht,
werden die Bäume über dir zusammenstürzen.
Versuch dich nicht am Fuß der Klippe zu verstecken; wenn die Erde
bebt, werden die Felsen dich zerschmettern.
Du darfst nicht auf die wilde Seite der Berge gehen, dort kann dich
niemand retten. Alles Gold und Silber sind zu Hause.

Draußen gibt es nur Wind und Regen. Deine Schwestern und deine
Mutter sind zu Hause.
Hör auf das Lied deiner Mutter. Mach, dass deine Seele zu mir
zurückkehrt, schnell.«

Jedem in der Familie war klar, dass eine große Veränderung über
meine Mutter gekommen war. Sogar die Nachbarn wussten Bescheid. Aber niemand sagte etwas. Die Onkel meiner Mutter und ihr
Bruder schwiegen. Als Männer konnten sie sich nicht in Frauenan-
gelegenheiten einmischen, und erst recht nicht in einen Streit zwischen Mutter und Tochter. Und meine Großtanten und Tanten wagten nicht zu sprechen, weil meine Mutter zu eigensinnig für sie war.
Also lauschte die ganze Familie dem Lied meiner Großmutter und
hoffte, dass meine Ama die Worte ihrer Mutter beherzigen würde.

Doch das tat sie nicht.

Eines Tages verkündeten die Kommunisten, sie würden abrü-
cken. Sie wollten die Moso in Zuosuo befreien, und jeder im Dorf
war eingeladen, mit ihnen zu gehen. Als Großmutter hörte, dass
meine Mutter und ihre Freundinnen sich freiwillig für die Revolution gemeldet hatten, stieß sie meine Ama aus dem Vordertor, ver-
schloss die Tür hinter ihr und sagte zornig: »Wenn du mit den Chinesen gehen willst, dann geh!«

In dieser Nacht schlief meine Ama bei Verwandten.

Am nächsten Morgen wachte sie früh auf. Eifrig sprang sie aus
dem Bett und sah, dass die Sonne mit goldenem Schein aufgegangen war. Die Luft war frisch und rein, wie nur die Bergluft sein kann,
und der Himmel wolkenlos. Ein schöner Tag würde das werden,
dachte sie, ein perfekter Tag, um Revolutionsmelodien zu singen
und über den Bergpfad zu marschieren. Ein vollkommener Tag, um
die Welt zu entdecken.

Doch als sie das Hauptquartier der Revolutionäre erreichte, stellte meine Mutter fest, dass von den vielen Freiwilligen nur zwei junge Dorfbewohner gekommen waren, um mit den Kommunisten zu
ziehen. Ihre Freundinnen fehlten.

»Kommt denn sonst niemand?«, fragte sie, als das elf Mann starke
Bataillon die schmale Bergstraße einschlug, im Gleichschritt mar-

schierte und wie aus einem Munde sang. Und als die Revolutionäre die Stelle auf dem Pfad erreichten, an der, wenn man sich umdreht, das Dorf den Blicken entschwindet, blieb meine Ama zurück, wandte sich um und hielt Ausschau nach ihren Freundinnen. Außerdem wollte sie einen letzten Blick auf Großmutters Haus werfen – das Haus, in dem sie geboren war und in das sie nach unserem Brauch eines Tages zurückkehren sollte, um zu sterben.

Und sie sah ihre Mutter vor dem Tor stehen. Sie schaute in ihre Richtung, eine stumme Bitte, sie möge zurückkehren.

Damit hatte meine Ama nicht gerechnet, nachdem Großmutter sie so grob durch das Tor gestoßen hatte. Da stand sie auf dem Bergpfad, den Blick auf die winzige Gestalt ihrer Mutter gerichtet, und wusste nicht, was sie tun sollte. Sie war völlig verwirrt. Nie hätte sie gedacht, dass ihre Mutter so klein aussehen könnte. Und dann hockte sie sich an den Straßenrand, barg das Gesicht in den Händen und weinte bitterlich, während die Kommunisten weitergingen. Ihr Gesang wurde leiser und verklang nach und nach in der Stille der Berge.

Als meine Ama die Lieder nicht mehr hören konnte, drehte sie Großmutter den Rücken zu und sah durch ihre Tränen den winzigen Soldaten nach, die in der Ferne über den schmalen Pfad weitergingen. Sie wanderten in die Welt hinaus und nahmen ihre Träume mit sich fort. Und als sie sich wieder dem Dorf zuwandte, stand ihre Mutter nicht mehr vor dem Tor. Dann erinnerte sie sich an die harten Worte, die sie gestern Abend gesagt hatte, schlug wieder die Hände vors Gesicht und weinte. Sie sagte sich, dass sie es nicht ertragen konnte, ihr Dorf zu verlassen, aber auf der anderen Seite war die Demütigung zu groß, wenn sie jetzt ins Haus ihrer Mutter zurückkehrte.

Wer weiß? Vielleicht hätte meine Ama ja ihren Stolz überwunden und wäre schließlich zu Großmutter zurückgelaufen – wären da nicht ihre Freundinnen gewesen, die kurz darauf bei ihr auftauchten, schwitzend, außer Atem und voll revolutionärem Elan. Sie hatten verschlafen, erklärten sie, und das Treffen verpasst. Dann hatten sie durch Großmutter noch mehr Zeit verloren, die sie anrief, als sie am Tor vorbeikamen, und sie bat, etwas Proviant für den Weg mitzunehmen. »Bitte, bringt das Latso«, hatte Großmutter gesagt.

Meine Mutter sah den Korb an, den ihre Freundin ihr hinstreckte, und brach von neuem in Tränen aus.

Aber die Freundinnen hatten es eilig. »Latso«, sagten sie, »wenn du so unglücklich bist, dann solltest du lieber nach Hause gehen.«

Und weil sie es nicht leiden konnte, wenn man ihr sagte, was sie zu tun hatte, fasste meine Mutter ihren Entschluss. Sie verbiss sich die Tränen, hob den Essenkorb auf und schlug den Pfad nach Zuosuo ein. Ihre beiden Freundinnen folgten ihr.

Als die Sonne hoch am Himmel stand, setzten sie sich, um zu rasten und mit dem Schinken und den gekochten Eiern, die Großmutter ihnen mitgegeben hatte, ein Picknick zu veranstalten. Sie öffneten eine Flasche Sulima-Wein und tranken einen Becher auf die kommunistische Partei, einen Becher auf die Gesundheit des Vorsitzenden Mao und dann noch einen auf die Revolution. Und als sie die ganze Flasche geleert hatten, fielen ihnen all ihre Verwandten und Freunde ein, die in den Dörfern an der Straße nach Zuosuo lebten und die auch von der Revolution erfahren mussten.

Sie sollten die Soldaten nie einholen.

Zuosuo liegt nicht weit von Qiansuo entfernt, nur zwei Tagesmärsche, und unterwegs gibt es nicht viele Dörfer. Aber meine Ama und ihre Freundinnen brachten es fertig, bei so vielen Menschen einzukehren und unterhielten sich so gut, dass die Kommunisten schon fort waren, als sie in Zuosuo eintrafen.

»Die Chinesen können Buttertee nicht ausstehen, und sie vertragen die Flöhe nicht«, erklärte ihnen jemand.

»Aber wohin sind sie gegangen?«, fragte meine Mutter.

»Sie wollten zur Volksbefreiungsarmee stoßen. Die Soldaten sind auf dem Weg in die Kalten Berge, um die Yi-Stämme zu befreien.«

Die drei Mädchen sahen einander an. Die Yi waren Furcht einflößende Menschen, die Moso-Dörfer überfielen, kleine Kinder raubten und sie in die Sklaverei führten. Wenn die Kommunisten in den Kampf gegen die Yi gezogen waren, dann würden sie nie zurückkehren. Denn keiner Armee, ob chinesisch oder tibetisch, war es je gelungen, diese wilden Stammeskrieger zu unterwerfen. Nicht einmal der große Kublai Khan hatte sich in die Kalten Berge gewagt.

Tatsächlich sollte die Volksbefreiungsarmee in den Kalten Bergen einen blutigen Krieg führen und den Yi-Stämmen demokratische Reformen bringen – allerdings ohne die Hilfe meiner Mutter oder ihrer Freundinnen.

An dem Abend, als sie die Kommunisten verloren hatten, übernachteten meine Mutter und ihre Freundinnen bei Verwandten, die in dem Dorf Wuzhiluo lebten, in der Nähe des Lugu-Sees. Nach einer schlaflosen Nacht, in der sie unerhörte Träume gewälzt hatten, frühstückten sie gebratene Kartoffeln und Buttertee; und die Freundinnen beschlossen, dass sie doch lange genug fort gewesen waren und es Zeit sei, nach Qiansuo in die Häuser ihrer Mütter zurückzukehren. Aber meine Ama schämte sich zu sehr, um heimzugehen. Sie war zu stolz, ihrer Mutter ihre Torheit einzugestehen, und zu dickköpfig, ihre Meinung zu ändern.

Also blieb meine Mutter bei den Leuten von Wuzhiluo und half bei der Arbeit im Haus und auf den Feldern. Nicht lange darauf begannen die Sommerregen, und der schmale Bergpfad, der nach Qiansuo zurückführte, wurde schlammig, glitschig und gefährlich. Meine Ama fand, es sei besser, die Rückkehr zu ihrer Familie zu verschieben, bis die Menschen zum jährlichen Fest der Berggöttin zusammenkamen. Nach den Feierlichkeiten wollte sie dann nach Qiansuo heimkehren.

Die Wahrheit war, dass meine Ama sich inzwischen – abgesehen von dem Problem mit dem Wetter und ihrem Stolz – so gut amüsierte, dass sie noch nicht nach Hause gehen wollte. Die jungen Männer fanden diese exotische junge Moso-Frau aus Qiansuo unwiderstehlich, und obwohl sie ebenso schwer zufrieden zu stellen war und bisher kein Mann ihr Herz gewinnen konnte, hatte sie bereits eine beeindruckende Anzahl neuer Gürtel angesammelt und konnte kaum abwarten, beim Fest damit aufzutrumpfen.

Als in diesem Jahr die Menschen zusammenkamen, um zu Ehren der Berggöttin unter den Sternen zu tanzen, waren die Augen aller Männer auf meine Mutter gerichtet.

Rund um die Freudenfeuer tanzten die Männer in einer Gruppe, den Frauen gegenüber, die ebenfalls Arm in Arm tanzten und sich ihre bunten Gürtel umgebunden hatten. Die Taille meiner Mutter war dick mit all ihren Trophäen umwickelt. Mit ihren Lederstiefeln stampften die Männer auf den Boden und kamen den Frauen immer näher, und bald tanzten beide Gruppen in einem einzigen Kreis, sprangen zum selben Rhythmus und schwenkten die Hüften im Einklang. Dann schoben die Frauen meine Ama in die Mitte, damit sie sich dort präsentierte, und während sie tanzte, löste sich ein junger Mann aus dem Kreis und riss ihr einen Gürtel von der Taille.

Aber meine Mutter tanzte für sich allein weiter, und der junge Mann zog sich aus der Mitte in die Gruppe der Männer zurück. Den Gürtel warf er einem seiner Freunde zu, der ihn auffing und dann einem anderen zuwarf. Meine Mutter lachte und hüpfte von einem Mann zum anderen, aber sie holte sich ihren Gürtel nicht zurück. Das würde sie erst tun, wenn ein Mann ihn auffing, der ihrer Lieder würdig war. Und so flog der Gürtel hierhin und dorthin, von einer Hand zur anderen, und meine Mutter konnte sich nicht entscheiden – bis Numbu ihn fing, und er warf ihn nicht an den nächsten Mann weiter, sondern trat in den Kreis und reichte ihn meiner Mutter.

Meine Ama rührte sich nicht, aber Numbu lächelte und blieb standhaft. Meine Mutter zögerte, dann riss sie ihm den Gürtel aus der Hand und rannte in die Gruppe der Frauen zurück. Aber die Frauen hatten gesehen, wie sie Numbu ansah, und stießen sie wieder in die Mitte.

Die Hände in die Hüften gestützt, begann Numbu sein Werbelied:
Kleine Schwester, du bist wie das Mondlicht in der Mitte des Nachthimmels.
Aber der Mond braucht einen Stern, der über ihm steht.

Und meine Ama antwortete:
Die Nacht ist noch nicht angebrochen und der Mond noch nicht aufgegangen,
doch schon sucht der Schmetterling nach Honig.

Dann sang Numbu:
Der Schmetterling hat eine wunderschöne Blume gefunden, und der Mond steht bereits hoch am Himmel.

Sie antwortete:
Wenn der Mond hoch über Mutter See steht, ist das Wasser rein.
Bei Mutter See wasche ich mich und kämme mein Haar.

Und Numbu sang:
Aber warum kämmst du dein Haar, kleine Schwester?
Oh, kleine Schwester, für wen kämmst du dein schönes Haar?

Arm in Arm tanzten meine Mutter und Numbu in der Mitte des Kreises miteinander, bis ein neues Lied begann und ein anderes Paar ihren Platz einnahm. Und spät in dieser Nacht, als die Feuer herunterbrannten und Paare in der Dunkelheit verschwanden, folgte meine Mutter Numbu zum Ufer des Lugu-Sees.

Nachdem sie sich in Numbu verliebt hatte, sagte meine Mutter sich, sie sei noch nicht bereit für die Rückkehr. Qiansuo lag so weit weg, zwei Tagesmärsche; vielleicht würde Numbu es bald überdrüssig werden, sie dort zu besuchen. Und als meine Ama spürte, wie ihre Tochter sich in ihrem Leib bewegte, sandte sie Großmutter mit der Pferdekarawane eine Nachricht und teilte ihr mit, dass sie in Zuosuo, in Laufweite von Numbus Dorf, einen eigenen Hausstand gründen würde.

Großmutter schickte ihr dafür ein paar kleine Geschenke und eine Botschaft. »Sagt Latso«, trug sie den Pferdeführern auf, »sagt ihr, ich kann ihr Herz nicht in Fesseln legen.«

Bei diesen Worten weinte meine Mutter wieder bitterlich, aber trotzdem kehrte sie nicht nach Qiansuo zurück.

Die Entscheidung meiner Mutter, ihre eigene Familie zu gründen, war schockierend. Das mütterliche Haus zu verlassen steht zutiefst im Widerspruch zur Tradition der Moso. Dennoch halfen ihr alle Dorfbewohner. Jemand schenkte ihr ein Stück Land, und Numbu und seine Freude gingen in die Berge, um das Holz für den Hausbau zu schlagen. Damals war Bargeld nicht in Gebrauch, und es schien nur natürlich, zusammenzukommen und einander zu helfen. Außerdem war die gemeinsame Arbeit immer ein guter Vorwand, um zu tanzen, zu singen und Picknicks zu veranstalten.

»Kannst du für uns singen, Latso?«, fragte einer der jungen Männer.

»Ich hoffe, Latso, du hast nichts dagegen, wenn mein Neffe deine Tochter des Abends besuchen kommt!«, scherzte ein anderer.

»Ja, ich hoffe, du wirst auch meinem Neffen die Tore nicht verschließen!«, fiel ein dritter ein.

Meine Ama lachte. »In diesem Fall setzt ihr die Scharniere besser nicht zu fest ein!«

Nach weniger als einem Jahr segneten die Lamas das Haus meiner Mutter und alle Götter und Geister, die in jedem Eckchen und Winkel wohnten, und sie zog ein.

Ihr Haus sah genauso aus wie alle anderen Häuser im Dorf, ein Holzhaus, das um einen einzigen Hof herum errichtet war. Die eine Seite des Hofs bildete eine zwei Meter hohe Lehmmauer, und die drei anderen Seiten nahmen die eigentlichen Hauswände ein. Hinter dem Haus lag, ebenfalls von Lehmmauern umgeben, der Gemüsegarten.

Hinter dem hölzernen Tor und dem Hof lag das zentrale Zimmer, das wir den Raum der Mutter nennen. Dort kochte und aß meine Ama und empfing Gäste, und dort schlief sie auch. Der Raum war groß und rechteckig und besaß eine *Durami* und eine *Duraso*, die heiligen männlichen und weiblichen Säulen, die das Dach jedes Moso-Hauses stützen – und auch das Himmelsgewölbe – sowie zwei offene, kreisförmige Feuerstellen: den erhöht errichteten Herd des Gottes Zabbala auf dem *Kang* und den Kochherd auf der niedrigeren Ebene. Abgesehen von dem kleinen Ahnenaltar hinter dem oberen Herd stand das gesamte Mobiliar an den Wänden der niedrigen Ebene. Es bestand aus einem hohen Küchenschrank, in dem wir Teller, Kochgeräte und Nahrungsmittel aufbewahrten, einem großen Alkovenbett, das über einer Truhe zur Getreideaufbewahrung gebaut war und in dem meine Mutter schlief, und schließlich, an der Schmalseite, eine lange Bank, auf der wir verschiedene Dinge aufbewahrten, die nicht auf dem Boden liegen durften, darunter, die Schnauze nach Osten gerichtet, das ganze eingesalzene, entbeinte Schwein, das wir *Bocher* nennen. Fenster besaß der Raum keine; Licht fiel nur durch die Öffnungen im Dach über den Feuerstellen sowie durch die Vordertür ein.

Zu beiden Seiten des Hauptraums lag jeweils ein einstöckiger Flügel mit einem Balkon in der ersten Etage. Das Erdgeschoss des rechten Flügels diente als Hühnerstall und Lagerraum für Werkzeuge und Tierfutter; und darüber lagen zwei durch Bretterwände voneinander getrennte Schlafzimmer, jedes mit einer Tür und einem kleinen Fenster, die direkt auf den schmalen Balkon hinausgingen. In diesen Zimmern sollten einmal die Töchter wohnen, die meine Mutter sich wünschte. Der andere Flügel beherbergte die Ställe für die Pferde und Schweine, und darüber lagen drei Zimmer, die für Gäste bestimmt waren und für die Söhne meiner Mutter. Dort würden sie schlafen, bis sie zu Männern herangewachsen waren und abends zu den Häusern ihrer Freundinnen gehen konnten.

Meine Mutter hatte in Zuosuo keine engen Verwandten, aber sie schloss viele Freundschaften, größtenteils wegen ihres Akzents aus Qiansuo. Alle Moso sprechen dieselbe Sprache, aber jedes Dorf scheint seinen eigenen Dialekt und einen besonderen Tonfall zu besitzen. Die Leute liebten den Akzent meiner Mutter, und sie kamen sie besuchen, nur um sie sprechen zu hören. Daher dauerte es nicht lange, bis sie die Vertraute des ganzen Dorfes war. Unsere schöne Nachbarin Dujema besuchte uns öfter als alle anderen. Sie kam auf einen Plausch und eine Schale Tee, und bis der Garten meiner Ama Früchte zu tragen begann, brachte sie ihr auch Gemüse.

Im Frühling kümmerte Dujema sich um meine Ama, als sie meine ältere Schwester Zhema zur Welt brachte. Währenddessen wohnte Numbu im Haus seiner Mutter, zusammen mit seiner Großmutter, den Großtanten, Tanten, Onkeln, Nichten und Neffen – drei Generationen, die über die weibliche Linie verwandt waren. Dem Brauch der Moso gemäß, besuchte er meine Mutter jede Nacht und blieb manchmal sogar ein paar Tage, um bei bestimmten Arbeiten zu helfen, aber am Ende ging er immer nach Hause, um für seine eigenen Verwandten zu arbeiten.

Im folgenden Jahr, gegen Ende des Sommers, sah meine Mutter Numbu einige Wochen lang nicht. Er war mit den Pferdeführern gegangen, um die Karawane in die tibetische Stadt Zhongdian zu begleiten. Und dort hatte er eine schöne Tibeterin kennen gelernt und mit nach Hause gebracht.

Lange wartete meine Mutter vergeblich darauf, dass Numbu sie am Abend besuchen kam, aber stattdessen stand die Tibeterin am Tor und wollte mit ihr sprechen. Numbu habe eine neue Liebste, erklärte die Frau, so gut sie sich in ihrem gebrochenen Moso ausdrücken konnte. Sie selbst hätte weder Familie noch Freunde im Dorf und fühle sich einsam. Meine Mutter antwortete der Fremden auf Tibetisch und lud sie auf einen Becher Sulima-Wein an die Feuerstelle ein. An diesem Abend fand meine Mutter eine neue Freundin und beschloss, Numbu zu vergessen.

Einige Monate, nachdem die Tibeterin und meine Mutter sich angefreundet hatten, stellte Dujema meiner Mutter einen hübschen jungen Mann vor.

Dieser Mann war wirklich sehr schön. Meine Ama liebte ihn nicht, aber sie hatte nur eines im Sinn: ihre eigene Familie zu gründen, ihr eigenes großes Haus zu führen, mit ihren Töchtern und Söhnen und Enkeln. Als der Mann an diesem Abend an ihr Schlafzimmerfenster klopfte, öffnete meine Ama ihm die Tür. Aber als sie ein paar Monate später sicher war, schwanger zu sein, hängte sie seine Tasche an einen Nagel vor ihrer Tür – nach unserem Brauch die angemessene Art, wie eine Frau mit einem Liebhaber bricht. Als er an diesem Abend kam, wusste er, dass seine Besuche nicht mehr willkommen waren, und ging.

Die Tibeterin half meiner Mutter bei der Geburt meiner zweitältesten Schwester Dujelema. Dann, eines Tages, als die Tibeterin das schlafende Baby in den Armen hielt, brach sie plötzlich in Tränen aus. Sie vermisste ihre Familie. Am nächsten Morgen sagte sie Numbu Lebewohl und ging nach Zhongdian zurück. Ich bin mir nicht sicher, was Numbu empfand, aber meine Mutter sagt, dass sie die Tibeterin schrecklich vermisste.

Irgendwann gegen Ende des Herbstes legte meine Mutter auf dem Hausdach Mais zum Trocknen aus, als sie die Glocken der Pferdekarawane hörte. Als die Reiter näher kamen, erkannte sie einen ihrer Cousins aus Qiansuo, und das Herz hüpfte ihr in der Brust. Sie war immer überglücklich, Besucher aus Qiansuo zu empfangen, weil sie ihr Nachrichten und kleine Geschenke aus dem Haus ihrer Mutter brachten. Sie winkte und rief die Männer an.

»Hey! Die Sonne ist beinahe untergegangen. Ihr kommt besser herein.« Und sie kletterte die Leiter hinunter und rannte los, um ihnen das Hoftor zu öffnen.

Während die Männer die Pferde abluden und die Geschenke hervorholten, die meine Großmutter schickte, brachte meine Ama Heu und Wasser für die Pferde. Und als die Pferde getrunken und gefressen hatten, setzten die Männer sich auf den Boden und lehnten ihre müden Rücken an ihre Rucksäcke. Die gesamte Arbeit überließen sie dem Jüngsten unter ihnen; er musste das Lagerfeuer anzünden, die Kochgerätschaften auspacken, ihr Abendessen zubereiten, abwaschen und aufräumen. Er war ein großer und gut aussehender junger Mann, und als meine Ama wieder nach draußen kam, um den Reitern ihren besten selbst gemachten Wein anzubieten, da schenkte sie dem jungen Treiber demonstrativ die Schale ganz voll. Er lächelte ihr zu und nahm die Schale mit beiden Händen, mit allem Respekt, den unser Brauch verlangt. Und da sah sie, dass er ganz wunderschöne Hände hatte.

Nachdem die älteren Männer ihre Decken ausgebreitet hatten und sich am Lagerfeuer zum Schlafen bereitmachten, kam Zhemi ins Haus. Er spielte mit meinen Schwestern und erzählte meiner Mutter Geschichten. Als später am Abend die kleinen Mädchen eingeschlafen waren, blieb er mit meiner Mutter auf, und die beiden unterhielten sich lange.

»Latso, warum hast du das Haus deiner Mutter verlassen?«, fragte Zhemi. »Es muss sehr schwierig sein, alles ganz allein zu regeln. Warum gehst du nicht heim? Du könntest mit uns kommen. Wenn du willst, kannst du morgen aufbrechen.«

Meiner Ama stiegen die Tränen in die Augen. Zhemi hatte Recht, das Leben auf eigenen Füßen war sehr anstrengend.

»Komm mit uns nach Hause, Latso. Sei nicht so stolz.«

Aber das war meine Ama nun einmal. Sie trocknete ihre Tränen mit dem Handrücken. »Ich werde meiner Mutter zeigen, dass ich mir eine eigene Familie aufbauen kann«, erklärte sie.

Am nächsten Morgen brach die Karawane ohne Zhemi auf.

Er blieb ein paar Wochen. Er half meiner Ama, den Schweinestall zu reparieren und für die Winternächte genug Feuerholz und Zunder für ein ganzes Jahr zu sammeln. Er war sehr still und sehr freundlich. Als er sich sicher war, dass alles bereit für den Winter war, ging er nach Qiansuo zurück, und meine Mutter sang leise in ihrem leeren Schlafzimmer.

Im Westen der Berge steht der Vollmond.
Warum musst du so eilig aufbrechen?
Die Feuerstelle glüht noch, mein Liebster,
mein Körper ist noch warm und wartet auf dich.
Ein Tag ohne dich erscheint so lang.
Lang ist auch die Straße, auf der du mit deinem Pferd reitest,
aber mein Herz folgt dir.

Im Frühjahr kehrte Zhemi zurück und blieb wieder einige Zeit bei meiner Mutter. Eines Morgens wachte meine Ama früher als gewöhnlich auf, und als sie sich an den Herd setzte, um ihre Schale Buttertee zu trinken, spürte sie eine vertraute Übelkeit. Sie lächelte. Sie liebte Zhemi, und sie würde einen Sohn bekommen und ihre eigene große Familie haben.

Latso kommt nach Hause

Statt eines Sohnes bekam meine Mutter mich, das Kind, das immer schrie, und als ich ungefähr drei Jahre alt war, einige Zeit, nachdem mein Cousin Ache zu uns gezogen war, brachte sie meinen kleinen Bruder Howei zur Welt. Mit zwei Töchtern und zwei Söhnen sah die Familie meiner Mutter inzwischen ganz beeindruckend aus.

Doch nach Howeis Geburt hängte Ama Zhemis Sachen nicht auf den Nagel vor ihrer Schlafzimmertür. Sie liebte ihn sehr, und er besuchte sie weiterhin und verbrachte jeden Monat einige Tage mit ihr. Jedes Mal, wenn er zu Besuch kam, wusch und kämmte meine Mutter ihr langes schwarzes Haar und legte ihr Baumwollbettzeug zum Lüften und Aufschütteln in die Sonne. Abends holte sie den Sulima-Wein hervor, und eine stille Freude erfüllte das ganze Haus. Manchmal kam Zhemi allein, oder er kam mit den Karawanenhändlern oder Mitgliedern seiner eigenen Familie. Ich erinnere mich besonders an seine ältere Schwester, eine große Frau mit einem freundlichen, breiten Gesicht. Sie spann für ihr Leben gern und trug immer eine hölzerne Spindel bei sich.

Wenn mein Vater bei uns war, schlief unser kleiner Bruder Howei manchmal bei Zhema und mir in einem Bett im Vorratsraum, und manchmal übernachtete er bei Ache in dem Raum über den Ställen. Mein Vater schlief immer in dem Alkoven bei meiner Mutter. Einmal, als Zhema fest schlief, stahl ich mich aus dem Bett und spähte durch die Ritzen zwischen den Brettern der hölzernen Trennwand. Im Schein der Feuerstelle schimmerte die Haut meiner Mutter wie rotes Gold, und der Rücken meines Vaters glänzte vor Schweiß. Er flüsterte ihr Koseworte zu, und sie rief ihn mit dem Namen seines Pferdes.

Eines Tages hatten meine Schwester und ich Gras für die Schweine geschnitten. Als wir heimkamen, stand ein großes schwarzes Pferd im Hof angebunden. Ich konnte nicht abwarten zu erfahren, wer der Besucher war, und stürzte nach drinnen. Wir kannten niemanden, der ein schwarzes Pferd besaß, und mein erster Gedanke war, dass Zhemi sich wohl ein neues Reittier gekauft hatte.

Im Haus waren die Feuer heruntergebrannt, und es war sehr dunkel. Meine Mutter hockte auf dem *Kang* und stocherte in der Glut; ihre gebückte Silhouette zeichnete sich in dem grauen, dunstigen Licht ab, das durch die Dachöffnung über der Feuerstelle einfiel. In der Nähe des *Kang*, auf der unteren Ebene, stand ein Mann, der in der allgemeinen Dunkelheit fast verschwand. Kaum zu erkennen war er vor den rußigen Holzwänden, die der Rauch der offenen Feuer, die bei uns niemals ausgehen dürfen, geschwärzt hatte.

Zhemas Stimme ließ mich zusammenfahren. »Namu! Glaubst du, die Leute wollen dein Schweinefutter essen?«

Wie üblich hatte meine große Schwester Recht. Ich war so neugierig wegen des schwarzen Pferdes gewesen, dass ich mit meinem kleinen Korb auf dem Rücken ins Haus gelaufen war. Trotzdem gefiel es mir nicht, dass sie mich tadelte, und ich schnitt ihr eine Grimasse.

Ama ignorierte unser Gezänk und blies auf das Anmachholz. Eine hellorange Flamme erhellte ihre zu tiefen Falten zusammengezogene Stirn, und aus der Dunkelheit erschien das tränenüberströmte Gesicht meines Onkels. Meine Mutter wandte Zhema ein sorgenvolles Gesicht zu. »Großmutter ist sehr krank. Wir müssen morgen Früh nach Qiansuo gehen.«

Der schwarze Hengst, der in unserem Hof angebunden war, hatte uns sehr schlechte Nachrichten gebracht.

Meine Ama war seit vielen Jahren nicht mehr in Qiansuo gewesen, und sie hatte viele Vorbereitungen zu treffen. Wie das bei uns Brauch ist, musste sie jedem ihrer Verwandten und auch jeder Familie in Großmutters Dorf ein Geschenk bringen: Teeziegel, Zucker, Wein. Meine Schwester half ihr bei den Geschenken, und mich schickte Ama unterdessen nach nebenan zu Dujema, um ein Pferd zu leihen. Vom Schweinefuttersammeln war ich hungrig und müde und wünschte, Ache wäre an meiner Stelle gegangen. Aber er war noch nicht zu Hause, und die Stimme meiner Mutter klang streng und ausdruckslos. Also widersprach ich nicht, und nachdem ich Dujemas Pferd in unserem Stall festgemacht hatte, ging ich ihr aus dem Weg.

Am nächsten Morgen, während wir noch schliefen, belud Onkel die Pferde mit den Geschenken und sattelte Dujemas Pony, damit wir Kinder uns mit dem Reiten abwechseln konnten. Mein Bruder Howei war noch ein Kleinkind und musste getragen werden. Ich konnte zwar laufen, aber ich war noch viel zu jung, um die ganze Strecke bis zu Großmutters Dorf zu Fuß zurückzulegen.

Gleich nach dem Frühstück brachen wir auf. Unsere kleinen Bergponys trotteten wie gehorsame Hunde hinter dem großen schwarzen Pferd her. Meine Ama gab das Tempo vor, und wir folgten ihr durch die Felder des Dorfes im Tal, dann hügelaufwärts in den Eichenwald und noch weiter den Berg hinauf in den Kiefernwald, bis wir die blau schimmernde Weite des Lugu-Sees hinter uns gelassen hatten. Wir hetzten hinter Ama her, immer an ihren langen Rock gehängt, der um ihre Knöchel raschelte und über die rote Erde schleifte. Wenn der Pfad breit genug war, gingen wir neben den Pferden; wenn er sich verengte, hielten wir uns hinter ihnen. Manchmal verwandelte der Weg sich in Matsch, aber das verminderte unsere Geschwindigkeit kaum. Wenn wir ausrutschten, standen wir einfach wieder auf, klopften uns den Schmutz vom Hinterteil und marschierten weiter, wortlos, ohne auch nur einen Gedanken darauf zu verschwenden, ob wir vielleicht in die Büsche gehen mussten oder hungrig waren. Ache und ich ritten abwechselnd auf Dujemas Pony. Onkel, Ama und Zhema wechselten sich damit ab, Howei zu tragen.

Nur unser lautes Atmen und das dumpfe Stampfen der Pferdehufe auf dem uralten Waldboden durchbrachen das bedrückende Schweigen. Wir gingen höchstens langsamer, wenn der Pfad sich am Rand eines Abhangs gefährlich verengte, und hielten nur an den Kreuzwegen an, wo sich die Steinhaufen erheben, die wir *Mani-Hügel* nennen, weil in die Steine das Mantra *Om mani padme hum* eingeschnitten ist. Dort zündeten Ama und Onkel Salbei als Opfergabe für die Berggeister an. Nur während dieser Pausen nahmen wir uns Zeit, dem Rascheln der Kiefern zu lauschen, zu dem Adler hinaufzusehen, der am wolkenlosen Himmel seine Flügel ausbreitete, oder hinunter zu den gurgelnden gelben Wassern des Flusses, der tief unter uns zwischen weißen Sandbänken und den steilen Felswänden tiefer Schluchten dahinfloss.

Wir übernachteten bei Verwandten. Beim Abendessen lauschten Ache und ich den Erwachsenen, die sich in ernstem Ton unterhielten. Und als die Großen genug geredet, gegessen, geraucht und Wein getrunken hatten, kauerten wir uns an der Feuerstelle zu einer viel zu kurzen Nachtruhe zusammen. Zum Frühstück wachten wir auf und nahmen im rosigen Schein der Morgendämmerung unsere Wanderung von neuem auf. Die Sonne stand schon hoch am Himmel, als wir am dritten Tag die Wegbiegung erreichten, von der aus man Großmutters Haus sieht. Plötzlich stieß meine Ama einen lauten Schrei aus, und erschrocken sah ich, wie sie den abwärts führenden Pfad entlang rannte, sich den Kopfputz herunterriss und sich das lange schwarze Haar raufte.

»Ama!«, schrie ich.

»Es ist zu spät«, erklärte meine Schwester. »Wir sind zu spät gekommen. Sie ist tot.«

»Wer ist tot? Wer ist denn gestorben?«, rief ich.

Zhema wies auf die weiße Fahne, die über dem Dach von Großmutters Haus wehte.

Dann rannten wir auch, meiner Ama hinterher. Onkel trug Howei auf den Schultern, und die Pferde liefen uns nach. Wir rannten, bis wir den Dorfeingang erreichten, denn dort mussten wir unser Tempo bremsen, uns zusammennehmen und Schritt mit den anderen Menschen halten, die unterwegs zu Großmutters Haus waren. Am Tor traten die Dorfbewohner beiseite und ließen uns durch. »Latso ist zurückgekommen«, hörte ich jemanden sagen, als ich in den Hof trat.

Menschen drängten sich zwischen langen Esstischen, gingen aus und ein, redeten und schluchzten. Zwei Frauen, die ich noch nie gesehen hatte, räumten die Reste des Mittagessens ab, und ihre langen Röcke schleiften zwischen den Tischen über den Lehmboden. An der Vordertür stand meine Mutter mit Tante Yufang zusammen. Sie schien sich jetzt beruhigt zu haben, aber sie sah merkwürdig aus mit dem offenen Haar, das ihr Gesicht umrahmte. Noch eigenartiger sah Tante Yufang aus. Sie hatte ihr langes Haar zu einem einzigen Zopf geflochten und sich den Kopf mit Erde beschmiert. Ihr Gesicht war grau und rußig. So seltsam kam mir Tante Yufangs Anblick vor, dass ich trotz der noch halb gefüllten Teller auf dem Tisch meinen Hunger vergaß.

Ich griff nach der Hand meiner Schwester. »Ich fürchte mich!«

»Warum?«

»Ist Tante Yufang auch gestorben?«, fragte ich.

»Natürlich nicht! Was hast du bloß?«

»Sie sieht aber wie ein Geist aus«, sagte ich leise.

»So sehen Leute eben aus, wenn jemand stirbt«, erklärte mir Zhema und drückte mir beruhigend die Hand. »Außerdem, woher willst du wissen, wie ein Geist aussieht? Komm, lass uns ins Haus gehen.«

Wir folgten Ama und Tante Yufang nach drinnen. Die Kiefernfackeln und die Feuer in beiden Herden brannten, aber trotzdem wirkte der Raum durch den dicken Qualm von brennendem Salbei und Zypressenblättern und die große Anzahl der Menschen, die sich darin bewegten, düster. Der Rauch reizte meine Nase und ließ meine Augen tränen, und von den vielen Leuten wurde mir schwindlig. Noch nie hatte ich so viele Menschen auf einmal in einem Haus gesehen. Überall waren sie, Männer und Frauen. Sie standen vor dem *Kang,* so dass das Licht des Feuergottes nicht zu erkennen war; andere hockten am Kochherd, plauderten und tranken Tee und Wein. Im Halbdunkel aus Feuerschein und Dunst waren sie nur Schatten von Männern und Frauen, Schatten mit betrübten, unbekannten Gesichtern.

Zhema wies auf drei Männer, die neben einem Weidenkorb auf dem Boden hockten. Mit Scheren schnitten sie Streifen aus weißem Tuch zurecht.

»Das sind Großonkels Helfer«, sagte meine Schwester.

»Wobei braucht der Großonkel denn Hilfe?«, fragte ich.

»Sie werden Großmutter baden.«

»Ist es nicht Unrecht, wenn ein Mann eine Frau wäscht?«, flüsterte ich.

»Nicht, wenn die Frau tot ist«, antwortete Zhema.

Während ich noch dabei war, diese verwirrende Auskunft zu verdauen, teilten sich die Schatten, und meine Mutter vollführte einen Kotau vor dem alten Daba, der in der Nähe der Feuerstelle auf dem

Kang saß. Er trug ein weißes Cape und eine bunte Krone und murmelte einen Sprechgesang vor sich hin. In dem von Altersfalten zerfurchten Gesicht bewegten die Lippen sich kaum. Und da ich über die Dabas nur wusste, dass sie Kranke heilten, wirkte der Anblick des Alten beruhigend auf mich.

Heutzutage beherrscht der Buddhismus das gesamte religiöse Leben der Moso, doch der Daba ist der eigentliche Moso-Priester und der Bewahrer einer weit älteren Tradition. Er kämpft mit bösen Geistern, opfert Tiere und trinkt große Mengen Wein. Im Unterschied zu den Lamas besitzen die Daba weder Tempel noch Kapellen, ja nicht einmal schriftliche Aufzeichnungen, und sie gehen auch nicht nach Lhasa, um in den Klöstern zu studieren. Ihr gesamtes Wissen wird vom Onkel auf den Neffen überliefert, und alle Lieder für ihre Zeremonien bewahren sie in ihrem Gedächtnis. Natürlich war ich damals zu jung, um darüber genau Bescheid zu wissen, aber zurzeit von Großmutters Begräbnis hatten die chinesischen Behörden die Rituale der Daba längst als rückständigen Aberglauben eingestuft und ihre Ausübung verboten. Allzu viel hatte das nicht zu bedeuten, da bei uns weder Polizei noch Beamte existierten, die diese Anweisung hätten durchsetzen können. Aber die Dabas hatten aufgehört, ihre Neffen zu unterrichten. Ihre Anzahl war stark geschrumpft, und die meisten von ihnen waren sehr alt. Die Menschen fürchteten schon, wenn der letzte dieser alten Männer starb, könnten zusammen mit ihm unser ältestes Wissen und unsere ältesten Zeremonien verschwinden.

Wenn jemand stirbt, müssen wir einen Daba und mehrere Lamas – je mehr Lamas, um so besser – bitten, die Begräbnisriten durchzuführen, denn wir glauben, dass ein Mensch nicht eine, sondern fünf Seelen besitzt; und auf jede davon wartet im Jenseits ein anderes Schicksal. So müssen die Lamas die Verbrennung des Körpers überwachen und den Verstorbenen auf dem Pfad der Reinkarnation leiten, während der Daba ihn in das Land Seba'anawa schickt, das Paradies, aus dem unsere Vorfahren stammen und in dem sie noch immer wohnen, und das irgendwo nördlich des Moso-Landes in Osttibet liegt.

Der alte Daba sah meine Mutter an, die lang ausgestreckt auf dem Boden lag, und nippte an seinem Wein, bevor er seinen Sprechgesang wieder aufnahm. Er hielt die Augen halb geschlossen, und sein Kopf wackelte leicht. Meine Ama erhob sich vom Boden. Mit Ache, Zhema und mir im Schlepptau folgte sie Tante Yufang durch das Hauptzimmer zum Vorratsraum. Die Lamas beteten in der Familienkapelle und hätten bereits über einen Glück bringenden Tag für die Einäscherung entschieden, erklärte Tante Yufang Ama, als sie gerade eintreten wollten. Meine Mutter sah plötzlich sehr traurig aus, aber sie sagte nichts, und dann verschwand sie im Vorratsraum.

»Was ist eine Einäscherung?«, fragte ich Zhema.

»Psst. Ich erklär's dir später«, antwortete sie. »Lass uns hineingehen.«

Aber ich wollte nicht. Ich wollte nach Hause. »Warum gehen wir in den Vorratsraum?«, fragte ich.

»Weil Großmutter dort drinnen ist.«

Bei mir zu Hause schliefen wir im Vorratsraum, wenn unsere Mutter ihre Privatsphäre brauchte, aber wie in allen Moso-Häusern wird dort auch Getreide und anderes gelagert, und die Frauen bringen dort, abgesondert von ihren männlichen Verwandten, ihre Kinder zur Welt. Und außerdem bahren wir dort die Toten auf – damit die Menschen bei ihrem Tod an den Platz ihrer Geburt zurückkehren und der Kreis sich schließt. Meine Mutter hatte ihre Kinder am Kochherd geboren, auf dem Boden des Hauptraums des Hauses, weil zu unserer Familie keine Männer gehörten. Aber wie so vieles andere in unserer Familie entsprach das nicht den üblichen Gepflogenheiten.

Noch nie hatte ich einen Ort betreten, an dem der Tod wartete. Ich hatte noch nie einen Toten gesehen. Und so trat ich vorsichtig und zögernd ein.

Der kleine Raum war voller Menschen. Meine Tanten, Großtanten und Onkel, meine Schwester Dujelema, die zu Tante Yufang gegeben worden war, und meine Mutter, alle standen sie um Großmutter herum und schluchzten leise, fast unhörbar. Die arme Dujelema! Sie hatte so viel geweint, dass ihre Augen so dick wie Walnüsse waren, und ich fragte mich unwillkürlich, ob ich wohl auch so ausgesehen hatte, als ich so viel weinte, damals, als meine Ama mich zu

Tante Yufang weggeben wollte. Und auch hier war die Luft stickig vor Rauch. Vielleicht war sie noch dicker, noch konzentrierter, denn in dem schwachen Schein der Butterlampen konnte ich Großmutters Gesicht kaum erkennen.

Weil wir in Zuosuo wohnten, hatte ich meine Großmutter in meinem kurzen Leben nicht oft gesehen – ein paar Male beim Sommerfest – und spürte daher keinen echten Kummer. Außerdem war ich zu jung, um zu begreifen, was es bedeutet, wenn ein Mensch stirbt. Den Tod kannte ich nur durch die Tiere, die Ama schlachtete, damit wir sie aßen. Doch als ich bei meiner Großmutter stand, die in dem dunstigen Licht so reglos schlief, fühlte ich mich von einer seltsamen, nie gekannten Empfindung ergriffen, und ich sah mich im Raum nach einem Platz um, an den ich gehen konnte, vielleicht um zu flüchten. Und da sah ich das Loch im Lehmboden. Ich sah die Grube an und spürte, wie es mich kalt überlief; mir wurde übel, und dann fühlte ich mich plötzlich sehr, sehr hungrig.

Ohne ein Wort lief ich zurück in den Hauptraum und direkt zum Vorratsschrank, wo ich mir einen Teller Reiskekse holte. Nachdem ich gegessen hatte, fühlte ich mich viel besser – jedenfalls so lange, bis meine Schwester Zhema durch die Tür spähte und mich am Kochherd sitzen sah. Sie runzelte die Stirn und trat rasch zu mir.

»Jemand ist gestorben, und alles, was du kannst, ist essen. Du solltest etwas mehr Respekt zeigen, Namu!«

Ich hatte die Grube im Vorratsraum gesehen, die lautlosen Tränen meiner Mutter und war müde von der langen Reise. Diese Strafpredigt war der Tropfen, der das Fass zum Überlaufen brachte. Ich begann zu heulen, meine besondere Art zu weinen, ohne Tränen zu vergießen. Nun kam Tante Yufang aus dem Lagerraum gelaufen.

»Still«, sagte sie begütigend. »Dazu ist es noch zu früh. Wenn wir jetzt weinen, machen wir Großmutter sehr traurig, und sie wird uns nicht verlassen wollen.«

Natürlich wollte ich nicht, dass Großmutter bei uns verweilte und ein hungriger Geist wurde, der für immer unter den Lebenden umging. Ich wünschte mir, dass Großmutter bei unseren Ahnen im Land Seba'anawa sein würde und von dort über unsere Familie wachte.

Tante Yufang nahm meine Hand, und ich ging zurück in den rauchgeschwängerten Raum, wo ich vor Großmutter niederkniete und ihre Stirn küsste, wie man mich anwies. Großmutter wirkte friedlich und schien einfach nur zu schlafen.

Zum ersten Mal, seit wir an diesem Morgen aufgebrochen waren, wandte Ama mir ihre Aufmerksamkeit zu. »Wir müssen jetzt gehen«, sagte sie mit ausdrucksloser Stimme. »Onkel und die Helfer werden sie baden.«

Ich streckte die Hand nach meiner Ama aus. Aber sie war so distanziert, und ihr Gesicht tränenüberströmt. Ich hatte keine Ahnung, ob sie überhaupt wahrnahm, dass ich ihre Hand hielt. Wenn ich heute darüber nachdenke, glaube ich nicht, dass sie meine Schwester Dujelema bemerkt hatte, die neben ihr stand. Ich drückte ihre Finger ein wenig fester. Ama sah mich nicht an, aber sie nahm meine kleine Hand in beide Hände. Die Hände meiner Mutter waren ganz warm und sehr stark und rau von der vielen Arbeit.

Im Hauptraum wartete ein junger Mann mit einer blauen Keramikschüssel, die mit Wasser und gelben Chrysanthemen gefüllt war. Und nachdem wir jetzt alle den Lagerraum verlassen hatten, winkte Großonkel ihn hinein. Seine Helfer, von denen einer den Korb mit den weißen Stoffstreifen trug, folgten ihm nach drinnen und schlossen die Tür. Zhema versetzte mir einen kleinen Schubs zwischen die Schultern. »Du solltest jetzt zu Ache in den Hof gehen«, sagte sie.

Das brauchte man mir nicht zwei Mal zu sagen. Ich quetschte mich zwischen den Leuten hindurch und lief in den Hof. Aber Ache und die anderen Kinder waren nicht da, und ich hatte keine Lust, mich auf die Suche nach ihnen zu machen. Ich fühlte mich müde und durcheinander. So setzte ich mich auf eine kleine Holzbank auf der Veranda, schloss die Augen und ließ mich von der Sonne wärmen. Dort blieb ich, bis mir langweilig wurde und mir einfiel, dass ich noch immer hungrig war, und ich ging ins Haus zurück.

Ama war nicht zu sehen. Sie saß nicht am Kochherd, und sie stand auch nicht mit den anderen Trauergästen am *Kang*. Auch im Vorratsraum war sie nicht. Dort waren nur die Helfer, Großonkel und Großmutter.

Großonkel hielt Großmutter jetzt fest und stützte sie, während die anderen Männer ihren Körper mit weißen Stoffstreifen umwickelten – denselben Streifen, die sie zugeschnitten hatten, als wir eintrafen. Sie hatten ihr die Knie unter das Kinn gebunden und schnürten ihr die Arme um die Beine. Ihr Kopf hing zur Seite, und man hatte ihr die Nasenlöcher mit Butter gefüllt.

Ich fragte nicht nach dem Grund. Mir war schon klar, dass ich nicht hätte dort sein dürfen, aber niemand hatte mich bemerkt. Auf den Fersen kauernd machte ich mich klein und beobachtete benommen und fasziniert zugleich, wie die drei Männer den zusammengeschnürten Körper meiner Großmutter in einen großen weißen Sack steckten und diesen vom Tisch zu dem Loch im Boden trugen.

Mehr sollte ich jedoch nicht zu sehen bekommen. Denn gerade, als er Großmutter in die Grube hinunterließ, hob Großonkel den Kopf, und sein Blick fiel direkt auf mich. Vor Verblüffung sackte ihm das Kinn herunter, aber ehe er etwas sagen konnte, rannte ich aus dem Raum, schlängelte mich durch die Menge der Trauergäste und trat über die Türschwelle in den sonnenüberfluteten Hof.

Als ich zu Atem gekommen war und mein Herz wieder ruhiger schlug, fragte ich mich, wie Großmutter sich wohl in dem Loch im Boden fühlen mochte, wie sie durch die Butter in der Nase überhaupt atmen konnte und ob sie sich fürchtete. Dann dachte ich daran, wie Großonkel Großmutters Beine gegen ihre Brust gebunden und ihr die Arme um die Knie geschlungen hatte, und da verstand ich, warum Ama mich immer schalt, wenn ich mit an die Brust hochgezogenen Knien an der Feuerstelle saß.

Nachdem die Männer Großmutter im Lagerraum begraben hatten, durften alle wieder hinein. Aber nun war die Grube zugeschaufelt, und an ihrer Stelle befand sich ein kleiner Hügel aus weißem Ton wie ein merkwürdiger Termitenbau, in dem zwei kleine Fahnen steckten. Davor stand ein Tischchen mit ein paar Speiseopfern und Butterlampen. Sobald alle einen Platz rund um den Hügel eingenommen hatten, trat der Daba ein, um das Lied für die Verstorbene zu singen.

Oh Großmutter,
wenn du in dem Land namens Seba'anawa eintriffst,
werden alle Vorfahren herbeieilen, um dich zu begrüßen.
Bitte sag meinen Ahnen,
dass ich ihnen Geschenke bringen wollte.
Aber die Pumi kamen von den Bergen herab
und versperrten mir den Weg,
und ich spreche ihre Sprache nicht.
Bitte sag meinen Ahnen, dass ich ihnen Gaben bringen wollte,
doch die Han-Chinesen kamen aus dem Gebirge herab,
und ich verstehe kein Chinesisch.
Auf der Straße beladen die Pferdeführer die Karawanen,
aber ihr Gedächtnis ist schlecht,
und ich wage nicht, ihnen diese kostbaren Geschenke
anzuvertrauen.
Bitte, Großmutter, sag meinen Vorfahren,
dass ich ihnen meine Geschenke nicht bringen kann.
Doch da du schon unser Dorf verlassen
und ins Land unserer Ahnen zurückkehren musst,
sollst du meine Gaben mit dir nehmen.
Diese Geschenke sind nicht schwer,
und der Bergwind wird dich
bis ins Land der Ahnen tragen.

Und als der Daba geendet hatte, ließ sich durch das leise Schluchzen Tante Yufangs Stimme vernehmen.

Oh, meine Ama.
Mein Herz wird den Rest meines Lebens schmerzen.
Du hast mich von klein an aufgezogen,
du hast mein Essen vorgekaut, als ich noch keine Zähne hatte,
und mir den Po abgewischt.
Nun ist dein Haus voller erwachsener Kinder und Enkel.
Heute ist sogar Latso mit ihren Kindern heimgekehrt.
Warum schlägst du die Augen nicht auf?
Wie konntest du einfach so gehen?

Oh, meine Mutter, wem soll ich morgen Früh den Tee bringen?
Oh, meine Mutter, wie kannst du einfach so gehen?
Du hast versprochen, du würdest mir helfen,
diese Decke fertig zu stellen,
doch nun ist die Decke nur halb zu Ende gewebt, und du bist fort!
Wie kannst du mich so verlassen?

Als meine Ama hörte, wie Tante Yufang ihren Namen erwähnte, hatte sie einen Schrei ausgestoßen und unkontrollierbar zu schluchzen begonnen. Aber als es an ihr war zu singen, unterdrückte sie ihre Tränen.

Oh, meine Mutter;
ich liebe dich aus tiefstem Herzen.
Ich weiß, dass ich vieles getan habe, das dich betrübt hat.
Aber ich hatte nie eine Chance, mich dir zu beweisen.
Zu früh hast du mich verlassen.

Noch nie hatte ich etwas Schöneres gehört als diese Lieder. Ich hatte Menschen für unsere Berggöttin singen gehört und für Mutter See. Ich hatte auch gehört, wie meine Ama und Dujema die Arbeitslieder sangen und wie meine Mutter Zhemi verstohlen Liebeslieder zuflüsterte. Aber noch nie hatte ich Menschen so aus tiefstem Herzen singen gehört. Und ich hatte noch nie so ein schönes Lied vernommen wie das, das meine Ama für ihre Mutter sang.

Innerhalb weniger Tage sahen wir alle aus wie Tante Yufang. Während der ersten neunundvierzig Tage nach Großmutters Tod durfte sich niemand waschen, und unser Haar war nach den vielen Kotaus vor den Lamas, dem Daba und allen eintreffenden Gästen mit Schlamm verkrustet. Das Gesicht meiner Mutter war durch den Schlafmangel eingefallen und rußgeschwärzt. Ihre Augen waren rot und verquollen. Aber nicht nur die Trauer zehrte an ihren Kräften, sondern auch das Kochen für die Gäste. Da meine Großmutter drei Töchter gehabt hatte, war jede von ihnen für die Zubereitung einer der drei täglichen Mahlzeiten zuständig, die dann auf den Festtafeln im Hof aufgetragen wurden. Tante Yufang als Älteste war für das Abendessen verantwortlich, die wichtigste Mahlzeit. Meine Ama als jüngste hatte das Frühstück zu machen. Aber da sie auch die stolzeste war und sich von ihren Schwestern nicht ausstechen lassen wollte, geriet jedes Essen, das sie zubereitete, zum Festmahl, und dazu musste sie sehr früh am Morgen aufstehen.

Immer noch trafen Besucher aus den Nachbardörfern ein. Auch die Verwandten, bei denen wir auf dem Weg nach Qiansuo übernachtet hatten, waren gekommen. Während dieser wenigen Tage dürften die Bewohner acht ganzer Dörfer durch das Haus meiner Großmutter gezogen sein. Jeder Gast brachte eine Bambusschachtel mit Tee und eingesalzenem Schweinefleisch als Geschenk für Großmutters Familie mit, und meine Mutter und ihre Schwestern mussten auch dafür Sorge tragen, dass niemand mit einer leeren Schachtel nach Hause ging.

So viel Essen, so viele Geschenke, Mais, Schweinefleisch und Blumen! Noch nie hatte ich so viele kräftige Aromen auf einmal wahrgenommen oder so viel Reichtum auf einmal zur Schau gestellt gesehen. Im Hauptraum hatten meine Tanten einen weiteren Tisch mit noch mehr Reis, gekochtem Fleisch, Chrysanthemen und Butterlampen aufgestellt. Über dem Tisch hatten sie eine Garnitur neuer Kleidungsstücke und zwei gelb und rot gemusterte Schirme aufgehängt. Dies war Großmutters Tisch. Sie sollte ohne Bedauern scheiden. Bald würde sie diese Welt verlassen, und da sollte sie ihr letztes Beisammensein mit ihrer Familie genießen und schöne Kleider tragen, und wenn sie schließlich ging, konnte sie die Schirme gebrauchen, falls es auf dem Weg ins Land der Ahnen regnete.

Eines Nachmittags, gleich nach dem Mittagessen, trugen mein Großonkel und mein Onkel eine große, quadratische Holzkiste in den Hof. Sie war sehr hübsch; aus hellem Kiefernholz gefertigt und mit Blumen und Fischen verziert. Meine Onkel brachten die Kiste ins Haus, in den Lagerraum, wo der Daba damit beschäftigt war, gelbe Chrysanthemen an die Deckenbalken zu hängen. Dann holten sie meine Großmutter aus der Erde und trugen den Sarg zurück in den Hauptraum.

Nun weinten alle. Gleich würde Großmutter uns verlassen, und es war nur richtig, wenn wir sie spüren ließen, wie sehr wir sie liebten. Alle Erwachsenen verneigten sich bis zur Erde, und meine Großtanten, meine Tanten und meine Mutter jammerten und weinten sehr laut und gaben dem Rest der Trauernden ein Beispiel. Begleitet von all diesem Schluchzen und Klagen führte der Daba die letzten Riten durch. Zuerst rezitierte er die Zeremonie der Wegbeschreibung. Darin erzählte er die Geschichte des Moso-Volkes und erklärte Großmutter, wie sie die Straße ins Land unserer Vorfahren finden würde. Dann führte er die Zeremonie an, die wir das »Waschen des Pferdes« nennen, und Ache und ich rannten der Menge der Trauergäste nach, die Großmutters Seele auf ihrem letzten Weg durch das Dorf folgten. Großmutters Seele war aus Stroh gefertigt und trug ein schönes blaues Kleid, und sie saß auf einem prächtigen Pferd, in dessen Mähne Federn und Blumen steckten.

Am nächsten Tag brachen die Trauergäste in einem langen Zug auf. Die Lamas gingen voran, dann kam Großmutters Sarg, und dahinter der Daba, meine Großtanten, Großonkel, Tante Yufang, die andere Tante, meine Ama und Onkel. Hinter ihnen, kurz vor den übrigen, ging eine kleine Gruppe von Männern. Dies waren die speziellen Freunde meiner Großmutter gewesen; vielleicht befand sich darunter ja der Vater meiner Mutter. Oder Mutters Vater wartete schon im Lande Seba'anawa auf Großmutter. Ob meine Ama wohl solchen Gedanken über Großmutters Liebhaber nachhing, während sie dem Sarg ihrer Mutter zum Verbrennungsplatz folgte? Ich weiß es nicht. In der Generation meiner Mutter fragte man nicht nach seinem Vater, denn alles, was im Zimmer einer Frau geschah, im warmen Licht ihres privaten Feuers, das war ganz allein ihre Angelegenheit. Wenn sie ihre Freunde ins Haus einladen wollte, um Sulima-Wein zu trinken oder mit ihren Verwandten zu Abend zu essen, dann war das in Ordnung. Aber wenn sie ihre Liebhaber nur heimlich im Schutz der Nacht treffen wollte, dann wurde das ebenso akzeptiert. Außerdem war es zwar gestattet, unter Nachbarn und Freunden zu klatschen und zu scherzen, aber es wäre mehr als unschicklich gewesen, wenn Blutsverwandte miteinander über solche Angelegenheiten gesprochen hätten.

Während die Trauergäste den Bergpfad hinuntergingen, weinten, heulten, einander in die Arme fielen und sich die Haare rauften, blieb ich mit Zhema, Ache, Howei und den anderen Kindern zurück, denn nach unserem Brauch dürfen Personen, die jünger als dreizehn Jahre sind, nicht mit dem Tod oder anderen Angelegenheiten, die mit den Vorfahren zu tun haben, in Berührung kommen. Also blieben wir bei den schwangeren Frauen, die wegen ihrer ungeborenen Kinder ebenfalls nicht an der Verbrennung der Toten teilnehmen können.

Nur wenige Tage, nachdem Großmutter in das Land Seba'anawa eingegangen war, kehrte meine Ama nach Zuosuo zurück. Meine Schwester Zhema und die Pferde nahm sie mit, und mich, Ache und Howei ließ sie bei Tante Yufang zurück. Wir blieben lange Zeit in Qiansuo. Wir rannten mit unserer Schwester Dujelema und den anderen Kindern durch die Felder, wir lachten, wir spielten mit dem Wasserbüffel. Dann wuschen wir uns eines Tages die Haare, nahmen ein Bad und wechselten die Kleider, und Onkel brachte uns nach Hause, wo meine Mutter schweigend für uns kochte.

Die Kulturrevolution

Nach Großmutters Begräbnis sahen wir meinen Vater nicht sehr oft. Viele Monate lang war Ama zu traurig, um Besucher zu empfangen. Dann kam wieder der Winter. Schnee bedeckte die Bergstraßen, und Zhemi reiste nicht mehr nach Westen in die tibetischen Städte, sondern ging stattdessen nach Osten, wo er Ziegenfelle und Yak-Schwänze gegen Tee und Salz einhandelte. »Aus Yak-Schwänzen macht man nämlich die besten Besen«, erklärte Ama. Aber als der schlimmste Winter vorüber war und bevor Zhemi seine Besuche bei meiner Mutter wieder aufnehmen konnte, kamen die Roten Garden nach Zuosuo.

Es begann mit Gongschlägen, die über die Berge hallten.

Meine Ama raffte ihren langen Rock und kletterte die Leiter zum Dach hinauf, um besser zu sehen, während Ache und ich aus dem Haus rannten und den anderen Dorfkindern folgten, um das Spektakel zu sehen. Unter blühenden Apfelbäumen, an Gemüsegärten und frisch angepflanzten Maisfeldern vorbei liefen wir den Pfad entlang, und dann blieben wir wie angewurzelt stehen. Auf uns kam eine große Gruppe blasshäutiger Menschen zu, die alle gleich in blaue Uniformen gekleidet waren. Sie trugen blaue Kappen auf dem Kopf, rote Armbinden und sangen aus vollem Halse; ein merkwürdiges, fremdartiges Lied, das in unseren Kinderohren nicht nur eigentümlich klang, sondern Furcht einflößend.

Das waren keine Leute aus den Bergen.

Das waren keine Moso oder Yi, weder Pumi noch Lisu.

»Han«, sagte eines der Kinder. »Das sind Han-Leute.«

Mehr brauchten wir nicht zu hören. Wir machten kehrt, rannten ins Dorf zurück und schrien nach unseren Müttern.

Keines von uns Kindern hatte jemals so viele Chinesen auf einmal gesehen. Wir kannten die Beamten, die gelegentlich in kleinen Gruppen unsere Dörfer aufsuchten, und natürlich waren da die wenigen Chinesen, die unter uns lebten. Aber letztere waren genau wie wir; sie sprachen unsere Sprache, sangen unsere Lieder, und ihre Gesichter waren von der Sonne und der vielen harten Arbeit gebräunt. Die Chinesen von Zuosuo waren keine Chinesen mehr; sie waren Moso geworden. Doch wenn wir auch nie viel mit den Han-Chinesen zu tun gehabt hatten, so hatten wir doch oft genug von ihnen gehört. »Wenn ihr unartig seid, dann kommen die Han euch holen«, drohen Moso-Mütter ihren Kindern.

Und nun waren die Chinesen wirklich gekommen und würden uns fangen.

Als die Han das Dorf erreichten und die Erwachsenen nach draußen liefen, um deren hässliche Kleidung und kränklich blasse Haut anzustaunen, versteckten wir Kinder uns hinter unseren Müttern. Vergeblich bemühten wir uns, Sinn in die fremdartigen Wörter zu bringen, die an unsere vor Aufregung glühenden Ohren drangen. Die Han waren offensichtlich von weither gekommen, um uns zu holen, nämlich aus Chengdu, der Hauptstadt der Provinz Sichuan.

Die Roten Garden beklebten die Lehmwände unseres Dorfes mit leuchtend roten Propagandaplakaten, und wie die Kommunisten in den fünfziger Jahren riefen sie die Dorfbewohner in einem der größeren Häuser zusammen. Dort baten sie unseren Dorfvorsteher zu übersetzen und prangerten kapitalistische Ausbeuter, stinkende bourgeoise Intellektuelle, feudale Unterdrücker und alle anderen Revisionisten und Kettenhunde Amerikas an. Als dem Dorfvorsteher die Worte ausgingen, mussten alle singen. Es wurde viel gesungen, obwohl die Menschen dieses Mal nicht so viel Spaß daran hatten wie vor ungefähr zwei Jahrzehnten. Diese Chinesen mochten ebenfalls keinen Buttertee, genau wie die anderen Kommunisten; aber schließlich waren sie nicht zum Essen und Trinken gekommen, sondern um Revolution zu machen – und die Äpfel schmeckten ihnen immerhin. Sie hatten eine komische Art, Äpfel zu essen. Niemand, den wir kannten, aß Äpfel auf diese Weise. Sie schälten die Früchte mit dem Messer, wobei sie oben anfingen und rundherum nach unten fortfuhren, so dass die ganze Schale in einem Stück abgelöst wurde, wie ein Band. Und da wir Kinder inzwischen begriffen hatten, dass die Han nicht gekommen waren, um uns zu holen, klatschten wir vor Freude in die Hände.

Es dauerte nur wenige Tage, bis die Flöhe, der Buttertee und zu viele Äpfel die Roten Garden besiegten, und bald rückten sie ab, um andere Dörfer im Tal aufzusuchen, wo sie weitersangen und noch mehr rote Spruchbänder aufhängten. In unseren Dörfern gab es nicht viel, das sie hätten zerstören können – wir waren sämtlich arme Bauern, die nicht lesen und schreiben konnten und in von Lehmmauern umgebenen Blockhäusern lebten. In Zuosuo mussten die Roten Garden sich damit zufrieden geben, den Göttern auf den Wandgemälden des Tempels die Augen auszukratzen und ihre Gesichter herauszuhauen – jedenfalls, bis sie Xiao Shumis Haus fanden, wo sie die Tore aufbrachen und verbrannten. Endlich konnten sie gegen einen Feind des Volkes kämpfen.

Xiao Shumi war die Frau unseres ehemaligen Feudalherren gewesen, aber sie war eine Chinesin aus der Provinz Sichuan und die Tochter einer einflussreichen Familie von Militärs. Unser Oberherr hatte sie 1942 geheiratet, in dem Bestreben, sich den Schutz des Kriegsherrn der Provinz Sichuan zu sichern. Der Familienname unseres Feudalherrn lautete La, was »Tiger« bedeutet, aber in den vierziger Jahren hatten diese Tiger ihre Zähne und Krallen längst verloren. Fast alle Männer der La-Familie waren opiumsüchtig, und unser Herr selbst war machtlos und nicht in der Lage, sein Volk vor den tibetischen Banditen und den Yi-Stämmen zu beschützen. Denn letztere überfielen die Dörfer, wenn sie Not litten oder einfach nur Lust dazu hatten, stahlen Getreide und Vieh, steckten Häuser in Brand und entführten kleine Kinder, um sie als Sklaven zu verkaufen. Die Lage war so außer Kontrolle geraten, dass die Tibeter bei einem besonders heimtückischen Überfall beinahe unseren Herrn selbst entführt hätten, und bei einer anderen Gelegenheit hatten die Yi sein Haus angezündet.

1942 hatten Xiao Shumi und ihr Gefolge einen ganzen Monat gebraucht, um sich durch das von Banditen wimmelnde Gebirge in das schmale Tal von Zuosuo durchzuschlagen, wo ihr Gatte sie in seinem ausgebrannten Haus erwartete. Sie war erst sechzehn und zu dieser Ehe gezwungen worden, und die Reise muss ihr entsetzlich lang vorgekommen sein, aber sie akzeptierte ihre Pflichten mit Würde und erwies sich bald als sehr nützlich für ihren Ehemann.

Obwohl die Heirat mit ihr sich politisch als Enttäuschung herausstellte – denn der Kriegsherr aus Sichuan zeigte keinerlei Interesse daran, Zuosuo zu beschützen –, war sie sehr klug und wohlerzogen und wurde berühmt für ihren geschickten Umgang mit dem Abakus. Nachdem die Volksbefreiungsarmee dem Land der Moso 1956 demokratische Reformen gebracht hatte, wurden unser Feudalherr und seine Frau einfache Bürger, genau wie alle anderen Mitglieder des La-Clans. Xiao Shumi nahm ihr neues Los klaglos hin. Bald freundete sie sich mit vielen Menschen aus dem Volk an, auch mit meiner Mutter, und zu dem Zeitpunkt, als die Roten Garden nach Zuosuo kamen, brachte jedermann ihr Respekt entgegen.

Für die Rotgardisten jedoch war die Frau unseres ehemaligen Herrn immer noch eine feudale Unterdrückerin, die es verdiente, für alle Übel der Geschichte gedemütigt und bestraft zu werden. Nachdem sie das Tor ihres Hauses in Brand gesetzt hatten, setzten sie ihr einen großen, hohen Hut auf den Kopf und führten sie im Triumph durch die Dörfer. Immer wieder blieben sie stehen, schrien die Frau an und stießen sie umher. Sie zwangen sie, niederzuknien und sich zu verbeugen, bis ihr Kopf den Boden berührte. »Lang lebe Mao Tse-Tung!«, brüllten sie ihr in die Ohren. »Lang lebe die Kommunistische Partei! Nieder mit den Ausbeutern! Kämpft gegen die Hündin!«

Zuerst folgten die Dorfbewohner Xiao Shumi durch die schmalen Straßen des Ortes und sahen entsetzt und ratlos zu. Doch dann begriffen sie, dass die alte Frau dieser Demütigung jeden Tag unterzogen werden sollte, und hörten auf, ihr nachzulaufen.

Als die Leute Xiao Shumi nicht mehr folgten, zerrten die Rotgardisten sie von Tür zu Tür und riefen die Menschen aus den Häusern, damit sie die alte Frau anschauten.

Die Dorfbewohner kamen und schauten. Dann gingen sie wieder nach drinnen und wagten sich nicht wieder heraus. Jetzt gingen nur noch die Kinder nach draußen, um Gras für die Schweine zu schneiden. Und so sahen meine Schwester und ich Xiao Shumi auch zum letzten Mal.

Wir sammelten am Seeufer Schweinefutter, als Zhema ausrief: »Schau! Da ist sie!« Und sie wies auf einen großen weißen, mit chinesischen Schriftzeichen bedeckten Kegel, der über dem hohen Gras zu schweben schien.

Tatsächlich, unter dem Kegel befand sich Xiao Shumi. Ich folgte meiner Schwester und ging zu der Frau unseres einstigen Herrn. Sie beugte sich nach vorn und arbeitete schwer. Ihre Stirn glänzte vor Schweiß. Ein Stück weiter lagen zwei Rotgardisten im Gras und rauchten Zigaretten.

»Warum läufst du nicht weg und versteckst dich, Xiao Shumi?«, fragte ich leise.

Xiao Shumi richtete sich auf und sah uns einen Moment lang an, ohne zu antworten. Dann hob sie die Hand an ihren Hut. »Wo sollte ich mich wohl verstecken?« Dann lächelte sie. »Aber macht euch keine Sorgen um meine alten Knochen. Wie geht es eurer Mutter?«

Sie zauste mir das Haar und sagte, sie müsse jetzt weiter arbeiten. Dann fuhr sie fort, Gras zu schneiden. Als sie fertig war, setzte sie den Korb auf ihren Rücken. Ich schaute ihr nach, wie sie zwischen den Revolutionären davon schritt. Unter ihrem hohen weißen Kopfputz wirkte sie sehr klein und gebrechlich. Wir sollten sie viele Jahre lang nicht wiedersehen.

Einige Tage nach unserer letzten Begegnung mit Xiao Shumi hörten wir, dass die Rotgardisten in Booten über den Lugu-See zur Yongning-Ebene übergesetzt hatten. Dort beleidigten und schlugen sie die Lamas und verschleppten einige Menschen aus ihren Häusern – vielleicht ins Gefängnis, oder um ihnen noch Schlimmeres anzutun –, und sie zerschossen das große buddhistische Kloster und die Häuser der alten eingeborenen Anführer, der Nachfahren des furchtbaren Kublai Khan, und setzten alles in Brand. Siebenhundert Jahre unserer Geschichte verschwanden unter Schutt und Asche.

Doch selbst Katastrophen währen nicht ewig, und wenn die Ernte vernichtet ist, ziehen die Heuschrecken weiter. Als sie genug Zerstörung gesät hatten, kehrten die Rotgardisten dorthin zurück, wo sie hergekommen waren. Und nachdem sie fort waren, wurden die alten Eichen in den Bergen gelb, und danach die Birn- und Walnussbäume in unserem Tal, und dann verfärbten die Propagandaplakate an den Lehmmauern sich rosa, und langsam verlief das Leben wieder in normalen Bahnen. Die alten Leute trockneten ihre Tränen und trösteten sich mit dünnem Buttertee und dem Gedanken, dass sie schon schlimmere Zeiten überstanden hatten.

Aber bei uns zu Hause trug meine Mutter das Abendessen immer noch ohne ein Wort auf. Ihr Herz war kalt, und ihre Gedanken weilten in Qiansuo, wo Großmutter nicht mehr war und wo Zhemi, den wir schon sehr lange nicht mehr gesehen hatten, ohne sie schlief. Ich durchforschte das Gesicht meiner Mutter nach einem Anzeichen dafür, dass ihr Kummer bald zu Ende gehen würde, und dann schaute ich meine große Schwester an, aber Zhema hatte auch keine Antwort für mich. Also steckte ich stattdessen die Nase in die Essensschale auf meinem Schoß.

Ich wünschte, wir hätten etwas Fleisch gehabt. Es war lange her, dass wir Fleisch gegessen hatten.

Ein Paar rote Schuhe

Als wir in den Hof rannten, auf unsere kalten Finger hauchten und uns die Nase am Ärmel abwischten, bemerkten wir als Erstes, dass Ama die Jacke gewechselt hatte.

Sie hatte ihre schwarze Alltagsjacke gegen die rote ausgetauscht, die sie an Festtagen trug, aber sie hackte Holz, und als sie von dem Holzstapel aufsah, leuchteten ihre Augen. Sie legte die Axt weg, trat zu mir und half mir, meinen Korb vom Rücken abzusetzen. Dann nahm sie Ache bei der Hand, und wir drei gingen zusammen ins Haus. So viel Aufmerksamkeit hatte Ama uns lange nicht mehr geschenkt.

Im Haus brannten die Feuer hell, und unser neuer kleiner Bruder Homi schlief zufrieden in Zhemas Armen. Der Duft von Schweinefleisch-Suppe erfüllte die Luft – natürlich war das kein frisches Fleisch. Ama hatte nur einige Scheiben von dem *Bocher* abgeschnitten, dem Schwein, das alle Moso wie eine Matratze auf der Bank im Hauptraum aufbewahren, und das manchmal so viele Jahre, dass das Fett eine tiefgelbe Farbe annimmt. Nein, es war kein frisches Fleisch, aber es war Fleisch, und es roch gut.

Und am Feuer saß mein Vater.

»Onkel, du bist wieder da!«, rief ich aus.

»Und wo bist du gewesen?«, fragte Zhemi lächelnd.

»Ich habe Gras für die Schweine geschnitten.«

»Das ist brav«, sagte er.

Mein Vater stand auf und goss mir und Ache Buttertee ein. »Seht nur zu, dass ihr die Samen ausspuckt«, scherzte er, »sonst wächst euch noch ein großer Teebusch oben aus dem Kopf.«

Ama lachte.

Mein Vater ging zum *Kang* zurück, setzte sich ans Feuer und schlug die ausgestreckten Beine übereinander. Die Bergluft hatte sein schönes Gesicht fast schwarz gebrannt, und nun schimmerte es im Schein der Flammen wie Kupfer. Sein Haar war dicht und wollig, und er besaß das, was wir eine Yak-Nase nennen, die edle Nase eines Yak-Bullen: breit und kräftig, mit einem Höcker auf dem hohen Nasenrücken und einer gerundeten Spitze. Und er hatte lange, elegante Hände, wunderschöne Hände. Mein Vater war ein sehr schöner Mann, und er war auch, wie man in der westlichen Welt sagt, ein Mann, der nicht viele Worte machte.

Ohne etwas zu sagen beugte er sich zur Seite und griff nach seiner Segeltuchtasche. Zuallererst zog er drei Teeziegel und dann einen großen Beutel Reis hervor – eine Art von süßem Reis, der rund um den Lugu-See nicht wuchs und für den er bestimmt kräftig hatte handeln müssen. Tee und Reis waren für meine Mutter bestimmt. Für Zhema hatte er einen rosa Schal mit rotweißen Blumen, für Ache einen tibetischen Gürtel und für den kleinen Howei einen braunen Zuckerhut. Aber für mich war anscheinend nichts dabei, denn jetzt schloss er seine Tasche, lehnte sie an die Wand und ließ sich in der Nähe der Feuerstelle nieder, um ein Tabakblatt zu rollen.

Mein Vater zündete seine Zigarette an und blies ein paar Ringe.

Ich lachte, denn mir war schon klar, dass er auch für mich ein Geschenk hatte und mich nur neckte. Und ich behielt Recht. Auch Zhemi lachte, schob seine Zigarette in den Mundwinkel und griff noch einmal in seinen Rucksack. Und dann gab er mir die Schuhe.

Rote Kordschuhe mit schwarzen Punkten und schwarzen Schnürsenkeln, mit weißen Gummisohlen und einem weichen rosa Baumwollfutter. Rosafarbene, weiche, flauschige Baumwolle.

Das waren die schönsten Schuhe, die ich je gesehen hatte, und die ersten meines Lebens.

Während ich noch ganz versunken und sprachlos mit meinen Schuhen in der Hand dastand, rückte meine Mutter einen Schemel an den Kochherd. Sie sagte mir, ich solle mich setzen, und weil ich immer noch wie angewurzelt verharrte, drückte sie mich sanft auf den Schemel hinunter. Dann schöpfte sie warmes Wasser in die blaue Emailleschüssel, damit ich mir die Füße wusch. Da ich nie zuvor Schuhe getragen hatte, waren meine Füße vom Laufen im eiskalten Matsch und im Schnee stark aufgesprungen, und es fiel mir schwer, den Schmutz abzuschrubben. Als meine Füße endlich sauber waren, sah meine Haut unnatürlich weiß, weich und schrumpelig aus.

Meine Ama bekam feuchte Augen. »Ganz wie die Füße deines Onkels«, sagte sie.

Natürlich wusste ich, was sie meinte, nämlich dass meine Füße denen Zhemis ähnelten und dass sie meinen Vater sehr liebte. Und das war das Schönste, was meine Mutter mir hätte sagen können, die zärtlichsten, liebevollsten Worte, die ich je von ihr hören sollte. Wenn ich mich heute daran erinnere – daran, wie meine Ama sagte, meine Füße seien genau wie die meines Vaters –, dann tut mir das Herz weh, und ich wünsche mir, ich hätte nicht in meinen ersten drei Lebensjahren, in denen ich anscheinend grundlos weinte, die Tränen eines ganzen Lebens vergeudet.

Ich steckte die Füße in die Schuhe, wackelte mit den Zehen und schloss die Augen.

Meine Füße, die nach dem Fußbad heiß und weich waren, schmiegten sich in die weichen, warmen Schuhe, ein herrlich wohliges, schmelzendes Gefühl. Jedenfalls eine Zeit lang. Denn weil meine Fußsohlen so aufgerissen von der Kälte und so wund vom Schrubben waren, begannen sie unerträglich zu jucken, und bald konnte ich gar nicht mehr zu kratzen aufhören.

»Am besten ziehst du die Schuhe aus«, meinte meine Ama. »Dann hört das Jucken auf, und du machst sie nicht schmutzig. Du kannst sie ja für das Neujahrsfest aufbewahren. Leg sie weg, und dann komm und iss dein Abendessen.«

Die Schweinefleisch-Suppe roch wirklich gut, aber ich war so aufgeregt, dass ich fast nichts herunterbekam. Kaum hatte ich ein paar Bissen gegessen, da rannte ich schon mit meinen Schuhen in der Hand aus der Tür, um damit bei meinen Freundinnen anzugeben. Aber Ama hatte Recht, ich durfte die Schuhe nicht schmutzig machen; daher mussten die kleinen Mädchen sich die Hände waschen, bevor ich ihnen erlaubte, sie anzufassen. Und als sie alle die Hände in meine Schuhe gesteckt, die Wärme des Futters gespürt und ihre Nase an die weißen Gummisohlen gehalten hatten, als wir uns darüber geeinigt hatten, wer sie wann ausleihen durfte, um sie anzuziehen – natürlich erst, nachdem ich sie an Neujahr getragen hatte –, da ging ich zum Schlafen nach Hause.

An diesem Abend – und an jedem Abend danach – legte ich die Schuhe unter mein Kissen, wenn ich ins Bett stieg. Dann schmiegte ich mich an Zhema und träumte beim Einschlafen vom bevorstehenden Neujahrstag, von Hühnereintopf und dicken Schinkenscheiben und davon, wie ich – tapp, tapp – mit meinen neuen Schuhen über die rote Erde hüpfte, von Hof zu Hof, und allen ein langes und gesundes Leben wünschte.

Eines Morgens wachte ich auf und stellte fest, dass meine Mutter dabei war, den Hof zu fegen. Sofort begann mir das Wasser im Mund zusammenzulaufen. Meine Ama fegte den Schmutz des alten Jahres weg, damit wir das neue begrüßen konnten, und das hieß, dass es nur noch sechs Tage bis Neujahr waren. Am neunundzwanzigsten des Monats würde meine Ama eingesalzenes Schweinefleisch in Scheiben schneiden, Reis kochen und das flache Brot backen, das wir *Baba* nennen. Am dreißigsten schlachtete sie ein Huhn, und Dujema brachte uns Ziegenfleisch. Dann, am Neujahrsabend, würde meine Ama den Hund zu einer richtigen menschlichen Mahlzeit ins Haus einladen, zu Reis und *Baba,* Gemüse, Huhn, Schweine- und Ziegenfleisch. Der Hund würde keine Zeit mit dankbarem Schwanzwedeln vergeuden. Während meine Ama ihm für die Rettung unseres Lebens dankte, würde er schlingen und malmen, sich verschlucken und weiterfressen, bis sein Magen sich unter den vorstehenden Rippen aufblähte wie eine aufgepustete Schweineblase. Und dann würde er seine Schnauze in seinen leeren Blechnapf stecken und ihn durch das Haus schieben, bis er sich schließlich mit dem Napf zwischen den Vorderpfoten in einer Ecke niederließ. Und dann endlich waren wir an der Reihe, uns an die Feuerstelle zu setzen und das Festmahl zu genießen.

Natürlich gibt es eine Geschichte über den Hund, und die geht so:

Vor langer, langer Zeit lebten Menschen und Tiere ewig. Aber je länger die Ewigkeit dauerte, umso mehr Menschen und Tiere gab es, immer weniger Platz für sie zum Schlafen und Spielen und immer weniger Nahrung für alle. Da begannen die Tiere und Menschen zu zanken und zu streiten und veranstalteten schließlich einen solchen Radau, dass es dem Großen Himmel zu viel wurde.

Der Große Himmel rief alle Tiere zusammen und erklärte ihnen, er habe einen Ausweg gefunden. Von nun an solle außer den Göttinnen und Göttern auf Erden niemand mehr ewig leben. Stattdessen würde jedes Wesen sterblich sein, das heißt, sein Leben würde irgendwann zu Ende gehen. Der Große Himmel, der sich nicht die Verantwortung dafür aufladen mochte, die Lebensspannen zu bemessen, hatte beschlossen, laut eine Zahl von Jahren auszurufen und es jedem Tier zu überlassen, sich darauf zu melden.

Als der Große Himmel »tausend Jahre« rief, antwortete die Wildgans: »Hier! Ich!« Und als der Große Himmel »einhundert Jahre« ausrief, schrie die Wildente: »Ich, ich!« Und als der Große Himmel »sechzig Jahre« rief, antwortete der Hund: »Ja, hier!« Aber der Mensch war so langsam und tollpatschig, dass er am Schluss nur dreizehn Jahre abbekam.

Der Mensch war tief enttäuscht über die Aussicht auf ein so kurzes Leben und führte Klage beim Großen Himmel. Aber der Große Himmel mochte kein Gejammer hören und schlug vor, der Mensch solle seine Probleme mit den Tieren regeln. Also ging der Mensch zu allen Tieren betteln und flehte sie an, sie möchten seine dreizehn Jahre nehmen und ihm dafür ihre eigene Lebenserwartung schenken. Nicht verwunderlich, dass niemand darauf einging – bis der Mensch den Hund fragte. Dieser war einverstanden, weil die Hunde die Menschen schon immer geliebt hatten. Aber nun war der Mensch so dankbar, dass er versprach, auf ewig für den Hund zu sorgen. Und deswegen bekommen die Hunde zum Gedenken an ihr Opfer am Neujahrstag stets eine richtige Menschenmahlzeit.

Am Neujahrstag statteten wir die traditionellen Besuche bei unseren Nachbarn ab, um ihnen unsere guten Wünsche für Gesundheit und ein langes Leben zu überbringen. Unter ihrem Cape aus Ziegenfell trug meine Ama ihre rote Weste und eine bunte Schärpe um die Taille. Meine Schwester hatte ihren Schal umgebunden und ich meine neuen Schuhe angezogen.

Ich war furchtbar stolz.

Während wir von Haus zu Haus zogen, konnte ich den Blick nicht von meinen Füßen losreißen. Wenn wir an einer Feuerstelle saßen, einen Imbiss nahmen und tranken, sah und fühlte ich nichts anderes als meine Füße in den hübschen, behaglichen roten Schuhen.

Doch als der Tag fortschritt und es dunkel wurde, nahmen meine schönen Schuhe allmählich eine andere Farbe an. Alle Höfe waren sauber gekehrt und vom Schmutz des vergangenen Jahres befreit worden. Aber trotzdem färbte die rote Erde meine Schuhsohlen. Außerdem wollte jeder die Schuhe anfassen und spüren, wie weich und warm sie waren, und ich konnte mich so vieler vom Ruß der Feuer geschwärzter Hände nicht erwehren. Als wir spätabends nach Hause kamen, waren die Schuhsohlen ganz braun und der Stoff über und über mit schwarzen Flecken bedeckt, die die vielen neugierigen Hände hinterlassen hatten.

Alle waren sehr müde und satt von dem überreichlichen Essen und außerdem ziemlich betrunken von dem vielen Sulima-Wein, so dass sie sofort zu Bett gingen. Aber ich wollte noch nicht schlafen – ich wollte meine Schuhe am nächsten Tag wieder tragen, und dazu sollten sie so sauber und hübsch wie neu aussehen. Ich schöpfte Wasser in die Emailleschüssel und wusch und schrubbte meine Schuhe, bis sie wieder wie neu aussahen. Dann stellte ich sie zum Trocknen an den Herd. Ich wusste, dass dies einige Zeit dauern würde, daher kletterte ich, statt zu Zhema ins Bett zu krabbeln, auf den *Kang*, um in der Wärme des Feuers sitzend zu warten. Aber ich war sehr müde, und ehe ich wusste, wie mir geschah, war ich eingeschlafen.

Der Geruch glimmender Baumwolle weckte mich.

Ich weinte nicht.

Ich hockte einfach auf meinen zersprungenen Fersen und sah das große, hässliche Loch in meinem wunderschönen roten Schuh an. Dem linken.

Am Morgen stopfte meine Ama die Füllung mit Stroh aus und flickte das Loch mit schwarzer Baumwolle, und als sie fertig war, brachen wir auf, um Lama Ruhi zu besuchen, denn nach unserem

69

Brauch bringt es Glück, am Neujahrstag das Haupt eines Lamas zu berühren. So trug ich meine roten Schuhe noch einmal, aber jetzt sah ich nichts anderes mehr als den schwarzen Flicken. Und als meine Freundinnen kamen, um meine Schuhe zu probieren, da sahen auch sie nichts anderes. Nur diesen hässlichen schwarzen Fleck. Sie lachten. »Dummes Mädchen!«, riefen sie und rannten nach Hause.

Ich warf die roten Schuhe in den Schweinestall.

Einige Zeit nach Neujahr kam mein Vater uns wieder besuchen und brachte Yak-Fleisch und Yak-Würste mit.

»Haben die Schuhe dir nicht gefallen?«, fragte er, als er meine bloßen Füße sah.

»Fang nur nicht von den Schuhen an«, warf meine Ama ein. »Sie ist deswegen so lange traurig gewesen.«

»Sie sind verbrannt«, antwortete ich ihm.

»Mach dir keine Gedanken«, sagte mein Vater. »Ich bringe dir ein neues Paar mit.« Aber das hat er nie getan.

Eine Zeit lang versuchte ich die alten grünen Baumwollschuhe meiner Schwester zu tragen. Sie waren an den Fersen stark verschlissen, mit Rinde und Blättern geflickt und viel zu groß für mich, und bald wurden sie durch die Feuchtigkeit und die Kälte hart und rissig. Auch diese Schuhe warf ich weg, dieses Mal neben den Bergpfad, und danach ging ich wieder barfuß.

Zwei Hühnerbeine
und ein sehr hungriger Mann

Das Leben in einem Dorf verläuft in der Regel wenig ereignisreich. Ewig kehren die Jahreszeiten wieder, und die Tradition bestimmt wohl bekannte Erwartungen und tief eingeschliffene Gewohnheiten. Jede Generation tritt in die Fußstapfen der vorhergehenden, und die Routine des Alltagslebens wird höchstens von Katastrophen wie einem Hagelschauer, einer Dürre, einer Heuschreckenplage oder einem Erdbeben durchbrochen. Oder durch eine Revolution. Manchmal, aber weit seltener, bricht auch eine halsstarrige Einzelperson den Verhaltenskodex, und dann kann es sogar zum Skandal kommen. Meine Ama hatte gegen die Regeln verstoßen, indem sie in Zuosuo ihren eigenen Hausstand gründete, und sie hatte ihrer Mutter das Herz gebrochen, aber es hatte keinen Skandal gegeben. Am Ende hatte meine Großmutter nicht kämpfen mögen und sich dem Willen meiner Mutter gefügt. Großmutter war eine sehr weise Frau.

Eigentlich kann man bei uns nur schwerlich einen Skandal hervorrufen. Wir leben eng zusammen, aber wir kultivieren vieles nicht, was andernorts für öffentliche Entrüstung sorgt. Zuerst einmal schämen Moso-Frauen sich ihrer Sexualität nicht – denn, wie ich inzwischen entdeckt habe, ist Sex in der Außenwelt ein beliebter Anlass, jemanden mit Schande zu überziehen. Aber ganz abgesehen von dieser sexuellen Freiheit, die Revolutionäre, Journalisten, Sozialwissenschaftler und Beamte der Gesundheitsbehörde und seit einigen Jahren sogar internationale Touristen so fasziniert, halten wir Moso uns an die Ehrenregeln, die uns die dubiosen Vergnügungen bösartigen Tratsches verbieten.

Uns ist untersagt, schlecht von anderen zu sprechen, Leute anzuschreien oder über ihre Privatangelegenheiten zu reden. Wenn wir etwas an einer Person missbilligen, dann dürfen wir das höchstens halblaut, in beschönigenden Worten oder schlimmstenfalls spöttisch zum Ausdruck bringen. Natürlich hegen auch wir heftige Gefühle wie Eifersucht oder Neid, aber wir müssen sie unterdrücken und stets bereit sein, im Interesse der Erhaltung der Harmonie über unsere Differenzen hinwegzusehen. Das klingt vielleicht alles utopisch, aber es ist die reine Wahrheit. In den Augen der Moso wirkt niemand lächerlicher als ein eifersüchtiger Liebhaber, und abgesehen von einem Verbrechen wie Diebstahl ist nichts unehrenhafter als ein laut ausgetragener Streit oder ein Mangel an Großmut. Das geht so weit, dass sich im Land der Moso heute niemand an einen Fall von Mord, Prügelei oder Raub erinnern kann, oder einen richtig hässlichen Streit zwischen Nachbarn oder verschmähten Liebenden. Unter diesen Umständen ist es nicht erstaunlich, dass bei uns Menschen selten sind, die üble Launen entwickeln und mit ihren Verwandten streiten. Der Familie meiner Mutter hatten die Götter allerdings dieses Schicksal zugedacht, aber wenigstens hatte meine Mutter keinen Skandal gemacht. Nein, das sollte meine spezielle Bestimmung sein. Doch davon später.

Während meiner Kindheit in Zuosuo genoss ich große Freiheit. Wir Kinder konnten nach Lust und Laune umherstreifen und von Haus zu Haus, von Dorf zu Dorf laufen, ohne dass unsere Mütter um unsere Sicherheit zu fürchten brauchten. Jeder Erwachsene fühlte sich für jedes Kind verantwortlich, so wie umgekehrt jedes Kind jedem Erwachsenen Respekt entgegenbrachte. Abgesehen davon, dass wir Steinchen in die offenen Bambusrohre warfen, die fließendes Wasser ins Dorf leiteten, konnten wir nicht allzu viel anstellen. Es gab einfach nichts, das wir hätten zerbrechen oder stehlen können, niemanden, den wir beleidigen konnten – und wenn, dann wussten wir nicht davon. Wir gingen nicht zur Schule, aber deswegen waren wir noch lange nicht faul. Und obwohl wir nicht lesen und schreiben konnten, waren wir nicht ungebildet. Während die kleinen Jungen auf den Dorfstraßen und in den Feldern spielten und darauf warteten, junge Männer zu werden, damit sie anfangen konnten, von ihren Onkeln zu lernen, wussten wir kleinen Mädchen bereits, was Arbeit und Verantwortung bedeuteten. Schon von ungefähr fünf Jahren an folgten wir unseren Müttern auf die Felder, unseren kleinen Korb auf dem Rücken. Durch ihr Beispiel lehrten unsere Mütter uns alles, was wir wissen mussten.

Meine Mutter sauste wie der Wind aus dem Haus und wieder zurück. Wenn ich an sie denke, erinnere ich mich am deutlichsten an das Rascheln ihres Rockes. Wusch, wusch rauschte ihr langer Rock um ihre Knöchel – ein schwarzer an gewöhnlichen Tagen und ein weißer an Festtagen. Sie arbeitete immer, war immer beschäftigt. Ständig auf den Feldern unterwegs. Sonnenblumenfelder, Reisfelder, Maisfelder. Ins Haus und wieder nach draußen. Sie fütterte die Schweine und Hühner. Und sie gab uns zu essen.

Ich muss gestehen, dass die Röcke meiner Mutter mir deutlicher vor Augen stehen als ihr Gesicht. Aber ich erinnere mich überhaupt nur an sehr Weniges aus meiner frühen Kindheit, abgesehen vom Knurren meines hungrigen Magens und einigen Ereignissen wie Großmutters Begräbnis und meine roten Schuhe – und an die Hühnerbeine und den Mann, der am Verhungern war.

Die Geschichte trug sich zu, als ich etwas älter war und schon bei meinem Onkel in den Bergen lebte. Ich war für ein paar Wochen im Herbst heimgekommen. Onkel wollte bei den Reparaturen im Haus helfen, und ich half mit, die Körner von den Maiskolben abzustreifen.

»Ama hat den großen roten Hahn geschlachtet«, erklärte uns Zhema, während wir den gelben Mais in einen Korb schälten. »Heute Abend essen wir Hühnereintopf.«

»Warum? Haben wir einen besonderen Anlass?«, fragte ich aufgeregt. Eigentlich wollte ich wissen, ob vielleicht mein Vater zu Besuch kam.

»Nein«, antwortete Zhema. »Kein besonderer Anlass.«

»Ist jemand krank?«, fiel jetzt auch mein Bruder Ache ein.

»Nein, niemand ist krank«, gab Zhema zurück und fuhr fort, Mais zu schälen. »Siehst du irgendwo den Daba?«, setzte sie mit einem kurzen Auflachen hinzu.

Ache zog eine Grimasse. Ama musste den Hahn aus einem bestimmten Grund geschlachtet haben. Wir aßen längst nicht jeden Tag Huhn oder anderes Fleisch. Hühner schlachteten wir, wenn wir Gäste hatten, oder bei Heilungsriten, als Opfergaben an die Götter und Vorfahren. Und dann mussten wir den Daba einladen, damit er die Opferzeremonie leitete. Denn die Lamas sind Buddhisten und können keine Tiere töten. Sie essen nicht einmal Fleisch.

»Nein«, wiederholte Zhema. »Niemand ist krank, und nichts Besonderes ist vorgefallen. Ama sagte, der Hahn sei zu alt, und wir sollten ihn bald essen, bevor das Fleisch zu zäh würde.«

Meine Schwester war inzwischen eine erwachsene Frau. Sie trug einen langen Rock, einen Turban um den Kopf und ein dickes goldenes Armband am Handgelenk. Sie bewohnte ihr eigenes Schlafzimmer. Und ihre erwachsene Selbstzufriedenheit und der Umstand, dass meine Mutter sie stets ins Vertrauen zog, ärgerten mich ohne Unterlass. Aber in diesem Moment war ich hocherfreut über die Aussicht, Huhn zu essen.

»Zhema, gibst du mir die Haut ab?«, fragte ich.

Meine Schwester griff sich einen weiteren Maiskolben. »Ich lasse dir die Haut, wenn ich die Beine bekomme«, sagte sie. »Die Knochen gebe ich dir zurück. Was meinst du?«, setzte sie nach einer kurzen Pause hinzu.

Ich sagte nichts. Darüber musste ich nachdenken. Meine Schwester war eine große Frau und oft zu gewitzt für mich.

Wieder lachte Zhema. »Komisch, dass du die Knochen so gern magst. Hast du schon einmal überlegt, ob du in einem früheren Leben vielleicht ein Huhn gewesen bist?«

Aber bevor ich mir irgendeine Bemerkung über Zhemas eigene frühere Leben einfallen lassen konnte, lenkte Ache unsere Aufmerksamkeit auf sich und wies auf das Tor.

Dort, direkt vor unserem Hofeingang, stand ein Mann. Er trug weite schwarze Hosen, eine schwarze Jacke und ein Filzcape auf den Schultern. Um den Kopf hatte er einen grauen Turban geschlungen, aus dem oben sein schwarzes Haar in einem kleinen Büschel hervorschaute. Er gehörte zum Volk der Yi, und wir hatten ihn noch nie zuvor gesehen. Zweifellos kam er von weither. Er schien darauf zu warten, dass meine Schwester und ich mit dem Zanken aufhörten.

»Hey! Was machst du denn da?«, rief ich aus.

Aber Zhema schnitt mir das Wort ab. »Der will bloß betteln. Sprich nicht mit ihm.«

Ich schaute den Mann an. Er war so dünn, dass es aussah, als würde sein Gesicht, das im übrigen schwarz und schmutzig war, nur noch von der Haut zusammengehalten, und in seinen Augen stand ein Ausdruck so tiefen Leids, dass mir war, als blicke ich in einen tiefen Schacht – so etwas wie die Grube, in die man Großmutter gelegt hatte. Diese Augen brachten mich dazu, ihn anzurufen.

»Bitte, kommen Sie doch herein!«

Doch der Fremde rührte sich nicht und sagte kein Wort.

»Lass das, Namu«, flüsterte Zhema. »Er sieht unheimlich aus. Vielleicht ist er krank, oder verrückt. Ein Geist schwebt um ihn herum.«

»Nein, das stimmt nicht«, widersprach ich. »Er hat bloß Angst vor dir.«

Ich drehte mich wieder zu dem Mann um. Und nun überlegte ich, ob er vielleicht nichts sagte, weil er nicht sprechen konnte. Denn seine Lippen waren schrecklich aufgesprungen und bluteten, und bestimmt hätte es ihm Schmerzen bereitet, sie zu bewegen. Doch als ich ihm noch einmal in die Augen sah, begriff ich plötzlich, dass er aus Verzweiflung schwieg. Der Mann war hungrig. Nicht einfach ausgehungert nach Fleisch wie wir, sondern hungrig. Halb verhungert.

»Möchten Sie etwas zu essen?«, fragte ich und wies mit dem Finger auf meinen Mund für den Fall, dass er unsere Sprache nicht verstand.

Der Mann neigte leicht den Kopf und hob einen Fuß, um durch das Tor zu treten, aber die Anstrengung war zu viel für ihn. Er schwankte, und dann stürzte er.

Zhema schrie auf und lief zu ihm.

Ich rannte ins Haus. Neben dem Herd stand auf dem Boden ein ganzer Topf Reis, der schon fertig gekocht auf unser Abendessen wartete, und da war die Hühnersuppe. Ich schnappte mir eine Schale und löffelte Reis hinein, dann schöpfte ich etwas Hühnerbrühe darauf, ein wenig Brustfleisch und einen Flügel – und dann tat ich noch ein Bein dazu und nach kurzem Überlegen auch das andere. Danach schnitt ich etwas eingesalzenes Schweinefleisch ab, eine dicke Scheibe gelblichen Fetts. Draußen hatten Zhema und Ache den Mann auf einen Schemel gesetzt.

»Bitte, essen Sie«, sagte ich und setzte ihm die Schale in den Schoß.

Zuerst nickte meine Schwester ihm aufmunternd zu, doch als sie die beiden Hühnerbeine sah und bemerkte, wie viel Reis ich in die Schale gegeben hatte, starrte sie mich wütend an. Ich weiß nicht, ob der Mann ihre zornige Miene sah. Ich erinnere mich nur noch, wie der Essensduft ihm fast augenblicklich neue Kräfte einzuflößen schien.

»Danke. *Kashasha, kashasha*«, flüsterte er mit seinen blutenden Lippen.

Vielleicht schmerzte ihn das Essen genauso wie das Reden, weil er alles äußerst langsam verzehrte. Zumindest dachte ich das damals, denn ich hatte noch nie richtig schlimmen Hunger gelitten. Sonst hätte ich gewusst, dass man so vorsichtig essen muss, wenn man halb verhungert ist. Der Yi kaute eine halbe Ewigkeit an jedem winzigen Bissen und aß die Hälfte von seinem Reis und dem Hühnerfleisch. Das Schweinefleisch ließ er ganz liegen.

Zhema beäugte das Hühnerbein, das er am Rand zurückgelassen hatte. »Hast du jetzt genug? Schmeckt dir unser *Bocher* nicht?«, verlangte sie ein wenig barsch zu wissen.

»Oh doch, ich mag alles. Danke, *Amisei*«, antwortete er, dieses Mal auf Moso. »Dies hier möchte ich für meine Tochter aufbewahren. Sie wartet zu Hause auf mich.« Seine Stimme klang jetzt kräftiger, und sein Gesicht zeigte wieder einen menschlichen Ausdruck. Der Fremde war zwar schrecklich mager, aber auffällig gut aussehend. Er besaß eine Adlernase, und seine Augen lagen zwar tief in den Höhlen, aber in ihnen schien ein Feuer zu glühen. Er trug einen silbernen Ohrring, von dem ein großes Stück Bernstein und eine kleine, leuchtend rote Koralle herabhingen. Dieser Mann war also einer der »schwarzen Yi«, ein Mitglied der alten Aristokratenkaste, die 1956 von der Volksbefreiungsarmee geschlagen worden war. Nur das Leid seiner verhungernden Tochter hatte ihn wahrscheinlich bewegen können, in unser Dorf zu kommen und um Hilfe zu bitten, denn die Schwarzen Yi sind das stolzeste Volk der Welt.

»Oh!«, rief Zhema aus, die sich plötzlich für ihre Herzlosigkeit schämte.

»Sie können noch mehr bekommen«, sagte ich. »Machen Sie sich keine Gedanken und essen Sie ruhig alles auf!« Und ich lief wieder ins Haus.

Als ich mit einem Beutel Reis und einer Bambusschachtel, die ich mit Salzfleisch gefüllt hatte, zurückkam, hatte Zhema dem Mann Wasser zum Trinken geholt.

»*Kashasha, kashasha*«, stieß der Mann hervor, während er nach der Kupferkelle griff und gierig trank.

Doch nun, als sie seine schmutzigen Hände auf unserer Kupferkelle sah, war Zhema blass geworden und verlor wieder den Mut. »Mach sie lieber sauber, bevor Ama nach Hause kommt«, flüsterte sie mir zu und reichte mir die Kelle.

Also ging ich ins Haus und scheuerte die Kelle. Ich brauchte eine Weile, bis ich die schmutzigen, fettigen Fingerabdrücke abbekam, und als ich in den Hof zurückkehrte, war der Mann fort. Mit dem Beutel Reis, der Bambusschachtel und der Hälfte seines Essens war er wieder auf sein Pferd gestiegen.

Zhema sah mir unverwandt in die Augen, und ich wusste, was sie meinte, ohne dass sie etwas zu sagen brauchte. Ich hatte die Hälfte des Reises und fast das halbe Huhn einem Fremden geschenkt, und wir mussten zu fünft von dem satt werden, was übrig war. Und dabei aßen wir nur zweimal pro Woche Reis. An den anderen Tagen ernährten wir uns von Hirse und Mais. Und natürlich hatte ich ihm beide Hühnerbeine gegeben – in voller Absicht.

»War denn dieser Mann kein Gast? Und war er etwa nicht krank?«, fragte ich Zhema.

»Und was wird Ama dazu sagen, wenn sie nach Hause kommt und feststellt, dass wir nichts zum Abendessen haben?«, zischte Zhema zurück.

In der Dämmerung kam unsere Ama heim. Auf dem Kopf trug sie einen weiteren Korb voller Maiskolben. Sie sah sehr müde aus, aber Zhema vergeudete keine Zeit. »Ama! Ein schmutziger Yi-Mann hat hier gebettelt, und Namu hat ihm unser Abendessen gegeben!«, kreischte sie gleich los.

Unsere Ama setzte ihren Korb auf den Boden. »Ja, ich habe von ihrer Not gehört«, seufzte sie. »Ihre Ernte wurde diesen Sommer durch einen Hagelschauer vernichtet.« Sie strich sich die Jacke glatt und band sich die Schärpe wieder fest um die Hüften. »Merkwürdiger Gedanke, dass die Yi uns in meiner Jugend überfallen haben, wenn sie schwere Zeiten durchmachten. Jetzt kommen sie und bitten uns um Hilfe. Die Welt steht wirklich auf dem Kopf. Aber du hast richtig gehandelt, Namu. Ich will hoffen, du hast ihm auch Tee angeboten und dich vergewissert, dass er reichlich mit nach Hause genommen hat.«

Bei diesen Worten lief das Gesicht meiner Schwester purpurrot an. Ama hatte Zhema nicht direkt gescholten, aber indem sie mich auf ihre Kosten lobte, hatte sie uns beiden eine Lektion in Großmut und Gastfreundschaft erteilen wollen. Natürlich empfand ich Triumph. Ich hatte etwas Richtiges getan, und meine Mutter erkannte das an. Ja, mehr noch: Sie lobte mich und tadelte meine große Schwester, die sie sonst immer zu bevorzugen schien.

Ich war schließlich noch ein kleines Mädchen und kannte den Wert der Bescheidenheit noch nicht – um ehrlich zu sein, ist Bescheidenheit eine Kunst, die ich immer noch nicht vollständig beherrsche. Aber nicht nur Stolz, Selbstgerechtigkeit und Geschwisterneid machten meinen Triumph aus. Weil meine Mutter immer arbeitete, schenkte sie uns ihr Lob ebenso selten wie ihre Aufmerksamkeit. Und was mich anging, so gab mir ihr Wohlwollen fast das gleiche gute Gefühl wie damals, als sie sagte, ich hätte die Füße meines Vaters.

In den Bergen

Ich war vielleicht acht, als meine Mutter mich zu meinem Onkel in die Berge schickte. Wie jedes Jahr war er uns im Herbst besuchen gekommen, um bei der Ernte zu helfen und im Haus alles in Ordnung zu bringen, was repariert werden musste.

Mein Onkel lebte in den Bergen zwischen Qiansuo und Zuosuo, wo er für die Dorfbewohner die Yaks hütete, so wie Großonkel vor ihm. Besonders im Winter ist das ein sehr hartes Leben. In dieser Höhe wird es so kalt, dass die Wasserfälle an den Steilhängen gefrieren und aussehen, als wäre die Zeit stehen geblieben. Das Vieh zu hüten ist außerdem ein Beruf, der große Verantwortung mit sich bringt. In Großmutters Dorf besaß jede Familie mindestens einen Yak, und Yaks waren sehr teuer. Wir sagen, wenn eine Frau ein Huhn verliert, dann weint sie einen halben Tag lang, aber wenn sie einen Yak verliert, dann wird sie trauern, bis sie einen neuen bekommt. Außerdem müssen die Hirten nicht nur dafür sorgen, dass die Tiere gesund bleiben, sondern auch in jedem Monat nach dem Mondkalender frische Butter an die Dorfbewohner ausliefern. Butter ist für uns sehr wichtig. Sie ist eine heilige, kosmische Substanz, eine magische Verbindung von Himmel, Bergen, Sonne, Wasser und Erde. Wir bereiten damit natürlich unseren Tee zu, aber wir bringen sie auch bei unseren Zeremonien den Göttern als Opfer dar, wir stellen aus ihr komplizierte Skulpturen her, die im Tempel ausgestellt werden, und salben damit neugeborenen Babys und den Verstorbenen die Stirn.

Mein Onkel war aber nicht nur ein verantwortungsbewusster Hirte, sondern auch ein sehr guter Zimmermann, der Möbel herstellte, Häuser reparierte und wusste, wie man Vögel, Wolken und Lotosblüten in hölzerne Türen und Fenster schnitzt und bemalt. Die bunten Schnitzereien meines Onkels schmückten alle Türen und Fenster in unserem Haus, und ich weiß noch, wie ich ganz still neben ihm saß, fasziniert von seinen kleinen Farbtöpfen, und ihm bei der Arbeit zusah. Aber bis ich zu ihm in die Berge zog, hatte ich mich nicht ein einziges Mal mit meinem Onkel unterhalten. Tatsächlich hatte ich noch nie gehört, dass er mehr als ein paar Worte zu jemandem sprach.

Mein Onkel war so schweigsam, weil er eine tiefe Trauer in sich trug. Irgendwann, bevor er Hirte wurde, hatte er dem Haus einer Frau, die er sehr liebte und die seine Liebe erwiderte, Besuche abgestattet. Im Sommer dann, nur wenige Wochen vor der Geburt ihres ersten Kindes, ging sie mit einer Gruppe Dorfbewohner in die Berge, um wilde Pilze zu sammeln. Weil sie neue Schuhe trug, rutschte sie im Schlamm aus und stürzte in den Abgrund.

Nach dem Tod seiner Liebsten besuchte mein Onkel nie wieder eine Frau in ihrem Haus. Er wurde sehr still, und nachdem sein Bruder auf der Straße nach Lhasa verschwunden war, zog er zu Großonkel in die Berge. Als Großonkel, der nach den vielen Jahren in dem kalten, feuchten Klima unter Rheuma litt, zu alt und unbeweglich wurde, um die Yaks zu hüten, arbeitete Onkel allein weiter. Im Grunde lebte der Bruder meiner Mutter gern ganz allein in seinem Zelt. Er beschäftigte sich gern mit den Yaks und hing seinen Erinnerungen und seiner Trauer nach, und es machte ihm nichts aus, dass er niemanden zum Reden hatte. Aber selbst ein trauriger, einsamer Mann kann sich nicht ohne Hilfe um eine Herde Yaks kümmern.

Meine Schwester Zhema hätte nicht zu meinem Onkel ziehen können. Sie war eine erwachsene Frau, und meine Mutter brauchte ihre Hilfe, um abends die Tiere einzuschließen, um die Felder zu bewirtschaften und beim Kochen. Und sie musste ihr helfen, auf meinen kleinen Bruder aufzupassen. Außerdem musste Zhema in ihrem eigenen Zimmer schlafen, denn eines Tages würde sie schwanger werden und dazu beitragen, die Familie meiner Mutter zu vergrößern. Mein großer Bruder Ache hätte natürlich auch bei Onkel leben können, weil er noch nicht ganz zum Mann herangewachsen und zu Hause nicht besonders nützlich war, aber Ache wollte nicht in die Berge gehen, wo er außer Onkel niemanden zur Gesellschaft haben würde.

Einen ganzen Tag wanderten wir, bis wir zu der Weide kamen, auf der das Zelt aufgebaut war. Wenn er die Reise allein unternommen hätte, wäre Onkel viel schneller zu Hause gewesen. Unsere beiden Pferde waren mit dem Vorrat an Reis und Salzfleisch und meinem kleinen Bündel nicht allzu schwer beladen. Aber ich war das Reiten nicht gewöhnt, und am frühen Nachmittag war ich schon so wundgeritten, dass ich nicht mehr im Sattel sitzen konnte. Andererseits war ich noch zu jung, um sehr weit oder besonders schnell zu laufen. Und da wir unser Tal kaum jemals verließen, war ich an die große Höhe nicht gewöhnt. Hoch im Gebirge, wo man das Gefühl hat, wenn man nur noch ein bisschen höher kletterte, könnte man nach den Sternen greifen, wird einem der Atem knapp; das Gehen fällt schwer und man fühlt sich schnell schwindelig.

Als wir das leise Läuten der Kupferglocken vernahmen, die um den Hals der Yaks hängen, stand der Mond rund und voll inmitten unzähliger Sterne. Zuerst hörten wir die Glocken, und dann rochen wir den Rauch, der vom Zelt heranzog.

»Wir sind zu Hause«, sagte mein Onkel. »Bald kannst du essen und ausruhen. Siehst du den Großonkel?« Und er wies im hellen Mondschein auf die düstere Gestalt eines Mannes. Er stand neben dem Zelt zwischen zwei Tieren, die wie ziemlich kleine Kühe aussahen, sich bei näherem Hinsehen aber als gewaltige, haarige schwarze Hunde erwiesen.

Dies war das erste Mal, dass ich in den Bergen übernachtete. Aber ich wusste schon, was es hieß, in einem Zelt zu schlafen, denn im Sommer hatten wir am Fuß der Berggöttin Gamu kampiert. Auch bei einer anderen Gelegenheit hatten wir im Zelt genächtigt, nämlich als wir nach Großmutters Begräbnis zu Besuch bei Tante Yufang gewesen waren. Moso-Zelte bestehen aus Yak-Leder und sehen genau wie mongolische Zelte aus. Als Feuerstelle dient ein kleines, von Steinbrocken umrahmtes Loch in der Mitte des Zeltes. Genau wie in einem Haus ist das Feuer heilig, und wir dürfen es niemals verlöschen lassen. Bevor wir ausgehen, legen wir stets eine Baumwurzel in die Mitte des Feuers und bedecken sie mit einer dicken Ascheschicht. Wenn die Wurzel sehr dick ist, brennt sie so langsam, dass sie am Abend noch rot glüht.

Großonkel arbeitete nicht mehr, aber er hielt sich gelegentlich noch gern in den Bergen auf und hatte auf die Herde geachtet, während Onkel nach Zuosuo ritt, um mich zu holen. Großonkel hatte mich einige Zeit nicht gesehen. »Du bist gewachsen«, meinte er beifällig, und ich lächelte ihm zu und wandte dann den Blick ab. Seit er mich bei Großmutters Begräbnis im Vorratsraum ertappt hatte, fühlte ich mich in seiner Gegenwart immer irgendwie verlegen, schuldbewusst und unwohl, als kenne er ein dunkles Geheimnis über mich – was ja auch stimmte.

Großonkel hatte unser Abendessen schon gekocht, eine Grütze aus Mais und Reis, so dass Onkel nur noch etwas von dem frischen Gemüse aus Mutters Garten hineinzuwerfen brauchte, das er mitgebracht hatte. Ich war so hungrig, dass ich nicht bemerkte, wie fade das Ganze schmeckte. Nachdem sie gegessen hatten, holten die beiden Männer den Wein hervor, tranken und redeten ein paar Worte, und ich schlief ein.

Am nächsten Morgen führte Großonkel mich vor das Zelt, um mich mit den Yaks, den Pferden und den Hunden bekannt zu machen. »Wenn du einen Wolf siehst«, sagte er, während wir über die Weide gingen, »dann lauf nicht weg. Sieh ihn einfach an, bis er sich umdreht und weggeht. Und wenn dich ein Insekt beißt, nimmst du etwas von der Zigarettenasche deines Onkels und reibst den Stich damit ein.«

Als wir zu den Yaks kamen, zeigte er mir, wie man sie ruft und ihnen Salz zu lecken gibt, damit sie mehr Milch geben, und wo ich das Wasser holen musste. Noch ein paar Wochen, erklärte er mir, und dann würde ich schon wissen, auf welche Weiden ich die Yaks führen konnte und auf welche nicht. Dann gingen wir zum Zelt zurück, und Onkel meinte, er werde Großonkel noch bis zum Pass begleiten und gegen Mittag zurück sein. So blieb ich hoch in den Bergen zurück, mit zwei riesigen Hunden und einer Herde Yaks.

Zuerst saß ich ruhig im Zelt und aß mein Frühstück, das aus gebratenen Kartoffeln und Buttertee bestand. Dann schnürte ich mein kleines Bündel auf und wieder zu. Meine Mutter hatte ein Cape und eine aus grober Yak-Wolle gewebte Decke hineingetan, einen Waschlappen aus Baumwolle für das Gesicht, ein paar alte Kleider von meiner Schwester und einen Opiumstängel von einer Mohnblume, für den Fall, dass ich Bauch- oder Kopfschmerzen bekam. »Denk daran, dass du ihn zuerst auskochen musst«, hatte Ama noch erklärt. »Du kannst nicht einfach darauf herumkauen.«

Nachdem ich diese Bestandsaufnahme angestellt hatte, saß ich eine Zeit lang da, sah ins Feuer und wusste nicht, was ich jetzt anfangen sollte. Dann ging ich nach draußen.

Obwohl ich auf den Pfaden im Gebirge gewandert war und unser eigenes Haus in Zuosuo am Fuß eines hohen Hügels eingebettet lag, hatte ich die Berge noch nie so gesehen wie an diesem Morgen, als ich barfuß in den weißen Tau trat, der wie Dunst aus dem Gras aufstieg. Roter Granit und immergrüne Wälder türmten sich über der Weide, und vor dem blauen Himmel zeichneten sich Gipfel wie die Zähne eines Sägeblatts ab und durchschnitten fedrige Wolken, ein Grat nach dem anderen, so weit ich sehen konnte. Es war so still und die Luft so rein, so vollständig bar aller vertrauten Düfte und Geräusche, dass ich vielleicht Angst bekommen hätte, wäre ich nicht überwältigt von so viel ungezähmter Schönheit gewesen. Und wenn ich nicht so neugierig gewesen wäre. Ich rief die Hunde zu mir und verfolgte den Weg zum Yak-Gehege zurück, den ich mit Großonkel gegangen war. Dort streckte ich einer großen, haarigen Kuh mit einem weißen Dreieck auf der Stirn meine Hand entgegen. Die Kuh suchte nach Salz und schlang ihre raue, rosige Zunge um meine Finger, ein seltsames Gefühl. Rasch zog ich die Hand zurück.

So viel zu den Yaks, dachte ich und ging zu einer Einfriedung aus Bambus hinüber, die einen Gemüsegarten umschloss und auf der Onkel seine Wäsche zum Trocknen aufhängte. Ich nahm das Kartoffelbeet in Augenschein und ging dann die Pferde inspizieren, die wie die Yaks in einem Gehege eingesperrt waren. Doch sie genossen den zusätzlichen Luxus eines aus rohen Brettern errichteten Stalls. Zutiefst beruhigt kam ich zu dem Schluss, dass Onkels Wohnung und die Einfriedungen auf dem Weidegelände sich nicht allzu sehr von unserem Haus unterschieden. Unterdessen nahm ich aus einem Holzbottich ein paar Bohnen und ging ins Zelt, um sie im Feuer zu rösten. Als sie außen verkohlt waren, schälte und aß ich sie. Und als Onkel nach Hause kam, fand er mich mit Krämpfen neben der Feuerstelle vor. Ich lag auf der Seite und hielt mir mit beiden Händen den Bauch.

»Siehst du, was passiert, wenn man dem Pferd sein Futter stiehlt?«, fragte er lachend. »Keine Sorge, das sind nur Blähungen!«

Während der Jahre, in denen ich mit meinem Onkel Yaks hütete, fühlte ich mich niemals allein und langweilte mich nicht ein einziges Mal. Das Leben in den Bergen war an und für sich schon vielfältiger als im Dorf. Immer passierte etwas Neues, Unerwartetes, das meist mit den Tieren zu tun hatte, denn die schienen ihre eigene Vorstellung davon zu haben, wohin sie gehen und was sie fressen sollten. Und es gab immer etwas Schönes anzuschauen, eine Vielzahl von Wildblumen, Vögeln, Kaninchen und Wild und den sich ständig wandelnden Himmel. Außerdem waren wir immer unterwegs. Jedes Mal, wenn die Yaks einen Weidegrund abgegrast hatten, mussten wir sie zu einem neuen bringen. Wir sattelten die Pferde, nahmen unser Zelt und bauten es dort, wo die Yaks grasten, wieder auf. Im Frühjahr machten wir uns nicht immer die Mühe, sondern richteten uns manchmal einfach in einem großen hohlen Baum oder in einer Höhle ein.

In den wärmeren Monaten begann der Tag mit einem Frühstück aus Buttertee und mit Chili-Pfeffer gewürzten Bratkartoffeln, das wir schweigend einnahmen. Dann gab ich den Yaks ihr Salz zu lecken. Damit waren meine Pflichten so gut wie erledigt, und ich konnte den Rest des Tages nach Lust und Laune über die Weiden und durch die Wälder streifen, bis ich wieder Hunger verspürte oder bis der Mond am dunklen Himmel aufging. Ich pflückte Blumen, suchte Vogeleier und sammelte die großen Baumblätter, mit denen wir die Butter einschlugen, die mein Onkel aus der Milch der Yaks herstellte. Auch wilde Pilze suchte ich; einen Teil aßen wir, einen anderen trocknete ich, um sie meiner Mutter mitzubringen.

Meine Ama hatte mir erklärt, auf der Welt gebe es drei Arten von Wesen: die Götter und Ahnen, die im Himmel lebten, die Menschen, die auf der Erde wohnten, in der Mitte, und dann noch andere, die unter der Erde lebten. Diese Menschen hatten in ihrem Leben Unrecht getan und fegten nun dafür in der Hölle den Boden. »Und deswegen«, hatte sie zu mir gesagt, »dreht man auch die Besen um, wenn man sie wegräumt.« Ich konnte mir gar keine so schlimme Schandtat vorstellen, dass man dafür die Böden in der Hölle fegen müsste. Aber wenn ich nicht wusste, was ich tun sollte, legte ich das Ohr an die Erde und versuchte, die Menschen in der Unterwelt zu belauschen. Wenn ich nichts hörte, unterhielt ich mich mit mir selbst, oder ich sang aus voller Kehle die Lieder, die ich von den Dorfbewohnern gelernt hatte – Lieder über Mutterliebe, Arbeitslieder und – leiser, damit Onkel mich nicht hörte – Liebeslieder an meine zukünftigen Freunde. Und wenn ich zu weit vom Lager fortgestreunt war und nicht wusste, wie ich zurückfinden sollte, dann sang ich, damit Onkel hörte, wo ich war, und mich holen kam. Wenn dann die Sonne hinter den Berggipfeln versank, kehrten wir gemeinsam nach Hause zurück. Wir schlossen die Yaks in ihren Pferch ein, melkten die Kühe und kochten unser Abendessen. Mein Onkel war ein furchtbar schlechter Koch; er warf einfach alles in heißes Wasser. Ich vermisste die Küche meiner Mutter, aber ich leerte meine Schale immer, denn ich war immer hungrig.

»Wie soll deine Mutter nur jemals eine *Dabu* aus dir machen?«, neckte mich Onkel. »Du bist so gierig, dass du bestimmt alles aufgegessen hast, bevor die Familie von den Feldern zurückkehrt.«

Ich gab nichts darauf und nahm mir noch eine Kartoffel.

Onkel zog mich zwar auf, aber wenn wir Fleisch zu essen hatten, legte er mir immer das größte Stück auf den Teller. »Das ist für dich«, sagte er dann.

Und wenn ich das Fleisch wieder auf seinen Teller schob, dann gab er es mir zurück. »Iss nur. Ich hatte schon etwas.«

Wenn Onkel beim Aufwachen gute Laune hatte, pflegte er zu sagen: »Ehrenwerte Dame, wünschen Sie heute Vogel oder Kaninchen zu speisen?« Dann ging er in den Wald und stellte eine Falle auf. Manchmal wachte ich auch auf und roch den Duft von Kaninchen oder Vogel, die schon draußen über dem Lagerfeuer brieten. Ich rannte aus dem Zelt und zu meinem Onkel, doch der schlug mich auf den Kopf und neckte mich. »Tut mir Leid, heute hast du Pech gehabt. Ich habe nur einen einzigen Vogel gefangen, und für dich gibt es nichts.«

Ich mochte es gern, wenn Onkel mich auf den Arm nahm, denn dann sprach er wenigstens mit mir. Er war so wortkarg, dass ich, nachdem ich einige Zeit mit ihm zusammengelebt hatte, langsam bemerkte, dass sein Schweigen sogar ganz unterschiedliche Stimmungen ausdrücken konnte. Manchmal war er einfach nur still, dann wieder traurig. Wenn mein Onkel sich zum Korbflechten setzte, überlegte ich, ob er wohl an die Körbe dachte, die er für seine Geliebte, die in den Bergen gestorben war, geflochten hatte. Aber ich wagte nie ihn danach zu fragen.

Manchmal, wenn er zu viel Wein getrunken hatte, sprach Onkel von seinem Bruder, der nach Tibet gezogen und nie zurückgekehrt war. »Dein Onkel konnte wirklich reiten. Manchmal ritt er sogar rückwärts. Er liebte Pferde von Kindesbeinen an. Er malte Pferde, und er ritt auf ihnen.« Aber meistens, wenn Onkel sich betrank, schlief er einfach nur ein, ohne sich auch nur in seine Decke zu wickeln, und hielt mich mit seinem Schnarchen wach.

In einer dieser Nächte tobte außerdem ein schreckliches Gewitter, so dass ich überhaupt keine Ruhe fand. Ich hatte furchtbare Angst vor Gewittern, denn ich hatte von den alten Leuten im Dorf viele Geschichten darüber gehört, wie der Blitz Bäume und Menschen entzweischlägt. In dieser Nacht jaulte der Sturm im Wald, und unser Zelt, das von Regen und Wind geschüttelt wurde, wackelte. Aber während ich unter meiner Decke vor Entsetzen zitterte, schlief Onkel weiter. Blitze erleuchteten die Zeltwände, und am tief hängenden Himmel rollte der Donner, doch mein Onkel schnarchte weiter und knirschte mit den Zähnen. Er hatte so viel getrunken, dass ich ihn einfach nicht wecken konnte, egal, wie heftig ich ihn auch anstieß und an ihm zerrte – bis mir eine Idee kam. Ich nahm etwas getrocknetes Chili aus unserem Vorrat, brach ein Stückchen von einer Schote ab und steckte ihm das ins Nasenloch.

Er atmete ein und stieß einen schrecklichen Laut wie ein Husten aus. Dann fuhr er kerzengerade hoch und hielt sich die Nase mit beiden Händen. Sein Gesicht war dunkelrot angelaufen und seine Miene verwirrt. Tränen strömten ihm aus den Augen, die fast aus den Höhlen quollen, Schaum stand ihm vor dem Mund. Fürchterlich hustend und stöhnend griff er nach seiner Nase und schnaubte wie ein wütender Yak-Bulle. Doch seine Nase brannte noch lange, sogar nachdem er es geschafft hatte, das Chili-Stück auszuschnäuzen.

Ich wäre nie darauf gekommen, mir Sorgen um ihn zu machen.

Ich fand das Ganze bloß komisch und schüttete mich vor Lachen aus. Unterdessen betrachtete Onkel mich aus tränenverschleierten Augen und sagte kein Wort. Aber viel später, als er sich wieder erholt hatte, packte er mich bei den Schultern und beförderte mich mit einem Tritt ins Hinterteil schnurgerade aus dem Zelt und in den strömenden Regen. Danach konnte ich zwei Tage nicht richtig sitzen. Als ich nach Hause kam, erzählte ich meiner Mutter diese Geschichte. »Namu, damit hättest du ihn umbringen können!«, meinte sie streng. Erst da schämte ich mich wirklich, denn ich liebte meinen Onkel.

Außer bei Gewitter fürchtete ich mich in der Wildnis niemals richtig, wenngleich ich Angst vor Schlangen hatte und auf Rat meiner Mutter immer ein Stück Schnur bei mir trug, um mir im Fall eines Schlangenbisses eine Aderpresse anlegen zu können. Allerdings hörten wir nie davon, dass jemand von einer Schlange gebissen worden wäre, und wahrscheinlich hatten die Schlangen aus gutem Grund mehr Angst vor den Menschen als umgekehrt. Mehrmals hatte ich gesehen, wie meine Mutter bei der Arbeit im Gemüsegarten oder auf den Feldern mit ihrer Sense eine Giftschlange tötete. Aber nicht die Furcht vor Schlangenbissen war meine größte Angst.

In unserem Dorf lebte eine Familie, deren Haus ein kleines Stück von den anderen entfernt stand. Eine ihrer Töchter, Tsilidema, war eine erwachsene und sehr schöne junge Frau, doch kein Mann ging jemals zu ihrem Haus und besuchte sie bei Nacht. Wenn wir jemandem aus diesem Haushalt begegneten, hielten wir uns fern – und zwar nicht nur meine Familie, sondern alle anderen Dorfbewohner ebenfalls. Tsilidemas Leute hielten ebenso Distanz zu uns. Einmal, als ich mit meiner Schwester Zhema und meiner Mutter von den Feldern zurückkehrte, begegneten wir Tsilidema und ihren Schwestern auf der Dorfstraße.

»Habt ihr Mutter See einen Besuch abgestattet?«, fragte meine Mutter einigermaßen freundlich, aber sie ging dabei weiter und hielt ein gutes Stück Abstand von den Mädchen.

»Ja«, antwortete Tsilidema so leise, dass wir sie kaum verstanden, und wandte den Blick ab. Sie beschleunigte ihren Schritt, als wolle sie vor uns davonlaufen, und ihre beiden Schwestern hasteten mit tief gesenktem Kopf hinter ihr her.

Während ich zusah, wie Tsilidema und ihre kleinen Schwestern davonhuschten, wurde mir klar, dass sie von allen Dorfbewohnern die einzigen waren, die nie zum Essen zu uns kamen. Dann fiel mir auf, dass wir Tsilidemas Familie noch nie zu Neujahr besucht hatten und dass ich Tsilidema noch nie irgendwo bei unseren Nachbarn gesehen hatte. Als wir nach Hause kamen, fragte ich meine Mutter, warum Tsilidema und ihre Schwestern wohl so schüchtern waren.

»Sie sind nicht schüchtern«, antwortete Ama sachlich. »Ihre Familie hat den Gu.«

»Was ist denn das?«

»Der Gu ist eine sehr gefährliche Sache«, fuhr meine Mutter im selben nüchternen Ton fort und setzte dabei ihren Arbeitskorb auf den Boden. »Während des fünften Monats nach dem Mondkalender gehen manche Leute in die Berge, um Schlangen, Tausendfüßler, Spinnen, Kröten und manchmal sogar Fledermäuse zu sammeln – wenn sie sie erwischen. Alle diese schmutzigen Tiere nehmen sie mit nach Hause und stecken sie in einen Krug. Dann schließen sie den Deckel, und diese ganzen giftigen Tiere kämpfen und fressen sich gegenseitig auf, bis am Ende nur noch eines übrig bleibt. Das ist dann der Gu, und der ist die giftigste Kreatur der Welt.« Sie unterbrach sich und schürte das Feuer unter dem Kochherd.

»Und dann?«, fragte ich. Mein Herz klopfte schnell.

»Was – und dann?«, wiederholte meine Mutter, ohne ihre Arbeit zu unterbrechen.

»Was passiert dann mit dem Gu? Was macht er?«

»Na ja, er muss essen – genau wie jedes andere Lebewesen. Der Unterschied ist, dass er nur schmutzige Dinge frisst.«

Jetzt schaltete meine große Schwester Zhema sich in das Gespräch ein und steuerte die grässlichen Einzelheiten bei. »Wenn der Besitzer des Gu ein Mann ist, dann füttert er ihn mit seinem Achselschweiß, und wenn er einer Frau gehört, dann gibt sie ihm ihr Monatsblut zu fressen.«

»Oh, igitt«, sagte ich.

»Und das ist noch längst nicht alles«, fuhr Zhema fort. »Der Gu frisst nicht einfach nur schmutzige Dinge. Er muss sein Gift auch an andere weitergeben. Wenn er keinen Menschen krank macht, dann tut er schließlich seinem eigenen Herrn etwas an.«

Ich widersprach. Diese schlimmen Dinge konnte ich nur zur Hälfte glauben, und außerdem war ich ein wenig ärgerlich, weil meine ältere Schwester schon wieder etwas wusste, von dem ich keine Ahnung hatte. »Tsilidema sieht nicht wie ein schlechter Mensch aus. Sie würde ganz bestimmt nicht zulassen, dass der Gu uns krank macht.«

Aber meine Ama lachte spöttisch auf. »Sie kann nichts dagegen tun. Der Gu ist unsterblich und wird von einer Generation an die nächste weitergegeben. Tsilidema kann den Gu nicht loswerden, und wenn sie der beste Mensch auf der Welt wäre, selbst wenn sie den Gu nicht mehr haben wollte. Sie ist für immer damit behaftet, und ebenso all ihre Verwandten und ihre sämtlichen Nachfahren.«

Jetzt tat mir die arme, wunderschöne Tsilidema schrecklich Leid, die mit einem fürchterlichen Gu verflucht war und niemanden zum Reden hatte. Keine Freunde, die sie zum Essen oder auf eine Schale Buttertee an ihr Feuer einluden, keinen Mann, der ihr zum Zeichen seiner Anbetung einen Gürtel schenkte. Aber Amas Worte und ihr ernster Tonfall jagten mir echte Angst ein, und ein schrecklicher Gedanke untergrub mein Mitgefühl. »Dann könnte Tsilidemas Gu uns wirklich holen?«

»Natürlich!«, rief Ama erschrocken aus. »Der Gu kann jeden holen. Deswegen wollen wir ja auch nichts mit Tsilidema und ihrer Familie zu tun haben. Und aus diesem Grund lädt auch niemand Menschen ein, die den Gu in ihrem Haus haben. Deswegen können Gu-Leute nur mit ihresgleichen sprechen. Weißt du nicht mehr, wie Dujemas älterer Bruder vor ein paar Monaten krank wurde? Nun, das war der Gu. Eine Menge Leute werden krank. Dazu muss man nicht einmal jemanden berühren, der den Gu hat. Du brauchst nur etwas zu essen, wenn du in ihrer Nähe bist; es reicht sogar, wenn du deinen Speichel schluckst, während sie dich ansehen. Plötzlich riechst du etwas Eigenartiges wie Zigarettenrauch, Schweiß oder ein wildes Tier, und dann verlierst du den Appetit. Am nächsten Tag schwillt dein Bauch an, und du kannst nichts mehr zu dir nehmen bis auf das, was du in dem Moment, als der Gu dich vergiftet hat, gegessen hast. Du kannst nicht aufhören, diese Substanz zu essen; du bist wie süchtig danach und isst ohne Ende. Man kann davon sehr krank werden.«

»Kann man daran sterben?«

»Wenn man keine Hilfe bekommt, schon, aber der Lama kann dich heilen. Er gibt dir diese bestimmte Medizin, von der du drei Tage lang Durchfall bekommst, und danach bist du gesund.«

»Was für eine Art Gu hat denn Tsilidemas Familie?«

»Wer weiß?«, antwortete Ama düster. »Du glaubst doch nicht, dass sie ihn herumzeigen, oder? Aber manche Leute behaupten, er wäre eine Schlange.«

Und so lernte ich, der armen, schönen Tsilidema und ihrer Familie aus dem Weg zu gehen und die böse Magie unsterblicher Schlangen zu fürchten, die niemand je zu Gesicht bekommt.

In den wärmeren Monaten lebte man in den Bergen ganz angenehm, aber der Winter war hart, viel schlimmer als im Dorf. Wenn der Schnee die Weiden bedeckte, trug ich einen Mantel aus Ziegenfell und gewöhnte mir an, mich zum Wärmen an die Yaks zu kuscheln. Weil es zu kalt zum Waschen war, verfilzte mein Haar schrecklich und wimmelte bald vor Läusen. Als ich mir Kopf, Hals und Schultern aufgekratzt hatte, bis sie nur noch rohes Fleisch waren, setzte mein Onkel mich ans Feuer und rasierte mir den Kopf.

»Du bist eben ein guter Mensch mit süßem Blut, deswegen schmeckst du ihnen so gut«, sagte er, um mich aufzumuntern. Und das konnte ich auch gebrauchen. Ich war sehr unglücklich über meinen geschorenen Kopf, denn wir Moso glauben, dass ihr Haar die Schönheit einer Frau ausmacht. »Mach dir keine Sorgen«, setzte Onkel hinzu, »je öfter du dir als junges Mädchen das Haar abrasierst, umso dichter wächst es später.« Er gab mir seine tibetische Fuchskappe, um meinen kahlen Schädel warm zu halten, und ich fühlte mich schon besser. Außerdem musste ich zugeben, dass Onkel im Recht war. Seine Methode zur Läusebekämpfung war immerhin angenehmer als das weiße Pulver, das ich bei den Dorfbewohnern gesehen hatte. Davon fielen den Kindern die Haare aus, und außerdem griff es die Kopfhaut an.

Nachdem er mir den Kopf rasiert hatte, schürte Onkel bei Nacht das Feuer und überließ mir seine Decke, aber trotzdem wurde mir einfach nicht warm. Jeden Tag wachte ich bibbernd auf und rannte zu der Einfriedung, in der die Yaks sich aneinander schmiegten. Ich habe keine Ahnung, woher ich diese Idee hatte, aber vielleicht kam mir der Gedanke ja auf ganz natürliche Weise, als ich sah, wie der Dampf von dem eisigen Boden aufstieg. Jedenfalls setzte ich mich jedes Mal, wenn ein Yak sein Wasser zu lassen begann, auf den Boden und hielt zuerst meine Hände und dann die Füße in den heißen goldenen Strahl, wobei ich besonders die kleinen Beulen behandelte, die wie winzige Mäuse aussahen und die der Frost in meine Fußsohlen gefressen hatte. Weil die Yaks so große Mengen Wasser trinken, können sie sehr lange urinieren. Die Hitze des Urins war himmlisch, und so rannte ich von einem Yak zum anderen. Aber so bald dann meine Füße und Beine trockneten, brannten sie höllisch, und ich hüpfte auf dem kalten Boden herum, kratzte mich und schrie vor Schmerzen.

Trotzdem wickelte ich mich jeden Morgen, wenn ich steifgefroren und zitternd die Augen aufschlug, in meine Decke und rannte zu dem Gehege, um meine Füße unter die Yaks zu halten. Ich konnte einfach nicht anders. Kein Schmerz, keine Schelte von meinem Onkel, nicht einmal die Stiefel aus Ziegenfell, die er für mich anfertigte, konnten mich davon abhalten, die köstlichen Minuten der Erlösung von der bitteren Kälte zu suchen, die die Yaks mir schenkten.

Geschichten am Lagerfeuer

Nachts schaute ich manchmal zum Mond hinauf und fragte mich, wie es wohl wäre, eine erwachsene Frau zu sein, wieder im Dorf zu leben und Verehrer zu haben, die mir schöne bunte Gürtel schenkten. Wenn Onkel bemerkte, wie ich in den Himmel sah und insgeheim von künftigen Liebhabern träumte, sagte er: »Du kannst den Mond anschauen, aber du darfst nicht mit dem Finger darauf zeigen, sonst bekommst du die Ohren abgehackt.« Bis heute weiß ich nicht, ob er mich damit Respekt vor der Mondgöttin lehren oder mich vor den Leiden der Liebe warnen wollte. Wenn ich allerdings tagsüber in den Himmel schaute, überlegte ich, woher wohl die Vögel kamen und wohin sie flogen und was auf der anderen Seite der Berge liegen mochte. Manchmal stellte ich mir sogar vor, ein Mann zu sein. Dann würde ich mich den Pferdekarawanen anschließen und an fernen und wunderbaren Orten, wo die Menschen in Autos fuhren und in Flugzeugen flogen, unwahrscheinliche Geschichten erleben, die ich später erzählen könnte.

Doch zu jener Zeit litt ich noch nicht unter unserer extremen Abgeschiedenheit von der Welt. Und außerdem hielten wir uns nicht immer in den Bergen auf, und wir waren nicht immer allein. Zwei Mal im Jahr brachte mein Onkel mich nach Hause – einmal zum Neuen Jahr, und dann im Herbst; dann halfen wir meiner Mutter bei den Vorbereitungen für die Wintermonate. Und sogar im Gebirge bekamen wir Besuch – Yi-Hirten, die ihre Ziegen und wolligen Schafe noch höher in die Berge trieben, und die Reiter, die auf dem Weg zum Markt bei uns vorbeikamen und manchmal ihre Zelte auf unserer Weide aufschlugen. Besonders gern hörte ich zu, wenn die alten Karawanenführer Geschichten aus ihrer Jugend erzählten; aus der Zeit, als das Land der Moso noch von ihren eigenen Anführern regiert wurde, als die verschiedenen Stämme Handel von China bis Indien trieben und Fremde mit weißen Gesichtern und blauen Augen mit Flugzeugen über unsere Berge flogen, um gegen die japanischen Teufel zu kämpfen.

In Wirklichkeit waren nur wenige dieser Ausländer jemals bis ins Moso-Land vorgedrungen. Kein amerikanischer Pilot war je hier gelandet, abgestürzt oder mit dem Fallschirm abgesprungen; und weder die ausländischen Experten noch die chinesischen Missionare, die den Stämmen das Singen, Tanzen und Weintrinken untersagten, hatten sich je auf den beschwerlichen Marsch über unsere Berge gemacht. Zweifellos hätte der Herrscher in Yongning, der ein frommer Buddhist war und das Trinken und den Tanz liebte, solche merkwürdigen Umtriebe in seinem Reich auch nicht toleriert. Die Missionare hätten auf die Idee kommen können, ihr Glück vielleicht beim Feudalherren der La in Zuosuo zu versuchen, auf der anderen Seite des Sees, aber sie gelangten nicht dorthin, da der einzig mögliche Zugang über Yongning führte. Denn die nördlichen und östlichen Pfade verliefen alle durch das feindliche Territorium der Yi und die Straße im Westen durch dichte Wälder, in denen tibetische Banditen nur auf die Gelegenheit warteten, zu morden und zu plündern. Die wenigen Weißen, die sich dorthin gewagt hatten, waren von den Felsen gestoßen worden oder hatten ein noch grausigeres Schicksal erlitten. Ein weißer Mann allerdings war ins Moso-Land gekommen und hatte lange Zeit unter uns verbracht. Sein Name war Dr. Joseph Rock. Er war ein großer, korpulenter Mann mit blauen Augen, gelbem Haar und einem heftigen Temperament, und er war weither aus Amerika gekommen, um der treue Freund des Feudalherrn von Yongning zu werden.

»Während des Krieges mit den Japanern«, prahlte eines Abends am Lagerfeuer ein junger Karawanenführer, »ritt mein Vater mit Dr. Rock von Dali bis zum Lugu-See. Sie brauchten fast zwei Monate, weil Dr. Rock stundenlang Pflanzen anstarrte.«

»Was er wohl so lange angeschaut hat?«, meinte mein Onkel.

»Er war Botaniker. Er sah alles auf diese Art an.«

Ein alter Reiter schaltete sich ein. »Ich kannte ihn gut. Als er zum Gonggao-Gebirge zog, wo die Yi lebten, habe ich ihn begleitet. Rock war hinter einem bestimmten Schmetterling her, und unser Herr hatte ihm ein paar Zelte und eine Eskorte von dreißig Mann zur Verfügung gestellt, damit er gehen konnte, wohin er wollte. Auf dem Rückweg nach Yongning gerieten wir in ein verheerendes Unwetter mit Hagel. Etwas Derartiges hatte noch nie jemand erlebt. Die Hagelkörner waren so dick, dass sie Ziegen und Schafe erschlugen und innerhalb kürzester Zeit die Ernte vernichteten. Natürlich gaben die Häuptlinge der Yi dem blauäugigen Teufel die Schuld und behaupteten, er habe den Berggott erzürnt. Seine Augen seien wie Wolfsaugen, sagten sie, und so beschlossen sie, ihm den Kopf abzuschlagen. Zum Glück für Rock hörte ein kleiner Moso-Junge, der in den Bergen nahe den Dörfern der Yi seine Ziegen hütete, die Gerüchte und schlug Alarm. Als unser Anführer die Nachricht vernahm, befahl er uns, Rock zurück ins Land der Naxi zu bringen. Aber die Yi, denen Rocks Kopf entgangen war, hielten sich schadlos, indem sie unsere Dörfer überfielen. Sie stahlen Vieh, Pferde, so viel Getreide, wie sie nur tragen konnten, und zündeten Häuser an. Danach ritten sie mit ihren Pferden über unsere Felder und zertrampelten die Ernte. Ach, das war eine schreckliche Sache! Als Rock uns das nächste Mal besuchen kam, war er sehr betrübt, weil seinetwegen so viel Unheil geschehen war. Da ließ er ganz viel Glas aus Amerika kommen und schenkte es unserem Feudalherrn, der damit auf der Insel einen kleinen Palast baute. Den hättet ihr sehen sollen! Er war wunderschön, und jeder ging zum Haus des Anführers, um das Glas zu berühren. Ein Jammer, dass die Roten Garden den kleinen Glaspalast zerstört haben. Was für eine Schande, all dieses Glas, das von so weit her gekommen war, aus Amerika! Einfach zerschlagen!«

Wenn sie einmal damit anfingen, konnten die Männer die ganze Nacht hindurch von Dr. Rock erzählen. Denn Dr. Rock hatte viel für die Moso getan: Er hatte unsere Kultur studiert und darüber Bücher auf Englisch veröffentlicht, er hatte unserem Anführer ein Fernglas geschenkt, und er hatte die Dorfbewohner von Geschlechtskrankheiten geheilt, indem er nach Amerika schrieb und Penizillin kommen ließ. Die Amerikaner hatten das Penizillin über Indien und dann in einem kleinen Flugzeug über den Himalaja geschickt. Es landete in Lijiang am Fuß des Jadedrachen-Berges, und von dort hatte Dr. Rock das Medikament per Pferdekarawane bis zum Lugu-See transportieren lassen.

All diese Geschichten waren äußerst unterhaltsam: Furcht einflößend und traurig manchmal, aber am Ende siegten immer Rock und die Moso. Ich fragte mich, was für ein Land wohl dieses Amerika sein mochte, in dem die Menschen gelbes Haar und blaue Augen hatten. Jeder, den wir kannten, alle Menschen, die wir je gesehen hatten, besaßen schwarzes Haar und braune Augen, sogar die Han-Chinesen. Als ich jetzt darüber nachdachte, fiel mir allerdings wieder ein, dass einmal – da war ich noch sehr klein – ein Mann in unser Dorf kam, der Moso sprach und genau wie wir gekleidet war, aber gelbes Haar, weiße Haut und blasse, farblose Augen hatte. »Er hat nicht genug Salz zu essen bekommen«, hatte meine Mutter damals erklärt. Aber die Pferdeführer lachten und sagten, er sei sicher eines der vielen blonden Kinder gewesen, die Rock mit Moso-Frauen gezeugt hatte. Eine gute Sache sei das, denn auf diese Weise weile Dr. Rock immer unter uns. Joseph Rock, der fast dreißig Jahre lang den größten Teil seines Lebens in Westchina verbrachte und das Land bereiste, der immer eine transportable Badewanne und viel zu viel Übergewicht für sein Pferd mit sich herumschleppte, ist beim Volk der Moso wahrlich zur Legende geworden.

Aber die Pferdeführer erzählten uns nicht nur Geschichten aus lange vergangenen Zeiten, sondern brachten auch Nachrichten aus der großen Welt und von der Kulturrevolution, die jenseits unserer Berge immer noch heftig im Gange war. So erfuhren wir von Massenversammlungen und Selbstkritik, vom Aufstand der Moslems im Nordwesten; wir hörten, dass man in Tibet die Lamas ins Gefängnis gesteckt hatte und in Lijiang ehemalige Kommunisten den Säuberungen zum Opfer gefallen waren und Selbstmord begangen hatten. Dann brachten die Reiter eines Tages Nachrichten, die unsere eigene Welt betrafen, und in den kommenden Monaten sollten sie noch schlimmer werden.

Die Regierung hatte Sondertrupps aus Soldaten und Beamten in unsere Täler geschickt, die das Volk umerziehen sollten – weil die Moso alles teilten, sogar ihre Liebhaber. Damit lebten sie eine Art des Urkommunismus, die ein Gesundheitsrisiko darstellte und nicht zum Gedankengut unseres obersten Führers Mao Tse-Tung passte.

Eigentlich hatten die Menschen das alles schon gehört. Fast je-

95

des Jahr seit der Befreiung waren Regierungsbeamte nach Yongning gekommen und hatten den Menschen dort Predigten über die Gefahren der sexuellen Freiheit und die Vorteile der Einehe gehalten. Einmal hatten sie sogar einen tragbaren Generator mitgebracht und einen Film gezeigt. Darin waren Menschen zu sehen gewesen, die sich als Moso verkleidet hatten, Menschen im letzten Stadium der Syphilis, die verrückt geworden waren und denen die Krankheit fast das ganze Gesicht weggefressen hatte. Doch die Dorfbewohner hatten das improvisierte Kino in Brand gesteckt.

Aber jetzt hielten die Regierungsvertreter allabendlich Versammlungen ab, bei denen sie den Menschen in den Ohren lagen, sie kritisierten und aushorchten. Und sie fuhren nicht wieder nach Hause. Stattdessen überfielen sie hinterrücks Männer, die auf dem Weg zum Haus ihrer Geliebten waren, zerrten Paare aus dem Bett und stellten sie nackt vor den Augen ihrer Verwandten zur Schau. Dann befahlen sie den Paaren, neue Häuser zu bauen – die sich im Übrigen niemand leisten konnte – und darin zusammenzuleben wie die Ehepaare überall in China. Und schließlich weigerten sie sich, die Bezugsscheine über zusätzliches Getreide und Stoff für die Kinder auszustellen, solange die Mütter ihnen nicht die Namen ihrer Väter nannten.

Die Moso erhoben Einwände. Bei den Versammlungen meldeten sie sich zu Wort und verteidigten die Lebensweise und die Bräuche ihrer Vorfahren. Aber die Regierungsleute gaben nicht auf, und die Menschen hörten auf zu protestieren. Die Männer blieben zu Hause und wagten nicht mehr, nachts zu den Häusern der Frauen zu gehen. Doch das reichte den Beamten noch nicht. Sie warteten ab, bis die Frauen über Saat und Ernte entscheiden mussten, über die Getreiderationen und die anderen Güter, die ihre Kinder benötigten und die die Regierung zur Verfügung stellte. Sie mussten lange warten, doch endlich erklärten sich viele Menschen bereit, als Mann und Frau zu leben und an den von der Regierung finanzierten Heiratszeremonien teilzunehmen, bei denen sie pro Person eine Tasse Tee, eine Zigarette, Bonbons und eine Urkunde aus Papier erhielten.

»Was für eine Schande«, flüsterte Onkel.

Der Pferdeführer zerdrückte die Tränen unter seinen müden Augenlidern.

Ich rieb mir ebenfalls die Augen, obwohl ich nicht behaupten kann, dass ich begriff, wie schrecklich die Ereignisse, die sich in Yongning abspielten, wirklich waren. Alles, was jenseits unserer Weide lag, war für mich wie die unsichtbare und unberührbare Welt längst vergangener Zeiten, die Welt gelbhaariger Amerikaner und mordlustiger Yi-Häuptlinge – wunderliche Orte voll seltsamer Wesen, Ereignisse, denen ich in meinen Träumen beiwohnte und die verschwanden, sobald ich die Augen öffnete oder wenn ganz spät in der Nacht das Lagerfeuer verlosch.

Aber als ich an jenem Abend im Schein des Lagerfeuers die Augen schloss und sich in meiner kindlichen Fantasie die Regierungsbeamten zu Dr. Rock und den Stammeskriegern der Yi gesellten, stellte ich mir vor, mein Vater wäre wirklich für immer in unser Haus eingezogen und Zhemi und meine Ama lebten als Mann und Frau unter einem Dach. Und da überkam mich tiefe Traurigkeit, als ich vor mir sah, wie Zhemi an der Feuerstelle sitzen würde – nicht länger ein geehrter Gast und doch weder Onkel noch Bruder, sondern nur ein Mann, der im Haus meiner Mutter lebte.

Die Berggöttin

Als die Kulturrevolution ins zehnte Jahr ging, waren das buddhistische Kloster und der hübsche Glaspalast verschwunden; man hatte die Lamas gedemütigt und ihre Bücher verbrannt, und die Volksfeste wurden nicht mehr begangen. Auch die Menschen hatten sich verändert. Viele hatten geheiratet, und manche hatten sogar ihre traditionelle Kleidung aufgegeben, auch meine Mutter, die jetzt nach chinesischer Art Hosen und Pelzmütze trug. Doch dann starb Mao Tse-Tung, und bald wehte frischer Wind in China. Als er das Moso-Land erreichte, atmeten die Menschen erleichtert auf. Die meisten verließen ihre Ehefrauen und Ehemänner, um wie seit jeher in den Häusern ihrer Mütter zu leben. Sie wollten die verlorene Zeit wettmachen und ihr Möglichstes tun, um ihre Götter und Vorfahren zu ehren, sich wieder schön zu kleiden und zu tanzen und zu singen.

Als Onkel mich in diesem Sommer nach Hause brachte, herrschte im Dorf reges Treiben. In den Höfen hatte man Festtafeln aufgestellt, und aus verschiedenen Dörfern trafen die Menschen ein. Sie wollten an den Wettkämpfen im Ringen und an den Pferderennen teilnehmen, singen, tanzen, Wein trinken und sich gegenseitig wegen ihres Akzents aufziehen.

»Deine Stimme ist schön, aber deine Worte klingen verworren!«

»Vielleicht hat deine Mutter dir die Ohren nicht lang gezogen, als du klein warst!«

Angesichts so vieler Besucher und Neckereien hielt Ama es für angebracht, uns an die Feinheiten der Etikette zu erinnern. »In der Öffentlichkeit müsst ihr euch benehmen. Seht zu, dass ihr mit niemandem in Streit geratet, und passt aufeinander auf. Wenn ihr jemand Älterem begegnet, müsst ihr ihm Respekt erweisen. Wenn ihr einen Betrunkenen seht, dann helft ihm. Wenn euch jemand etwas zu essen oder zu trinken anbietet, nehmt es mit beiden Händen entgegen und bedankt euch.«

In diesem Sommer hatte meine Mutter viel Arbeit, und auch wir

Kinder hatten allerhand zu tun. Sie hatte beschlossen, dass wir zu Ehren der Berggöttin um den Lugu-See wandern würden, so wie früher, bevor die Rotgardisten alles auf den Kopf gestellt hatten. Wir würden nach Yongning gehen, um zu singen und Salbei für die Berggöttin anzuzünden, und wir würden auch nach Qiansuo gehen und ihre Familie besuchen. Wir mussten alles wohlgeordnet für Dujema zurücklassen, die sich um unsere Hühner und Schweine kümmern würde. Außerdem mussten wir Essen für uns selbst einpacken und für jeden, der vielleicht Lust hatte, sich uns zu einem Picknick anzuschließen, und wir mussten die üblichen Geschenke vorbereiten, eingesalzenes Schweinefleisch, Teeziegel, Stoff und Tabak. Schließlich mussten wir unsere Kleider waschen und flicken, weil wir zum Fest gut aussehen mussten, und außerdem mussten wir bei Tante Yufang und allen Menschen in Qiansuo einen guten Eindruck machen. Deshalb holte meine Ama ihren weißen Rock hervor und schlang sich ihren Turban um den Kopf.

Und so wischte der Rock meiner Mutter hin und her, während sie Anweisungen nach rechts und links rief. Unterdessen rannten meine kleinen Brüder hektisch umher und waren allen im Weg. Ache ging Wasser holen und verschwand mit seinen Freunden, und meine große Schwester Zhema, die anscheinend immer wusste, was als Nächstes zu tun war, schüttete Reis in Säcke, schnitt Schweinefleisch auf, kochte die Eier und zählte Bambusschachteln. Und ich war eifersüchtig – weil Zhema so erwachsen war und überaus tüchtig, und weil meine Mutter sich so große Mühe mit ihrem Kleid gab. Sie band ihr eine bunte Schärpe um die Taille und dann noch eine, steckte ihr eine Glasperlenschnur an den Kopfputz und fügte hier ein Band und dort eine Blume hinzu. Ich dagegen war noch ein Kind und mein Haar zu kurz, daher musste ich mich mit einer sauberen Ausgabe des Leinenkittels begnügen, den ich jeden Tag trug. Aber ich hielt den Mund und versuchte mich nützlich zu machen.

Ich schnitt gerade Cilantro im Gemüsegarten, als Ama nach mir rief.

»Namu! Komm einmal her. Hier ist Besuch für dich.«

»Wer denn?«, fragte ich ungläubig, weil ein Kind doch normalerweise keinen Besuch bekommt.

»Es sind ein Yi und seine Tochter«, antwortete Ama.

Der Mann sah viel besser aus als bei unserer letzten Begegnung, als seine Lippen bluteten und sein Blick wie erloschen gewirkt hatte, aber ich erkannte ihn sofort. Er ist also zurückgekommen, dachte ich verwundert. Und dieses Mal hatte er seine Tochter mitgebracht und außerdem zwei Pferde, die mit dicken Kartoffelsäcken, wilden Pilzen und Weizenmehl beladen waren. In einem weiteren Sack befanden sich drei wilde Hennen. Er unterhielt sich in der Yi-Sprache mit meiner Mutter. Ich verstand kein Wort, aber ich hörte, wie meine Mutter ein paar Mal meinen Namen erwähnte, und sie lächelte und sah sehr glücklich aus.

Der Name seiner Tochter war Añumo, und sie schien ein wenig älter als ich zu sein. Sie war sehr stolz, aber auch sehr zurückhaltend. Kein Mädchen aus unserem Dorf – bis auf Tsilidema und ihre unglückliche Gu-Familie – war derart schüchtern; aber wenn sie doch einmal lächelte, dann erschien auf ihrer rechten Wange ein hübsches Grübchen, und sie knickste höchst anmutig. Ich für meinen Teil fühlte mich sehr stolz, weil man sich vor mir verbeugte, denn ich wusste, dass uns all diese Höflichkeiten und Geschenke auf Grund meiner Großzügigkeit zuteil wurden. Aber was als Nächstes kommen sollte, hätte ich nie erraten. Der Yi-Mann verlangte, ich solle die Blutsschwester seiner Tochter werden. Ich hatte nicht die geringste Ahnung, was er mit uns vorhatte, und heute kann ich nicht mehr sagen, ob ich mich anders verhalten hätte, wenn ich es verstanden hätte. Ich weiß nur noch, dass ich es ungeheuer genoss, im Mittelpunkt der Aufmerksamkeit zu stehen, und daher nahm ich sein Angebot an, ohne auch nur eine Frage zu stellen.

Der Mann bat meine Mutter um eine Schale, etwas Wasser und Salz. Als sie damit zurückkam, packte er eine seiner Hennen, zog sein Messer und schnitt ihr die Kehle durch. Während das arme Tier flatterte und zuckte, ließ er sein Blut in die Schale laufen. Dann rührte er Wasser und Salz hinein und befahl Añumo, davon zu trinken und die Schale dann an mich weiterzureichen.

Ich hatte noch nie etwas in den Mund genommen, das nach dem Schlachten nicht gekocht worden war, und nahm die Schale so widerstrebend entgegen, wie das unter den Umständen möglich war. Denn mir war schon klar, dass es viel zu spät war, um nein zu sagen – es sei denn, ich hätte nie wieder jemandem auf der Welt mein Gesicht zeigen wollen. Der Geruch brachte mich fast zum Erbrechen, und ich zögerte einen Moment lang. Endlich schloss ich die Augen, hielt die Luft an und trank das Blut. Damit waren Añumo und ich Schwestern geworden.

Meine Ama nahm mir die Schale aus der Hand, und während Zhema die Henne wegtrug, um sie zu rupfen und für das Mittagessen zuzubereiten, lud sie den Yi-Mann ein, ihr ins Haus zu folgen und Tee zu trinken. Ich blieb mit Añumo draußen und wischte mir die Lippen mit den Händen ab und dann die Hände an meinem Kittel. Ich leckte mir mit der Zunge über die Lippen und rieb mir die Lippen am Ärmel ab. Aber als der salzige Geschmack verflogen war, stieg in mir das Gefühl auf, etwas ganz Besonderes zu sein, weil ich eine Yi-Schwester hatte. Äußerlich unterschied sie sich ein wenig von uns Moso. Sie hatte schwarzes Haar wie wir, aber große braune Augen und eine etwas dunklere Hautfarbe, lange Wimpern, eine gerade, schmale Nase und schöne weiße Zähne. Immer wieder strich ich über ihre Wimpern, wir hielten uns an den Händen und lächelten uns an. Ama brachte uns ein paar mit Rohrzucker gefüllte Klöße. Añumo nahm einen Bissen, und ihr Gesicht leuchtete auf. Der Zucker schmeckte ihr, daher riss ich meinen Kloß auf und gab ihr die Füllung. Ich liebte meine Schwester aus den Bergen.

Zu Mittag servierte Ama uns Hühnersuppe, und meine Brüder hörten mit vor Staunen aufgerissenen Mündern zu, wie sie sich mit dem Yi in seiner Sprache unterhielt. Tatsächlich trauten wir unseren Ohren nicht und begannen sogar unbeherrscht zu kichern, bis Ama uns beiseite nahm. In strengem Tonfall erklärte sie uns, viele Wörter klängen auf Moso und Yi gleich, hätten aber vollkommen verschiedene Bedeutungen. »*Kasha nosha opa nozha*« hieß zum Beispiel: »Seien Sie nicht schüchtern und essen Sie, so viel Sie können«, und keineswegs »Bitte, Sie können meinen Hintern essen.«

Als die Yi sich zum Aufbruch bereitmachten, packte meine Mutter ihnen ein paar Scheiben eingesalzenes Schweinefleisch ein, etwas Reis und Teeziegel, und sie gab meiner Blutsschwester einen Schal. »Ein Geschenk von Namu«, sagte sie. Mit der ganzen Achtung, wie sie geehrten Gästen zusteht, begleiteten wir sie bis zum letzten Haus des Dorfes. Ich hielt Añumos Hand, hakte sie unter und wünschte mir, ich hätte mit ihr reden können, doch das wagte ich nicht, denn ich wollte niemanden beleidigen, indem ich die Yi-Wörter falsch aussprach. Und ich wünschte mir, Añumo hätte für immer bei uns bleiben oder uns wenigstens zum Bergfest nach Yongning begleiten können. Aber meine Mutter erklärte mir, Añumo müsse nach Hause zurückkehren und bei ihrer eigenen Familie leben. Das sei nicht ganz das Gleiche wie bei einer echten Schwester.

Am nächsten Morgen beluden wir in aller Frühe unsere kleinen Pferde und begannen unsere Wanderung entlang dem Ufer von Mutter See. Als die Sonne hoch am Himmel stand, wanderten wir zwischen Fichten, Rhododendren und Päonien über den Berg Gamu. Wir kamen zu einem hübschen Picknick-Gelände, wo andere Familien bereits mit den Feiern begonnen hatten. Dort zündeten wir Haufen von Salbeizweigen an, die Frauen nahmen ihre Turbane und die Männer ihre Filzhüte ab, und wir alle vollführten einen Kotau vor der Muttergöttin.

Der vollständige Name unserer Berggöttin lautet Segge Gamu, die weiße Löwin, und tatsächlich wirkt sie von der Yongning-Ebene aus gesehen wie eine kauernde Löwin, deren Vorderpfoten auf dem Seeufer ruhen. Vom See aus sieht man ihr breites, kantiges Gesicht, und wenn man den Blick senkt, sieht man, wie es sich friedlich im Wasser spiegelt. Wenn man oben auf Gamus Haupt steht, erkennt man die ganze Yongning-Ebene und alle anderen Berge, und unmittelbar darunter erstreckt sich der See, blauer als der Himmel, mit seinen kleinen, üppig mit Fichten und Kiefern bewachsenen Inseln. Irgendwo an Gamus Hängen liegt ein großer Schatz aus Gold und kostbaren Edelsteinen, den vor vielen Jahrhunderten einer unserer Feudalherren vergraben hat. Aber bis jetzt hat ihn noch niemand gefunden, und wahrscheinlich wird das auch nie geschehen. Direkt unterhalb des Gipfels befindet sich der Eingang zu einer großen Höhle. Sie wird von Frauen aufgesucht, die hoffen, Kinder zu empfangen. Diese Höhle stellt den Schoß der Göttin dar, denn Gamu ist nicht nur eine Löwin, sondern auch eine Frau und die Mutter des Moso-Volkes.

Jeden Sommer, am fünfundzwanzigsten Tag des siebten Mond-monats, muss unsere Gamu sich nach Lhasa begeben, um Spiele mit den tibetischen Göttern zu spielen; und das althergebrachte Bergfest mit dem vielen Tanzen, Singen, Beten und Trinken sollte sie ursprünglich zum Sieg anfeuern. Denn Gamu ist ebenso zornig wie liebevoll, und sollte sie verlieren, würde es schreckliche Unwet-ter geben, die Ernte würde vernichtet, Tiere und Menschen würden krank und bekämen keine Nachkommen. Glücklicherweise ist Gamu sehr klug und gewinnt fast immer, sogar wenn das Fest ein-mal nicht begangen wird. Und natürlich ist die Göttin auch sehr schön. Sie hat viele Liebhaber und auch einen besonderen Gefähr-ten, dessen Name Azhapula ist. Er ist der Berggott von Qiansuo. Ach, der arme Azhapula! Das Leben mit der schönen Gamu ist manch-mal so schwierig, dass er sein Temperament nicht immer zügeln kann. Als er sie zum Beispiel beim Liebesspiel mit Cezhe ertappte, einem jungen Mann, den sie gerade erst kennen gelernt hatte, wur-de er so wütend, dass er ihn kastrierte. Noch heute ist zu sehen, dass oben am Cezhe-Berg eine Spitze fehlt.

Manchmal, wenn Azhapula genug hat, droht er, Gamu zu verlas-sen und sich eine andere Frau zu suchen, aber dann fleht sie ihn an und versichert, dass sie ihn liebt, und immer bleibt er. So hatten die beiden vor langer, langer Zeit einmal einen schrecklichen Streit. Rasend vor Eifersucht sprang Azhapula auf sein Pferd und galop-pierte davon. Wie zu erwarten, konnte Gamu das nicht ertragen, rannte ihm nach und wollte ihn aufhalten. Als sie sein Pferd einhol-te, griff sie nach seiner Weste und bekam sie gerade noch zu fassen, und dann hielt sie Azhapula fest. Die ganze Nacht hindurch rangel-ten der Gott und die Göttin miteinander, bis am Horizont die Son-ne aufging, und im Tageslicht verwandelten sie sich in Berge. Noch heute sind sie hier zu sehen, und Gamu klammert sich noch immer über den tiefen Abgrund hinweg, der die beiden trennt, an Azhapu-las Jacke fest. Sie sollen die Moso daran erinnern, dass die Männer in der Morgendämmerung immer in das Haus ihrer Mutter zurück-kehren müssen und dass unsere Muttergöttin und ihr Liebhaber Azhapula keinen solchen Aufruhr hätten veranstalten sollen.

Meine Mutter schickte sich zu einem dritten Kotau an, als ihr Blick auf Zhema fiel und sie sich verblüfft unterbrach. Meine große Schwester verneigte sich aus der Hüfte heraus und legte dabei die Hände vor dem Mund zusammen. »Wo hast du gelernt, einen Kotau zu machen wie die Han-Chinesen?«, fuhr Ama sie an und befahl meiner Schwester, sich anständig zu verbeugen, das heißt, die Stirn ganz bis zum Boden zu senken, wobei die Hände zuerst über den Augenbrauen, dann auf dem Mund und schließlich in der Herzgegend zusammengeführt werden. Dann mussten wir alle uns wieder verneigen, dreimal und auf die korrekte Art. Ama fiel in den allgemeinen Gesang ein.

Ein Jahr lang haben wir fleißig gearbeitet, Gamu.
Heute ist ein ganz besonderer Tag, und wir sind gekommen,
  um dir zu danken.
Ich habe dir ein paar kleine Gerichte und Wein mitgebracht.
Ich weiß, die Gaben sind nicht genug
  dir meine Dankbarkeit auszudrücken,
aber sie werden dir in aller Aufrichtigkeit dargebracht.
Danke, Gamu, für deinen Schutz.
Meine Familie und unser Dorf haben ein friedliches Jahr erlebt.
Danke, Gamu, für das gute Wetter.
Wir hatten eine sehr gute Ernte.
Alle sind gesund.
Danke, Gamu, für das beginnende Jahr.
Bitte beschütze meine Familie,
bitte beschütze die Menschen in unserem Dorf.
Dies ist meine Tochter Zhema.
Sie ist gekommen, um sich vor dir zu verneigen.
Und hier sind meine Tochter Namu,
meine Söhne Ache, Howei und Homi
Und meine Letztgeborene, Jiama.
Sie alle sind gekommen, um sich vor dir zu verbeugen.

Und wieder verneigten wir uns und beteten, und nach einem weiteren, letzten Kotau breiteten wir unsere Decken um das Lagerfeuer aus und setzten uns nieder, um zusammen mit den anderen Familien unser Mittagessen einzunehmen.

Am Nachmittag setzten wir unsere Wanderung nach Yongning fort, unter dem Blick der Löwengöttin, die unbewegt über uns hockte, kraftvoll und gebieterisch, und von ihren Liebhabern träumte – oder von den Zeiten, als sich zu ihren Füßen Tausende Dorfbewohner versammelten, um sie zu verehren. Vielleicht träumte ja auch meine Ama davon, von den Tagen, bevor die Roten Garden alles zerstörten.

In den alten Zeiten wären die Menschen eine ganze Woche lang am Berg zusammengekommen, um zu tanzen, zu singen und zu beten. So weit das Auge reichte, wäre die Yongning-Ebene mit Zelten bedeckt gewesen – gelben, schwarzen, weißen und blauen, manche mit wunderschönen Blumenmustern bemalt. Und inmitten der festlich gekleideten Menschen hätten Hunderte leuchtend gelb gekleideter Lamas die Zeremonien für die Göttin abgehalten. Mit strahlenden Mienen, denen man ansah, dass es nicht Schöneres auf der Welt geben könnte, hätten sie mit tiefer, volltönender Stimme Sutras gesungen, und der Klang ihrer langen Messingtrompeten wäre in den Himmel aufgestiegen.

In diesen Zeiten, als meine Mutter noch jung war und der größte Teil ihres Lebens noch vor ihr lag, da wussten die Menschen wirklich noch, wie man Spaß hat und wie man seine Götter ehrt. Arm in Arm sangen die Frauen miteinander über die Schlechtigkeit der Männer, und die Männer erwiderten ihren Gesang und neckten die Frauen. Die Frauen antworteten, und die Lieder wurden immer witziger und immer gewagter. Jeden Abend tanzten die Menschen in großen Kreisen um die Freudenfeuer. Sie führten die Tänze des Hackens und Dreschens auf, oder den Tanz des Webens, bei dem Männer und Frauen sich mit den Knien berührten und sich drehten, der Lieblingstanz meiner Ama. Und wenn sie nicht tanzten oder sangen, gingen sie zu den heißen Quellen, um Geliebte zu finden. Die Frauen wuschen sich gegenseitig den Rücken, und die Männer saßen in dem gesundheitsfördernden Wasser und tranken Wein, bis einer von ihnen verkündete, sein Becher sei leer. Dann stand die Frau, die den Schimmer seiner Augen mochte, auf und holte ihm noch etwas. Wenn sie ihm eingoss, verriet er ihr, unter welchem Baum sie ihn später am Abend finden würde. Sie würde natürlich nichts antworten, aber bald darauf würde sie aus dem Wasser steigen, und er folgte ihr.

Als wir die Stadt Yongning erreichten, hatte sich der Himmel verdüstert, und es regnete so heftig, dass die Straßen wie Gebirgsbäche aussahen. Wir mussten unsere Röcke und Hosen bis über die Knie raffen, um durch das braune Wasser zu waten, das die Straße überschwemmte. Als wir endlich unsere Verwandten fanden, wünschten wir den anderen Familien eilig eine gute Nacht und ließen uns glücklich am Feuer nieder, um uns zu trocknen, zu plaudern und es uns den Rest des Abends gut gehen zu lassen.

Wie zu dieser Jahreszeit üblich, war es am nächsten Morgen wieder heiß und sonnig, und ich folgte Zhema und meinen Cousinen in die Stadt. Eine aufgeregte Stimmung lag in der Luft, und in der Marktstraße wimmelte es vor Menschen; fast alle Moso in festlicher Kleidung, aber auch Yi-Männer mit grauen Turbanen und schwarzen Filzcapes waren darunter, Yi-Frauen mit großen schwarzen Hüten und bunten Röcken und tibetische Reiter mit bestickten Kappen, die demonstrativ ihre langen Messer an der Hüfte trugen. Meine Schwester und meine Cousinen schlenderten die Straße hinauf und hinunter, und ich lief ihnen nach. Lässig gingen sie den Schweinen und Hühnern aus dem Weg, die sich an den Würmern, die aus der Erde kamen, und dem Abfall von den Marktständen gütlich taten.

Ab und an blieben wir stehen, um Freunde und Verwandte zu grüßen, etwas Interessantes anzuschauen oder über die Theken der kleinen Holzbuden zu spähen, wo Naxi-Frauen mit Revolutionsmützen alles feilboten, das man sich nur erträumen konnte: Emailleschüsseln mit blauem Rand, rosa-weiße Thermosflaschen, Messingkellen, Eisentöpfe, Ballen von blauem Stoff, Ledergürtel und tibetische Schlösser. Dann folgte ich meiner Schwester und den anderen erwachsenen Frauen, die von Stand zu Stand gingen. Ihre langen Röcke schwebten über dem dampfenden, schlammigen Boden, während sie Bemerkungen über die Frische der Gemüse und das Fett an den Hühnern machten, mit dem Uhrmacher plauderten und mit dem Schuhmacher scherzten, der die Stiefel eines Pferdeführers polierte, oder jungen Moso-Männern, die neben ihnen gingen, ihr schönstes Lächeln schenkten.

Ach, wie sehnte ich mich danach, eine erwachsene Frau zu sein! Ich hätte alles darum gegeben, einen langen Rock zu tragen, der den Boden vor meinen Füßen fegte, Männer zu haben, die mir zulächelten, Männer, die für mich sangen und mit mir tanzten – ich wünschte mir so sehr, wie meine Schwestern zu sein, meine Cousinen und unsere Nachbarin Dujema, eine große Frau, schön und mächtig, die viele Liebste hatte. Und dann dachte ich auch darüber nach, wie es wäre, mich zu verlieben und den einzig Richtigen zu finden, so wie meine Ama mit Zhemi. Aber, dachte ich, wenn ich mich verliebte, dann sollte er aus Qiansuo stammen, damit es ihm erging wie meinem Vater. Denn immer, wenn meine Mutter mit meinem Vater zusammen war, verfiel sie wieder in die Sprache ihrer Kindheit. Oh ja! Ich wünschte mir nichts mehr, als eine erwachsene Frau mit einem eigenen Freund in Qiansuo zu sein.

Also versuchte ich mein Möglichstes, um erwachsen auszusehen. Ich betastete die Gemüse und roch an den Eiern, und ich setzte mich neben meine Schwester und die anderen Frauen und lauschte ihren Gesprächen. Aber sie zeigten so wenig Interesse an mir, dass ich schließlich empört aufgab und mit meinem kleinen Bruder Howei und den anderen Kindern spielen ging.

Für den Rest des Tages sprangen wir in den Teichen bei den heißen Quellen herum und bewarfen einander mit Steinen. Am Tag darauf verbrachten wir den größten Teil des Nachmittags damit, kalte Asche von den Feuern zu sammeln, sie in Blätter zu wickeln und damit Aschebomben herzustellen. Am Abend spielten wir dann draußen Krieg. Aber während ich versuchte, Howei aufzulauern, fand ich ein Paar, das sich im Dunklen liebte.

»*Chee sso!* Frecher Junge«, schrien sie in meine Richtung.

Natürlich hätten die beiden nie gedacht, ein Mädchen würde etwas so Schlimmes tun und mit einer Aschengranate nach ihnen werfen. Nie wären sie darauf gekommen, dass ein Mädchen, dem man das ganze Haar abrasiert hatte, neidisch darauf sein könnte, dass sie sich so gut amüsierten.

Aber vielleicht hätte die Berggöttin Verständnis dafür gehabt.

Als ich dann wieder im Zelt bei Onkel wohnte, erwachte ich eines Morgens mit Rückenschmerzen. Zwei Tage dauerte das, und ich vermutete schon, ich hätte mich beim Reiten auf den Yaks verletzt. Es war ungewöhnlich heiß, und ich dachte, vielleicht würde ein kurzes Bad in einer der Bergquellen, die in der Nähe unserer Weide lagen, mir gut tun. Obwohl ich nicht schwimmen konnte, badete ich unendlich gern, aber ich achtete ganz genau darauf, nur bis zur Taille ins Wasser zu gehen, denn diese Teiche sind manchmal sehr tief und gefährlich.

Doch das Wasser linderte meine Rückenschmerzen nicht. Im Gegenteil, jetzt bekam ich auch noch Bauchschmerzen, und ich dachte, vielleicht wäre das Wasser zu kalt. Als ich herauskam, stellte ich fest, dass mir Blut die Beine herunterlief, und ich glaubte, ich sei von Egeln gebissen worden. Aber dann erkannte ich, dass das Blut nicht von meinen Beinen stammte, sondern aus meinem Inneren floss. Rasch zog ich mich an, rannte in unser Lager zurück und ging in den Stall, um mich genauer zu untersuchen. Als ich nichts fand, wusste ich, dass ich meine Monatsblutung bekommen hatte. Ich hätte mich erleichtert fühlen müssen, aber als ich den Kopf hob und sah, wie Onkels Pferd mich direkt anschaute, wusste ich, dass ich etwas Schreckliches getan hatte, denn man soll den Pferden und Yaks diese schmutzige Sache nicht zeigen. Die Moso müssen Yaks und Pferden stets großen Respekt erweisen. Bis heute läuft es mir kalt über den Rücken, wenn ich mich an dieses Pferd erinnere.

Und natürlich konnte ich mit dieser schmutzigen Sache auch nicht zu meinem Onkel gehen, und so setzte ich mich ins Gras, wartete, bis er fort war und ging erst dann ins Zelt zurück. Aber als ich drinnen angekommen war, wusste ich erst recht nicht, was ich tun sollte, also legte ich das schwarze Ziegenfell auf den Boden und setzte mich darauf. Ab und zu stand ich auf und huschte nach draußen, um mich zu waschen, und dann kehrte ich zu dem Ziegenfell zurück. Ich ging rückwärts und rieb Erde und Asche in den

Boden, um die Flecken zu beseitigen, die ich beim Gehen hinterließ. Als ich spät am Nachmittag hörte, wie Onkel zurückkam, wickelte ich schnell das Ziegenfell um meine Taille und stand den Rest des Abends nicht mehr auf. Onkel sagte nichts und stellte keine Fragen. Vielleicht wusste er, was ich hatte, vielleicht auch nicht. So oder so war dies keine Angelegenheit, über die ein Mann mit der Tochter seiner Schwester hätte sprechen können.

Am nächsten Tag musste Onkel ins Dorf gehen. Früh am Morgen würde er mit den drei Pferden aufbrechen, die mit Butterpäckchen beladen waren, und er würde erst am Abend zurückkehren und unseren Nachschub an Gemüse, Reis, Mais und Salz für die Yaks mitbringen. Da ich seit Jahren bei meinem Onkel lebte, besaß ich nur eine äußerst vage Vorstellung über die Monatsblutung der Frauen, aber ich wusste, dass ich etwas unternehmen musste, und verbrachte einen großen Teil des Abends damit, über mein Problem nachzugrübeln. Sobald Onkel am nächsten Morgen fort war, zerriss ich eines meiner Hemden, holte das Nähzeug hervor und stellte mir eine Art Binde her sowie ein Paar Halter, die über meine Schultern verliefen und über der Brust gekreuzt waren. Besonders bequem war das nicht, aber immerhin besser, als den ganzen Tag auf dem Ziegenfell zu sitzen und sich vor lauter Angst nicht zu bewegen.

Die Blutung dauerte eine ganze Woche. Und sie kehrte jeden Monat wieder, ungefähr dann, wenn der Onkel den Dorfbewohnern die Butter brachte. Aber ich verriet nichts. Niemandem erzählte ich davon, nicht einmal meiner Ama, als ich zu Neujahr nach Hause kam. Aber meine Schwester fand die Binde in meinem kleinen Bündel. Sie wusste gleich, wozu sie diente. Und sie erzählte allen ihren Freundinnen von den Trägern, und alle lachten über mich. Danach sprach ich eine Woche lang nicht mit Zhema, aber sie redete mit meiner Mutter, und da wurde meiner Ama klar, dass ich ungefähr dreizehn Jahre alt sein musste und es an der Zeit war, dass ich wieder ins Dorf zog und eine erwachsene Frau wurde.

Meine Rockzeremonie

Als Onkel von der Auslieferung der Butter zurückkehrte, reichte er mir die Reiskuchen, die meine Mutter gebacken hatte. »Wenn ich nächstes Mal Butter liefere, kommst du mit mir. Deine Mutter hat schon mit den Lamas über deine Rockzeremonie gesprochen.«

Bei diesen Worten hüpfte mir das Herz in der Brust, und ich wäre am liebsten vor Freude herumgesprungen, doch ich nickte nur. Unmöglich, Onkel zu zeigen, wie glücklich ich war. Ich wollte nicht, dass er dachte, ich sei froh ihn zu verlassen. Aber trotzdem konnte ich für den Rest des Tages nur noch an meine Zeremonie denken – an die schönen Kleider, den Silberschmuck und die Geschenke, die die Nachbarn mir bringen würden. Ich würde tanzen gehen, und die jungen Männer würden mit mir sprechen. Ich gab mir schreckliche Mühe, meine Freude zu unterdrücken, und mein armer Onkel tat alles, um seine Traurigkeit nicht zu zeigen. Aber später am Abend, nach seinem gewohnten Becher Wein, traten ihm plötzlich die Tränen in die Augen. Und da fühlte ich mich einsam, schrecklich allein. Ich war so glücklich, und doch hatte ich keine Freundin, der ich davon erzählen konnte, niemanden, der mich necken, kneifen und mir nachlaufen konnte. Niemanden außer Onkel, der bald tief und fest schlafen und schnarchen würde, und dann noch die Yaks, die mit ihren Hufen auf den Boden stampften, die schnaubenden Pferde und die Hunde, die sich ihre Flohbisse kratzten. Diese widerstreitenden Gefühle wühlten mich so sehr auf, dass ich erst spät in der Nacht Schlaf fand.

»Noch neunundzwanzig Tage bis zur nächsten Butterlieferung«, das war mein erster Gedanke, als ich am nächsten Morgen aufwachte. Ich zählte bis neunundzwanzig, und dann fing ich noch einmal von vorn an. Als wir mit dem Frühstück fertig waren, führte ich die Yaks zum Grasen an den Bergpfad, denn von dort aus konnte ich ins Tal hinabsehen – für den Fall, dass Ama beschloss, früher nach mir zu schicken. Dies tat ich einige Tage lang, bis die Tiere das

Gras abgefressen hatten und ich sie auf eine andere Weide bringen musste. »Onkel braucht nur zehn Butterpäckchen«, dachte ich an diesem Abend. »Wenn ich mehr Milch melke, bekommen wir die Butter schneller zusammen und können früher ins Dorf gehen.« Und ich zog fest an den Zitzen der Kuh, um ihr mehr Milch zu entlocken. Doch die Kuh hob das Hinterbein, drehte den Kopf und sah mich verblüfft an, also hörte ich auf zu zerren und streichelte ihr die Rippen, um sie zu trösten. Tiere schauen einem in die Seele und wissen immer, wenn man sie schlecht behandelt, und ich wusste, dass ich nett zu Tieren sein musste, um kein schlechtes Karma auf mich zu laden.

Vor dem Abendessen legte ich fünf Kartoffeln neben das Feuer, je eine für einen Tag, und nach dem Essen nahm ich eine Kartoffel weg. Nach vier Tagen legte ich wieder fünf Kartoffeln an dieselbe Stelle. Onkel sah die Kartoffeln an. »Mach dir keine Sorgen, die Zeit wird schon vergehen«, sagte er. Doch das tat sie nicht, und ich platzte beinahe vor Ungeduld.

Aber vielleicht kann man ein Ereignis doch herbeizwingen, wenn man sich etwas stark genug wünscht. Denn an dem Abend, an dem ich die elfte Kartoffel weggenommen hätte, saßen Onkel und ich am Feuer und aßen unsere Maissuppe, als die Hunde in der Einfriedung anschlugen, und dann hörten wir Hufgetrappel, das sich dem Zelt näherte. Mein Bruder Ache war gekommen, um mich abzuholen. Es war Erntezeit, und meine Ama wollte nicht bis zum Ende des Monats warten. Sie brauchte Hilfe im Haushalt.

Am nächsten Morgen zurrte Onkel mein kleines Bündel auf dem Pferd fest, und dann nahm er die Blätter, die auf dem Zeltdach trockneten, und wickelte etwas Dickmilch hinein. »Hier, nimm das«, sagte er und reichte mir das Päckchen, wobei er meinem Blick auswich. »Und wenn du zu Hause bist, sei brav und hör auf deine Mutter.« Darauf drehte er sich um, nahm den Besen und fegte das Zelt, denn wir dürfen auf keinen Fall den Boden kehren, nachdem jemand abgereist ist, weil das bedeuten würde, dass man die Erinnerung an ihn wegfegt. Als er zu Ende gekehrt hatte, zündete er einige Fuß vom Zelteingang entfernt etwas Salbei an. Und während er dastand und zusah, wie wir uns fertig machten, nahm er seinen Rosenkranz in die Hand und verfiel in einen leisen Sprechgesang.

Mit Tränen in den Augen nickten wir uns zum Abschied zu. Wir umarmten oder küssten einander nicht, weil das bei uns nicht üblich ist.

Mein einsamer Onkel tat mir schrecklich Leid. Aber wir hatten kaum ein paar hundert Meter auf dem Bergpfad zurückgelegt, als in meiner Brust ein unbändiges Glücksgefühl aufwallte. Und jetzt konnte ich es nicht abwarten, nach Hause zu kommen. So ungeduldig war ich, dass ich nicht einmal auf dem Pferd sitzen bleiben konnte. Also stieg ich ab und reichte meinem Bruder die Zügel. Dann rannte und hüpfte und sprang ich unter Freudenschreien davon.

Als wir am späten Nachmittag zu Hause ankamen, waren die Straßen leer. Bis auf ein paar alte Leute, die die Babys hüteten, waren alle auf den Feldern. Aber da es in unserem Haushalt keine alten Menschen gab, die auf die kleinen Kinder hätten aufpassen können, fand ich meine Ama im Hof, wo sie Feuerholz hackte. In sicherer Entfernung saß meine kleine Schwester Jiama und baute ein winziges Lehmhaus. Als sie uns in den Hof treten sah, rannte sie zu Ache. Von mir nahm sie keine Notiz.

»Hey, Ama«, rief ich meine Mutter an.

Meine Mutter sah von dem Holzstapel auf und strahlte. »Du bist schon da!«

»Sie ist den ganzen Weg gerannt«, erklärte Ache lachend.

Er reichte Jiama an mich weiter, weil er sich um die Pferde kümmern wollte, aber sie zappelte, und ich ließ sie hinunter.

»Setz dich doch, Namu«, sagte meine Mutter und wies auf einen kleinen Schemel, der auf der Veranda stand. »Du bist bestimmt sehr müde.« Sie ging nach drinnen, um mir heißes Wasser zum Füßewaschen zu holen. Als ich mich gesäubert hatte, reichte sie mir ein altes Paar Leinenschuhe. Von Zhema.

»Wo steckt denn Zhema?«, fragte ich, während ich die Schuhe an- und dann wieder auszog.

»Sie ist auf den Sonnenblumenfeldern«, antwortete meine Mutter.

Ich war schrecklich froh, daheim zu sein. Vergeblich versuchte ich meine kleine Schwester zu einem Rundgang durch das Haus zu überreden – im Vergleich zu Onkels Zelt kam mir unser Haus immer so groß vor und der Gemüsegarten so üppig –, aber Jiama lief zu Ama zurück, und ich beschloss, meine große Schwester suchen zu gehen. Ich fand sie über ihre Harke gebeugt; sie arbeitete so konzentriert, dass sie mich gar nicht bemerkte. Ganz leise schlich ich mich von hinten an sie heran, ein Spiel, das ich manchmal mit den Yaks trieb. Als ich sie beinahe berühren konnte, hauchte ich ihr ein »Buh!«, ins Ohr. Sie fuhr zusammen, drehte sich um – und starrte mich wütend an.

Meine große Schwester Zhema war sehr ruhig und klug, und sie war ein braves Mädchen. Wenn meine Mutter Besuche machte, nahm sie Zhema immer mit, weil sie niemals Schwierigkeiten machte. Auch alle Männer schwärmten für sie. Jeder sprach freundlich von meiner Schwester, und niemand hatte je etwas Schlechtes über sie zu sagen. Aber für meinen Geschmack war sie ein bisschen zu ruhig. Als ich ihr ins Ohr flüsterte, hatte sie sich erschreckt. Es war sehr leicht, meiner Schwester Angst einzujagen; sie war zwar älter als ich, aber nicht besonders mutig.

Zhemas Blick wurde milder. Sie wischte sich die staubige Stirn ab. »Ah, du bist also schon zurück!«, meinte sie ein wenig spitz. »Bist du sicher, dass du schon alt genug bist, um eine erwachsene Frau zu werden?«

Meine Initiationszeremonie sollte während des Neujahrsfestes stattfinden, denn zu dieser Zeit werden die Rock- und Hosenzeremonien immer abgehalten. In der Zwischenzeit mussten wir die Ernte einbringen, nach der Ernte mussten die Felder gedüngt werden, und nachdem die Felder gedüngt waren, mussten wir Schweine schlachten.

Zwei Mal im Jahr schlachten wir Schweine, einmal im November und dann kurz vor Neujahr, insgesamt mindestens drei Schweine. Zwei Schweine von je dreihundert Pfund können eine Familie ein Jahr lang mit Fleisch versorgen, und ein Schwein muss für Geschenke, Opfergaben, Begräbnisse und sonstige besondere Gelegenheiten aufgespart werden. Wir Moso verschwenden kein Stück des Schweins. Nachdem die Tiere ausgeblutet worden sind, schneidet man die Beine ab, entfernt die Knochen und inneren Organe und füllt die Höhlungen mit Chili und Salz. Dann wird das Schwein wieder zusammengenäht. Diese eingesalzenen Schweine heißen bei uns *Bocher.* Daneben lösen wir auch die Beinknochen aus und füllen die Höhlungen des Schinkens mit Salz und Chili. Die Knochen hängen wir zum Räuchern an die Dachbalken und kochen daraus Suppen für alte Leute und Kinder. Das Fett lassen wir aus, gießen es in die Schweinsblasen und benutzen das Schmalz zum Kochen, und aus dem Blut und dem übrigen Fleisch machen wir köstliche Würste.

Das Schlachten und Einsalzen der Schweine macht eine Menge Arbeit, daher schicken die Menschen immer die Kinder von Haus zu Haus, um die Nachbarn um Hilfe zu bitten. Als Kind genoss ich das über alles. Wir stellten uns vor die Höfe der Leute und brüllten aus voller Kehle, und die Bewohner ließen uns ein und boten uns Suppe an. Da ich im Hochgebirge so lange in der dünnen Luft gesungen und geschrien hatte, konnte ich lauter brüllen als alle anderen Kinder.

Während die Männer die Schweine schlachteten, kochten und fermentierten die Frauen Wein. Jeden Tag wurde in jedem Hof auf langen, mit Kiefernnadeln bestreuten Tischen eine Vielfalt köstlich duftender Gerichte aufgetragen. Dies war die Zeit zum Auftrumpfen. Eine richtig tüchtige Frau kann eine Reisschale mit einem einzigen Schwung ihrer Schöpfkelle füllen, und der gute Ruf einer Frau reicht oft weit über die Grenzen ihres Dorfes hinaus. Meine Mutter hatte sich einen Namen damit gemacht, dass sie die beste Blutwurst im Dorf bereitete, und sie behielt sie immer meiner großen Schwester vor. Am Abend kochte sie die Wurst, und wenn sie abgekühlt war, legte sie sie in Zhemas Bambusschachtel, die sie am nächsten Tag mit auf die Felder nahm.

Solange ich zurückdenken kann, habe ich mir immer sehnsüchtig ein Stück von dieser Blutwurst gewünscht, und trotzdem wagte ich nie, Ama darum zu bitten. Und dann, als ich einmal aus den Bergen nach Hause gekommen war, geschah etwas Schreckliches mit Zhemas Wurst.

Jeden Abend sah ich gierig zu, wie die Blutwurst unter dem Deckel von Zhemas Schachtel verschwand. Und jeden Morgen glotzte ich Zhema nach, wie sie, von sich selbst eingenommen, mit der Wurst in ihrer Tasche die Dorfstraße hinunterschlenderte. Nach ein paar Tagen konnte ich an nichts anderes mehr denken als an diese Wurst. Und eines Nachts, als alle schliefen, kroch ich aus dem Bett und stahl die Wurst. Dafür legte ich ein Stück Kot von mir hinein, das ich den ganzen Nachmittag in der Sonne getrocknet und in die richtige Form gebracht hatte. Am nächsten Tag teilte ich die Blutwurst mit meinem kleinen Bruder Howei. Wir saßen am Fuß der Treppe, direkt unter Zhemas Schlafzimmer, und nichts hat mir je besser geschmeckt. Gegen Mittag kam meine große Schwester schreiend und weinend von den Feldern nach Hause gerannt, und als Ama erfuhr, was ich getan hatte, da konnte sie gar nicht aufhören zu lachen. An diesem Abend achtete sie darauf, dass ich ein Stück Blutwurst abbekam. Zhema kreischte wieder los und sagte, sie würde nie, nie wieder Blutwurst essen. Aber natürlich tat sie das doch.

In diesem Jahr war es mir egal, wer die Blutwurst zu essen bekam. Denn dieses Jahr würde meine Rockzeremonie stattfinden.

Sobald das Schweineschlachten erledigt war, machten meine Ama und meine Schwester sich daran, das Haus zu putzen und die üblichen Speisen und Getränke zuzubereiten. Bei einer Rock- und Hosenzeremonie müssen drei Arten von Getränken aufgetragen werden: Buttertee, Reiswein und unser spezieller Sulima-Wein, den wir aus Mais, Hirse und Honig herstellen. Jedem Gast müssen diese drei Getränke in kleinen Schalen auf einem mit Kiefernnadeln und Popcorn bedeckten Tablett serviert werden. Das alles machte sehr viel Arbeit, und gegen Ende der Woche kam auch unsere Nachbarin Dujema, half uns beim Fermentieren des Weins und buk Reiskuchen.

Eigentlich hätte ich sehr glücklich sein müssen, denn ich hatte diesem Ereignis entgegengefiebert. Bald zu den erwachsenen Frauen zu gehören war sehr aufregend. Aber ich fühlte mich auf merkwürdige Weise fehl am Platz.

Seit meinem letzten Besuch hatte sich einiges verändert. Ein alter Mensch war gestorben, ein Baby war geboren worden. Ein Kind hatte Laufen und Sprechen gelernt. Natürlich hatte sich jedes Jahr, wenn ich nach Hause kam, etwas verändert. Aber in der ganzen Zeit, die ich mit Onkel im Gebirge verbracht hatte, war ich jeweils nur für ein paar Tage nach Hause gekommen – niemals lange genug, um mich in den normalen Dorfalltag einzufinden. Doch jetzt war ich für immer zu Hause. Jeden Morgen band ich mir den Arbeitskorb auf den Rücken und folgte meiner Mutter und meiner Schwester auf die Felder. Und als ich jetzt den Schatten meiner Mutter auf unseren Holzwänden tanzen sah, während sie zwischen den Feuerstellen hin- und herging und die Vorbereitungen für meine Volljährigkeitszeremonie traf, stellte ich fest, dass ich die Wände von Onkels Zelt vermisste.

Eines späten Nachmittags trödelte ich mit einigen Dorfmädchen herum und überlegte, was ich Interessantes sagen könnte. »Wirst du nach deiner Zeremonie zurück in die Berge gehen?«, fragte da eine von ihnen.

»Ich gehe nicht mehr zurück«, antwortete ich. Aber ich begriff, dass sie sich daran gewöhnt hatten, dass ich anderswo lebte und ich keine von ihnen war.

Sie hatten Recht. Ich gehörte nicht zu ihnen. Ich war nicht wie sie bei ihren Müttern, Tanten und Schwestern großgeworden; ich hatte nie mit Mädchen gespielt. Ich war bei meinem schweigsamen Onkel in einer Welt haariger Yaks und dampfenden Taus aufgewachsen und mit Träumen von fernen, geheimnisvollen Ländern, die jenseits unserer Berge lagen und in denen blauäugige Menschen lebten.

In der Woche, die meiner Zeremonie vorausging, wusch Ama mir jeden Tag das Haar und rieb dann Yak-Butter hinein, damit es glänzte. Traditionell verlängern Moso-Frauen ihr Haar mit Strähnen aus Yak-Schwänzen, Seidenfäden und auch bunten Bändern. Das Haar und die Verlängerungen müssen sehr lang sein, so dass die ganze Frisur bis weit über die Hüften hinunterreicht. Aber weil mein Onkel mir das Haar wegen der Läuse so kurz gehalten hatte, konnte meine Ama die Verlängerungen nicht festmachen, und Dujema schlug vor, eine Perücke für mich zu knüpfen. Meine Mutter kümmerte sich nicht nur um mein Haar, sondern untersuchte meine Hände, mein Gesicht und meine Ohren. »Vergiss nicht, deine Haut nach dem Baden mit Butter einzureiben«, erinnerte sie mich mehrmals täglich, jedes Mal, wenn sie eine Hausarbeit beendet hatte und zufällig in meine Richtung sah, denn ich hatte zu lange Zeit in der Luft des Hochgebirges verbracht, und meine Haut war tief gebräunt und rau. Eines Nachmittags, als meine Brüder außer Haus waren und ich allein mit meiner Mutter zurückblieb, lehrte sie mich, wie eine Frau sitzt, um zu zeigen, dass sie Selbstachtung hat, und wie eine Frau geht, um sich möglichst gut zur Geltung zu bringen. Mir war schon klar, dass meine Mutter am Tag meiner Zeremonie Ehre mit mir einlegen wollte – aber diese ganzen Ermahnungen, dieses Herumschieben und Inspizieren erinnerten mich daran, wie mein Onkel die Yaks und Pferde striegelte.

Am Neujahrsabend kam mein Onkel aus den Bergen. Mein Bruder Ache half ihm, die Gebetsflaggen auf dem Dach, über dem Haustor und im Hof anzubringen. Als die Fahnen hingen, rief Ama nach Onkel, damit er ihr half, einen großen Sack Mais aus dem Vorratsraum vor die Säule der Mutter zu schleppen. Dann zog sie zusammen mit Ache das Schwein von der Bank und schob es über den Boden, bis es auf gleicher Höhe mit dem Maissack lag. Und als ich das Schwein und den Maissack sah, die auf dem Boden für die Ereignisse des kommenden Tages bereitlagen, konnte ich vor Aufregung kaum noch an mich halten.

»Sieh zu, dass du heute Nacht gut schläfst. Morgen brauchst du deine ganze Kraft. Du wirst eine Menge Kotaus machen müssen!«, sagte meine Mutter an diesem Abend zu mir, am letzten Abend meiner Kindheit. Und als ich mich neben meiner kleinen Schwester Jiama zusammenrollte, dachte ich beklommen, dass dies meine letzte Nacht im Vorratsraum war. Morgen würde ich in meinem eigenen Zimmer schlafen, mein eigenes Bett, meine eigene Feuerstelle und meine eigene Tür haben, die ich öffnen würde, wem ich wollte.

Zhema weckte mich vor dem ersten Hahnenschrei. »Du musst jetzt aufstehen, Namu, bei Sonnenaufgang musst du fertig sein.« Sofort schlug ich die Augen auf. Mir war egal, dass ich nicht genug geschlafen hatte oder dass ich das warme kleine Bett verlassen musste, in dem Jiama noch tief und fest schlief, die kleinen Hände unter dem Kinn gefaltet.

Im Hauptraum legte Ama letzte Hand an einige Tabletts, und Onkel, der schweigend an einer Schale Buttertee nippte, lud mich ein, mich neben ihn zu setzen und rasch einen Schluck zu trinken. Aber meine Mutter befahl mir, in den Hof hinauszukommen. Dort nahm sie ihren Kopfputz ab und verneigte sich dreimal in Richtung des Sonnenlichts, das rosa und orange am zerklüfteten Horizont noch kaum zu erkennen war. Dann machte auch ich meine Kotaus vor der aufgehenden Sonne. Die Zeremonie hatte begonnen. Kaum hatte ich mich wieder erhoben, traten die Lamas auf unseren Hof, gefolgt von den Nachbarn, die Geschenke für mich und Opfergaben für den Feuergott brachten. Wir verbeugten uns vor den Lamas, und Ama lud alle ins Haus ein, wo die heiligen Männer sich auf dem *Kang* um die Feuerstelle herum niederließen, und die Gäste setzten sich an den unteren Herd. Onkel zündete Räucherstäbchen und Salbei an und legte Holz nach, und die Lamas begannen einen monotonen, leisen Sprechgesang, der ab und zu durch das Blasen des Muschelhorns unterbrochen wurde.

»*Cheche zheke!*«, Viel Glück!, sagten die Gäste, als sie durch die Tür traten. »*Amisei, amisei!*«, Danke, danke, antwortete meine Mutter, reichte jedem ein Tablett mit den drei Wein- und Teeschalen und dirigierte ihn auf einen Platz am Herd. Ungefähr sechzig oder siebzig Personen kamen, alle unsere Nachbarn, und alle waren in die traditionelle Moso-Tracht gekleidet: die Frauen in lange Röcke und hübsche bunte, mit Goldfäden abgesetzte Blusen und die Männer in tibetische Anzüge.

Als Cilatsuo, eine Freundin meiner Mutter, eintrat, saßen bereits alle und tranken fröhlich Wein und Tee. Cilatsuo reichte mir einen Schal. Ich war ein wenig erstaunt, denn alle anderen hatten ihre Geschenke in einen großen Korb gelegt, damit ich sie später anschaute. Trotzdem dankte ich ihr, und sie lächelte und ging davon, um mit dem Rest der Gesellschaft zu plaudern. Sobald sie außer Hörweite war, erklärte mir meine Ama, sie habe Cilatsuo gebeten, mir beim Anlegen meiner Erwachsenenkleider behilflich zu sein.

Das war ein Schock für mich. »Warum sie? Warum nicht du?«, fragte ich. Bei jeder Frau, die ich kannte, auch bei Zhema, hatte die Mutter diese Rolle bei der Zeremonie übernommen.

»Manchmal ist es besser, wenn eine Freundin einem beim Umkleiden hilft«, entgegnete meine Mutter.

»Aber wieso denn nur?«

Ama sah mir in die Augen. »Sie ist auch in einem Jahr des Pferdes geboren, daher ist das kein Problem«, antwortete sie bestimmt. »Sie besitzt ein perfektes Gesicht und bringt dir Glück. Sie wird besser für dich sein.«

Ich schaute in das Gesicht meiner Mutter und sah nichts, was daran verkehrt gewesen wäre. Ihr Gesicht war gut genug für die Zeremonie meiner Schwester gewesen, warum reichte es für mich nicht? Warum gab sie mich gerade jetzt weg, da ich kurz vor meiner Wiedergeburt stand?

Aber sie presste die Lippen zusammen, und in ihren Augen stand ein entschlossener Ausdruck. Ihre Entscheidung war unabänderlich. Ich war verwirrt und verletzt, aber ich wusste auch nicht, was ich sagen sollte; und angesichts all der Menschen um uns herum war dies weder die Zeit noch der Ort für einen Streit. Cilatsuo würde mir helfen, meine Erwachsenenkleider anzuziehen, und etwas von ihrem Glück würde auf mich abfärben.

Als Cilatsuo zurückkam und sich neben mich stellte, verbeugte ich mich vor ihr, und sie nahm meine Hand und führte mich zur Säule der Mutter. Dort wartete ich, neben dem Schwein, dem Mais und einem Bündel neuer Kleidungsstücke, die ordentlich aufeinandergestapelt auf dem *Kang* lagen.

Unterdessen gab meine Ama Zhema ein Tablett, das hoch mit Sonnenblumenkernen, Birnen und Walnüssen beladen war, damit sie es herumreichte, und nahm selbst auch eines. Amas Wangen waren gerötet, ihre Augen leuchteten, und sie lächelte und scherzte mit allen. Fünf Lamas, so viel Essen und so viele Gäste! Meine Mutter trumpfte wirklich auf. Und als ich zusah, wie sie zwischen den Gästen umherglitt, so stolz, so glücklich, und am liebsten alle Speisen, die wir im Haus hatten, weggeschenkt hätte, da schmerzte mein Herz bei dem Gedanken an all die Opfer und die schwere Arbeit, die diese Zeremonie gekostet hatte. Meine Mutter wollte, dass alle Dorfbewohner sich an dieses Ereignis erinnerten, und zwar nicht nur, um ihren Stolz zu befriedigen, sondern weil das mein spezieller, ganz besonderer Tag war. Mein Herz schlug ein wenig schneller, und ich spürte, wie mir vor Freude das Blut in die Wangen stieg.

Nachdem die Gäste versorgt waren, stellte Ama ihr Tablett weg. Sie rief den Hund ins Haus und befahl ihm, bei mir zu bleiben. Dann erzählte sie die Geschichte, wie vor langer Zeit der Hund sein sechzig Jahre währendes Leben gegen das dreizehnjährige der Menschen eingetauscht hatte, und sie dankte unserem Hund und gab ihm zu fressen. Onkel zündete neuen Salbei an, und der Raum füllte sich mit Rauch. Und als die Lamas ihre Gebete für unseren Hund beendet hatten, begannen sie für mich zu beten, für ein langes Leben, Reichtum und viele Kinder, und sie bliesen die Muscheltrompete, um die Götter zu rufen, damit sie vom Himmel hinabstiegen und meiner Zeremonie beiwohnten.

Das war der Moment, in dem Cilatsuo meine Hand nehmen und mir helfen musste, hochzusteigen und einen Fuß auf das Schwein und den anderen auf den Maissack zu setzen. Jetzt war ich wirklich bereit, mein altes Leben hinter mir zu lassen.

Cilatsuo zog mir mein blaues Leinenhemd aus, und ich stand nackt wie am Tag meiner Geburt da, vor all unseren Nachbarn und meinen Verwandten, im goldenen Leuchten der Feuer und dem dichten, duftenden Dunst des Salbeirauchs. Ich fühlte mich wunderschön und vollkommen und dachte an die Himmelsgöttin, die vor langer Zeit auf einem Strahl Mondlicht zum Ufer unseres Sees herabgestiegen und die Mutter unseres Moso-Volkes geworden war.

»Könnt ihr glauben, dass dieses Schreikind so schön geworden ist?«, rief Dujema aus. »Was für ein Glück für deine Mutter, dass sie dich nicht fortgegeben hat!«

Alle lachten und jubelten und gaben weitere Kommentare ab, sogar der alte Guso. »Latso, deine Familie hat die allerschönsten Töchter«, meinte er. »Ich bin alt, aber es ist gut zu sehen, dass die junge Generation so vom Glück begünstigt ist.« Und er begann mit brüchiger Stimme von der Schönheit der Moso-Frauen und der Kraft der Moso-Männer zu singen.

Als der Jubel und das Gelächter verklungen waren, warf Cilatsuo mein altes Hemd ins Feuer. Meine Mutter intonierte einen Sprechgesang:

Im Angesicht Buddhas verbrennen wir diese alten Kleider,
wir verbrennen Namus altes Leben.
Heute wird Namu wiedergeboren.
Bitte beschütze sie und bewahre ihre Gesundheit.
Möge sie zu Wohlstand gelangen und viele
Kinder und Enkelkinder bekommen.

Als sie ihr Lied beendet hatte, griff Ama nach dem Satz neuer Kleider, den sie für mich vorbereitet hatte. Zuerst reichte sie Cilatsuo ein rosa Hemd, das mit schwarzgoldener Borte abgesetzt war. Dann, während Cilatsuo mir half, die Arme durch die Ärmel zu stecken, und die Knöpfe schloss, nahm Ama den weißen Rock, der wie eine Wurst zusammengerollt war, und schüttelte ihn. Mit einer einzigen schwungvollen Bewegung entfaltete er sich wie eine Sommerwolke, und ein allgemeines »oohh« erscholl.

Während sie mich ankleidete, erging Cilatsuo sich in Bemerkungen. »Schaut doch diese Augen, sie sind wie Sterne am Himmel. Seht dieses Gesicht an, es ist rund wie der Mond. Betrachtet ihre Brüste, sie sind wie reife Pfirsiche.« Und sie sprach von meiner Taille, meinen Hüften und meinen Schenkeln, und ich fühlte mich verlegen und stolz zugleich. Dann legte sie einen bunten Gürtel um meine Taille. Sie befestigte eine Silberkette an meinem Hemd, dies bedeutete, dass ich vielleicht eines Tages dem Haushalt vorstehen würde. Wenn ich einmal die *Dabu* wäre, dann würde an dieser Kette der Schlüssel zum Kornspeicher hängen. Schließlich setzte sie mir die Perücke mit all ihren Seidenfäden und Haarverlängerungen auf den Kopf.

Alle waren wie vom Donner gerührt. »Oh! Wie schön sie ist!«, riefen sie aus.

Die Verwandlung war abgeschlossen. Ich war eine Frau und ich war wunderschön.

Meine Mutter strahlte. Sie betrachtete mich von Kopf bis Fuß, als traue sie ihren Augen nicht. Sie sprach kein Wort und rührte sich nicht. Als sich unsere Blicke trafen, erschauerte sie leicht, fuhr zusammen, als erwache sie plötzlich aus einem Traum, und wirkte einen Moment lang verwirrt. Dann nahm sie ihr Jadearmband vom Handgelenk, was sehr schwierig war, weil es seit ewigen Zeiten dort gesessen hatte. Sie küsste es, führte es an ihre Stirn und schob es dann auf mein linkes Handgelenk. »Namu, das wird dir Glück bringen«, sagte sie. Tränen traten ihr in die Augen, und ihre Hände zitterten. Ich sagte nichts, aber ich liebte sie von ganzem Herzen. Dieses Armband hatte ihrer Großmutter gehört, und meine Ama hatte es seit ihrer eigenen Rockzeremonie getragen.

Meine Augen brannten vom Rauch und vor Rührung, und ich nahm Cilatsuos Hand und stieg von dem Schwein hinunter. Ich verneigte mich vor meiner Mutter, vor Cilatsuo und vor jeder einzelnen Person im Raum. Schließlich verbeugte ich mich dreimal vor den Lamas. Meine Ama hatte Recht gehabt; ich musste eine Menge Kotaus machen. Lama Ruhi berührte meinen Kopf dreimal mit seinem Gebetbuch und blätterte die Seiten über meiner Stirn auf, damit ihre Weisheit in meinen Geist eindrang.

Nachdem ich den Segen der Lamas empfangen hatte, drehte ich mich zu der kleinen Menschenmenge um und sah meinen Vater mit Dujema am Herd stehen.

»Onkel! Du bist gekommen!«, rief ich aus und lachte vor Überraschung.

Er hatte das neue Jahr in Qiansuo bei seiner eigenen Familie begrüßen wollen. Danach war er zwar früh aufgebrochen, aber trotzdem hatte er es nur zum Ende der Zeremonie geschafft. Er schenkte mir ein breites Lächeln und reichte mir einen bunten Wollschal. »Der ist für dich«, sagte er mit seiner gelassenen Stimme. »Deine Tante hat ihn extra gewebt.«

Ich nahm den Schal und dankte ihm, und dann bedankte ich mich bei allen anderen Gästen und plauderte mit ihnen. Mein Gesicht fühlte sich heiß an, rosig vor Stolz auf meine Weiblichkeit, und ich trat in den sonnenbeschienenen Hof. Die älteren Frauen folgten mir, und hinter ihnen kamen die übrigen Gäste. Auf halbem Weg blieben die Frauen stehen, und alle sahen zu, wie ich die Treppe zu meinem *Babahuago,* meinem Blumenzimmer, hinaufstieg.

Ich trat ein und schloss die Tür hinter mir. Auf dem Bett saß meine große Schwester und erwartete mich. Bald klopften ihre Freundinnen an das kleine Fenster, und wir ließen sie ein. Sie waren in fröhlicher Stimmung. »Lass nur nicht zu viele Männer in dein Zimmer, Namu!«, scherzten sie. »Zu viel Liebe ist schlecht für die Augen«, warnte eine andere. »Aber nein, zu viel Liebe macht es schwieriger, schwanger zu werden«, verbesserte sie jemand. Und eine andere tat so, als wolle sie unter mein Hemd spähen, um festzustellen, ob ich bereit für die Liebe sei. »Sind deine Brustwarzen rosa?«, fragte sie. Das war sehr witzig, und alle lachten. Endlich war ich eine erwachsene Frau; ich war genau wie meine Schwester und ihre Freundinnen. Das war herrlich und brachte mich zugleich in Verlegenheit.

Unten hatten die Gäste sich an die Tische gesetzt, die im Hof standen. Die Lamas saßen am oberen Ende der Festtafel, dann kamen die alten Onkel und die alten Frauen und schließlich die Kinder. Meine Mutter und die jüngeren Frauen hatten keine Zeit, sich zu setzen, so viel hatten sie damit zu tun, die Klöße, das gegrillte Fleisch, die Omeletts, Gemüse, Tee und Wein heranzuschleppen.

Der Rest des Tages verging unter Plaudern, Singen, Essen und Trinken. Als der letzte Gast sich verabschiedete, war es höchste Zeit, zu Bett zu gehen, und ich folgte meiner Schwester Zhema die Treppe hinauf. Bevor sie in ihr Zimmer trat, blieb sie einen Augenblick auf dem Balkon stehen, lächelte mir strahlend zu und winkte, um mir eine gute Nacht zu wünschen. Dann öffnete ich meine eigene Schlafzimmertür.

Ich stellte die Kerze auf der kleinen Kommode ab und setzte mich auf mein Bett, ein Bett aus Holzbrettern mit einer kleinen Baumwollmatratze und einer neuen, dicken Steppdecke aus Baumwolle. Ich nahm die Perücke ab, drehte sie in den Händen hin und her und untersuchte jedes Band, jeden Seidenfaden und jede Strähne Yak-Haar. Und dann legte ich mich unter die Bettdecke, ohne mich auszuziehen. Ein komisches Gefühl war das, allein zu schlafen, ohne dass meine kleine Schwester sich an mich schmiegte oder Onkel auf der anderen Seite des Feuers schnarchte. Es fühlte sich seltsam und wunderbar an und ein wenig unheimlich. Ich betrachtete die Holzdecke über mir, und dann setzte ich mich auf und sah die Holzwände des Zimmers an. Eine Zeit lang bewegte ich meine Hände vor der Kerze und ließ Tierschatten an der Wand erscheinen. Aber die Nacht war still, und ich war todmüde.

Ich hatte eben die Kerze ausgeblasen, als plötzlich am Fuß der Treppe der Hund scharf anschlug. Ich setzte mich kerzengerade auf, und mein Herz pochte rasch. Jemand war in den Hof gekommen – jemand, den der Hund gut kannte, weil er bald zu bellen aufhörte. Und nun vernahm ich Schritte auf der Treppe. Ich zog die Decke bis zum Hals hoch, kniff im Dunkeln meine Augen zusammen und sah zur Tür, die als dunkler Umriss zu erkennen war. Die Schritte näherten sich, und mein Herz schlug noch schneller und schmerzhafter. Aber der Mann ging an meiner Tür vorüber und schlich zum Schlafzimmer meiner Schwester.

Ich stieß einen Seufzer der Erleichterung aus und legte die Hände auf die Brust, um meinen Herzschlag zu beruhigen. Und dann lachte ich los.

Natürlich hätte ich es besser wissen müssen. Es war gar nicht denkbar, dass eine erwachsene Frau schon in der Nacht nach ihrer Zeremonie einen Liebhaber empfing. Nicht, weil es eine Regel dagegen gegeben hätte, sondern weil sie noch keine Zeit gehabt hatte, die Lieder der Werbung mit jemandem zu singen. Und was mich selbst anging, sagte ich mir, während ich den Kopf wieder auf das Kissen legte, würde es wohl noch eine ganze Zeit dauern, bis ich einen Mann bezaubern konnte. Alles, was Mädchen erfahren, wenn sie auf den Feldern ihre Zeit verplaudern, war mir unbekannt. Ich hatte einen langen Rock und mein eigenes Schlafzimmer, aber ich musste noch alles lernen, was das Frausein ausmachte. Bevor ich einen Liebhaber fand, der mit mir singen wollte, musste ich lernen, wie man scherzt, und üben, die Blicke der Männer anzuziehen. Ich musste so gehen lernen, wie meine Mutter es mir gezeigt hatte, und zu sitzen wie eine Frau mit Selbstachtung. Und vielleicht musste ich auch noch lernen, sanfter zu sprechen.

Einstweilen, dachte ich bei mir und sog den süßen Duft meines neuen Bettzeugs ein, war ich vollkommen zufrieden damit, hübsche neue Kleider und ein Jadearmband zu haben, und freute mich auf die vielen Dinge, die mir noch zu lernen übrig blieben. Ich zog die Steppdecke über den Kopf und versuchte, das Flüstern und Kichern zu überhören, das aus dem Zimmer meiner Schwester drang.

Am nächsten Tag klopfte mein Bruder an meine Tür. »Namu, wir wollen frühstücken. Stehst du auf?«

Ich öffnete die Augen. Die Sonne übergoss die Holzwände meines Blumenzimmers mit einem goldenen Schein und ließ es fröhlich und hübsch wirken, und als ich nach unten kam, hatte ich Schwierigkeiten, mich an die Dunkelheit im Haus zu gewöhnen. Alle saßen bereits um die obere Feuerstelle, und meine Mutter goss Buttertee in die Schalen. Während sie die Teekanne abstellte und sich die Hände an ihrem Rock abwischte, hob sie den Kopf und begrüßte mich mit einem Lächeln, und dann rieb sie mechanisch über ihr linkes Handgelenk. Sie suchte ihr Armband, und sie sollte diese Geste während der nächsten paar Tage so oft wiederholen, dass ich beinahe Lust bekam, es abzunehmen und ihr zurückzugeben.

Dennoch war meine Mutter sehr glücklich, vielleicht so glücklich wie ich selbst. »Namu, du musst deine Geschenke sortieren«, sagte sie am selben Nachmittag. »Zhema wird dir sagen, wer dir was geschenkt hat, damit du ihnen etwas zurückgeben und dich bedanken kannst.« Also verbrachten Zhema und ich einige Zeit damit, eine Bestandsaufnahme der Geschenke anzustellen, während meine Mutter und Dujema sauber machten und aufräumten.

Ich bin ein neuer Mensch, dachte ich bei jedem Geschenk. Ich bin eine Frau mit einem Rock. Ich hatte nichts, und jetzt habe ich alles. Und wirklich, ich war reich beschenkt worden – Baumwollschals, silberne Ohrringe, Plastikspiegel, einen Teppich aus Yak-Wolle, zwei Holztabletts, ein Bund Seidenfäden, die man sich ins Haar webt, mindestens drei Schultertaschen ... und einen Beutel Salz. Ich glaubte, meine Mutter habe ihr Salz verlegt.

»Ama, hier hast du dein Salz!«, sagte ich.

»Das ist nicht mein Salz«, gab meine Ama zurück. »Das ist von der Familie Azha. Sie hatten in letzter Zeit einige Probleme und besaßen nichts anderes, was sie dir schenken konnten.«

Ein Klopfen an meiner Schlafzimmertür

Eine unserer Verwandten in Luo Shui hatte vor kurzem eine kleine Tochter zur Welt gebracht, und meine Mutter war dabei, die Bambusschachteln zu füllen, die sie ihr bringen wollte. »Dreißig Eier, fermentierter Klebreis, ein Amulett für ein langes Leben für die Kleine, Teeziegel ... Namu, wie wäre es, wenn du mit mir kommst, und Zhema passt auf Jiama und deine Brüder auf?« Ich war jetzt schon über ein Jahr lang eine Frau, und ich war ziemlich stolz darauf, dass meine Ama mich mitnehmen wollte. Denn gewöhnlich war das Zhemas Vorrecht.

Am Seeufer schoben wir unser Kanu ins Wasser. Meine Mutter stieg ein, ich setzte mich hinter sie, und wir begannen zu rudern. Der Himmel war von einem klaren Blau und wolkenlos bis auf die dünnen Dunstfetzen, die über dem Haupt der Berggöttin schwebten. Auch der See war leer. Unser Boot war das einzige auf dem Wasser, und der einzige Laut war das leise Klatschen unserer Paddel. Eine solche Stille hatte ich lange nicht erlebt; nicht seit ich Onkel in den Bergen verlassen hatte. Ein unstillbarer Drang zu singen stieg in mir auf, und ich stimmte eines unserer Arbeitslieder an. Der Rücken meiner Mutter entspannte sich, und sie paddelte langsamer. Sie hörte mir zu, und ich stellte mir vor, dass meine Stimme sie überraschte und erfreute. Aber als ich fertig war, zog sie ihr Ruder aus dem Wasser und sprach mich an, ohne sich umzudrehen und mich anzuschauen. »Namu, wenn ein Mann für dich singen würde, wüsstest du, wie du sein Lied erwidern musst?«

»Natürlich«, antwortete ich und sah an ihrem Kopf vorbei zum Seeufer. »Natürlich wüsste ich das.«

Plötzlich hatte ich die Lust zum Singen verloren und fühlte, wie mir übel wurde. Vielleicht spürte Ama mein Unbehagen, denn sie begann wieder zu rudern, bis wir weit vom Ufer entfernt waren. Dann hielt sie ohne Vorwarnung an und zog ihr Ruder ins Boot. Sie drehte sich um und sah mich an.

126

»Hör auf, Namu! Ich will dir beibringen, wie man singt.«

Meine Mutter besaß eine schöne Stimme und einen scharfen Verstand, aber der eindringliche Blick ihrer dunklen Augen verhieß mir, dass diese Lektion mir nicht gefallen würde. Sobald sie zu singen begann, erkannte ich die Melodie – die Melodie der Liebeswerbung.

Mutter See ist groß und tief,
so breit, dass die Wildente sie nicht überqueren kann.

Meine Ama improvisierte für mich ein Liebesduett. Sie hatte die Eröffnungsverse gesungen; jetzt hielt sie inne und wartete darauf, dass ich antwortete. Als ich schwieg, sang sie selbst die Erwiderung.

Nicht nötig, die Größe des Sees zu fürchten.
Schaukle einfach das Boot hin und her.

Und wieder machte sie eine Pause, doch ich sang immer noch nicht zurück, so dass sie weitersang.

Ich wollte nicht fischen gehen,
doch der Fisch hat Augen aus Gold.
Ich hatte nicht jagen wollen,
doch die Hörner der Hirsche sind zu kostbar.
Wenn du das klare Wasser des Sees bist,
dann möchte ich mich gern in einen Fisch verwandeln
und dein Herz erforschen.

Ama unterbrach sich von neuem. »Namu, warum antwortest du mir nicht? Sagtest du nicht, du wüsstest, wie man singt?«

Aber ich konnte nicht auf ihre Verse antworten. Nicht etwa, weil ich nicht singen konnte. In den Bergen hatte ich sogar viel Zeit damit verbracht, für meine imaginären Liebhaber zu singen. Aber dies war meine Mutter. Ich konnte keine Liebeslieder für meine eigene Mutter singen. So peinlich berührt fühlte ich mich, dass ich sie nicht einmal ansehen konnte. Ich wandte den Blick ab und schaute ins Wasser. Ama schnalzte ungeduldig mit der Zunge, aber sie drängte mich nicht. Stattdessen sang sie ihre eigenen Lieder weiter.

Nach einiger Zeit wurde mir klar, dass meine Ama nicht länger für mich sang, sondern für die Liebhaber ihrer Jugend, und endlich wagte ich sie anzusehen. In ihrem Gesicht standen eine solche Zärtlichkeit und Freude, und sie sah so wunderbar und strahlend aus, dass ich mich ganz ehrfürchtig fühlte. Als sie aufhörte, saßen wir einen Moment lang in betretenem Schweigen da. Nur die Wellen schlugen leise gegen das Kanu und wiegten uns. Eine solche Zurschaustellung von Vertraulichkeit war vollkommen ungewöhnlich und entsprach so gar nicht unserem üblichen Umgang. Und plötzlich konnte ich es gar nicht abwarten, ans andere Seeufer zu kommen. Ich tauchte mein Ruder wieder ins Wasser, aber Ama war noch nicht bereit, irgendwo hinzufahren.

»Warte, Namu«, befahl sie ruhig, und während ich das Ruder wieder ins Boot zog, sah sie mir unverwandt in die Augen. »Löschst du das kleine Feuer in deinem Schlafzimmer morgens?«, fragte sie.

»Ich zünde das Feuer nie an«, flüsterte ich und sah zur Seite.

Ama seufzte auf eine Art, die ausdrückte, dass ich wirklich ein hoffnungsloser Fall war. »Eines Tages wirst du das Feuer aber anzünden müssen, Namu«, sagte sie. Und sie erklärte mir, dass das Feuer weder zu heiß noch zu niedrig brennen durfte, sondern ein angenehmes Licht spenden sollte, damit man sich entspannte und der Körper nachgiebig wurde. »Du musst entspannt sein. Wenn du gelassen bist, wird er es auch sein und sich Zeit für dich nehmen. Es ist immer besser, wenn ein Mann sich Zeit lässt, verstehst du. Und du musst zuerst zum Genuss kommen. Es wird ihm Freude machen, dir Lust zu bereiten.« Sie streckte die Hand nach mir aus und berührte einen Pickel auf meiner Wange. »Liebe zu machen ist sehr gut für die Haut.«

Ich ertrug es nicht. Ich fühlte mich verletzlich, nackt und angesichts des Wassers um mich herum wie in einer Falle gefangen. »Ich weiß, ich weiß, ich weiß schon«, wiederholte ich und sah starr geradeaus auf das Dorf Luo Shui auf der anderen Seite des Sees. Aber das Ufer lag noch ein gutes Stück entfernt, und wir hatten noch viel Zeit zum Reden. Und nun verstand ich, warum meine Mutter meine Brüder und Schwestern nicht mitgenommen hatte.

Nach dieser Bootsfahrt wusste ich, wie ich das Feuer in meinem Schlafzimmer anzuzünden hatte, und ich wusste, dass ich mir selbst Genuss bereiten sollte, um ihn zu erfreuen. Aber immer noch wollte ich nicht, dass ein Mann bei Nacht an mein Fenster pochte. Glücklicherweise schenkten die Männer mir keine Blicke, und wenn, dann sah ich nicht hin. Ich, die ich einen so großen Teil meiner Kindheit in Gesellschaft von Männern verbracht hatte, konnte sie nicht länger anschauen. Ich, die ich mir so sehr gewünscht hatte, eine erwachsene Frau zu sein, mit den Gürteln zu prahlen, die um meine Taille gebunden waren, wollte nur noch in Ruhe gelassen werden. Nachts, wenn ich die kalte Feuerstelle in meinem Zimmer ansah und dann die Flasche Sulima-Wein, die darauf wartete, dass sie jemand öffnete, hatte ich nur einen Gedanken: Ich wollte meine Tür für niemanden öffnen. Und dieser Gedanke ließ mich nachts nicht schlafen.

Als die Monate verstrichen, begannen mir jedoch andere Gedanken den Schlaf zu rauben. Von einer Frau wurde erwartet, dass sie sich Liebhaber nahm und dass sie Kinder bekam. Und ich war eine Frau. Meine Mutter hegte einen Traum, den brennenden Ehrgeiz, eine große Familie zu gründen, so wie meine Großmutter. Meine Mutter brauchte Enkelkinder, und da meine Schwester Zhema noch nicht schwanger geworden war, setzte sie ihre Hoffnungen auf mich. Wie ich so dalag und diese Gedanken wälzte, fragte ich mich, warum ich mich nicht nach Liebe sehnte und warum ich eine so undankbare Tochter war. Manchmal überlegte ich auch, ob ich nicht einfach hässlich war oder mit meinem Körper etwas nicht stimmte, so dass ich im Gegensatz zu anderen Frauen keine Liebe brauchte. Und immer wieder fragte ich mich: Was werden die Nachbarn sagen, wenn niemals ein Liebhaber an meine Tür klopft? Wird meine Mutter das Gesicht verlieren? Und was soll ich mit meinem Leben anfangen, wenn ich niemals einen Mann in mein Zimmer lasse? Wird mir das gleiche Schicksal zuteil wie Zhecinamu?

Zhecinamu war ein schönes Mädchen aus unserem Dorf gewesen. Wenn sie im See badete, versteckten die Männer sich in den Bäumen, um zuzuschauen, wie ihr langes schwarzes Haar wie ein Wasserfall den Rücken hinunterfloss. Wenn sie tanzte, konnten die Männer den Blick nicht von ihr losreißen. Aber ihre Augen waren kalt und stolz, zu stolz. Sie blickte auf ihre Verehrer herab, und während sie mit ihren roten Lippen und ihren vollkommenen weißen Zähnen lächelte, sprachen ihre Augen eine andere Sprache. »Du bist nicht gut genug für mich. Keiner von euch ist gut genug für mich.« Und sie nahm die Gürtel, mit denen sie um sie warben, lachend an und trug niemals einen davon. Die Kunde von ihrer Kaltherzigkeit verbreitete sich bis nach Tibet, und von überall her kamen Männer, um ihr den Hof zu machen, nicht nur Moso, sondern Tibeter und Yi und sogar ein paar chinesische Regierungsbeamte. Unsere eigenen Männer schlossen inzwischen Wetten darüber ab, welcher der Neuankömmlinge ihre Gunst gewinnen würde. Aber keinem war Erfolg beschieden. Ganz gleich, wie gut sie sich kleideten, wie schön sie sangen, wie klug oder wie gut aussehend sie waren, wie weit sie gereist waren oder welche Kostbarkeiten sie mitgebracht hatten – Zhecinamu weigerte sich, ihre Tür zu öffnen.

Mit der Zeit wurden den Dorfjungen ihre Wetten langweilig. Sie wurden ärgerlich und schließlich sehr zornig auf Zhecinamu, die sie zappeln ließ. Bis ihr eines Tages einer einen kleinen Streich spielen wollte.

»Ich weiß jetzt, warum sie die Tür nicht öffnet«, sagte er zu seinen Freunden. »Gestern Nacht bin ich zu ihrem Fenster geschlichen und sah sie auf dem Bett liegen. Sie war nackt, und sie war... ja, wunderschön. Aber sie hatte eine riesige Schlange bei sich. Sie hatte sich um ihre Hüften geschlungen, ihr Kopf lag zwischen ihren Brüsten, und sie schlief.«

So verbreitete sich die Kunde, Zhecinamu habe einen Gu großgezogen. Die Sache begann als Dummejungenstreich, dann wurde daraus ein Gerücht, und bald glaubte jedermann, dass es stimmte – dass Zhecinamu keinen Liebhaber nehmen wollte, weil sie die böse Gu-Magie besaß.

Wenn Zhecinamu jetzt zum Baden an den See ging, hörte sie keine Pfiffe mehr. Wenn sie über die Dorfstraße schlenderte, spürte sie nicht länger, wie die Blicke der Männer auf ihrer Haut brannten. Niemand brachte ihr Geschenke oder sang in den Bergen für sie. In ihrem verlassenen Hof bellten die Hunde bei Nacht nicht mehr. Kein Mann klopfte an ihr Fenster.

Eines Nachmittags sagte Zhecinamu ihrer Mutter, sie wolle in die Berge gehen und Feuerholz sammeln. Sie legte eine Axt in ihren Korb, band ihn auf ihren Rücken und machte die Schnur über ihrer Brust fest. Dann ging sie über den Bergpfad in den Wald hinauf, und als sie müde wurde, setzte sie den Korb ab. Sie zog das Seil heraus, warf es über einen hohen Ast und stellte ihren Korb an den Fuß des Baumes. Dann stieg sie hinauf, schlang sich die Schnur um den Hals und sprang.

In den folgenden Monaten wachten die Dorfbewohner jeden Morgen vor Sonnenaufgang von einem Weinen und Jammern auf, das aus dem Wald kam. Das war Zhecinamus Mutter, die den einsamen Geist ihrer stolzen Tochter anrief. Und nun weinten alle Jungen im Dorf um Zhecinamu, aber es war zu spät.

Ein weiteres Neujahrsfest war vorüber. Das Ende des Winters näherte sich, aber die Nächte waren immer noch sehr kalt. An diesem Abend war ich vollständig angezogen zu Bett gegangen, hatte aber noch nicht genug Körperwärme gesammelt, um einzuschlafen. Da bellte im Hof plötzlich der Hund. Ich setzte mich auf und spitzte die Ohren. Aber ja, da war ein leises Schlurfen, und jemand kam die Treppe hinauf. Dieses Mal konnten die Schritte nicht für Zhema sein, weil ihr Liebhaber schon bei ihr war und die beiden noch auf der anderen Seite der Trennwand flüsterten und kicherten. Und wenn der Besucher nicht zu Zhema wollte, dann war er auf dem Weg zu mir. Ich sprang aus dem Bett und vergewisserte mich, dass die Tür gut abgeschlossen war. Wer immer sich dort näherte, hatte den Balkon erreicht, aber die schlurfenden Schritte klangen zögernd, desorientiert und sehr leicht. Viel zu leicht für einen Mann und viel zu zögerlich für einen Liebhaber. Ich hielt den Atem an und lauschte. Nein, das konnte kein Mann auf der Suche nach Liebe sein – Liebhaber finden ihren Weg immer, selbst beim ersten Mal; es wäre einfach ganz unmöglich, an ein falsches Fenster zu klopfen. Wer immer dort stand, war auf jeden Fall meinetwegen gekommen.

Ein Flüstern, und dann fragte jemand auf Yi: »Namu ... Namu, bist du da?«

»Añumo? Bist du das?«

Sie war es. Añumo, meine Yi-Schwester. Ich ließ sie in mein Zimmer und zündete die Kerze an. Sie schwitzte und war außer Atem. Ihr Rock war mit Schlamm überzogen, ihr quadratischer Hut war halb vom Kopf gerutscht. Erschöpft ließ sie sich auf mein Bett fallen.

»Du bist also doch zurückgekommen! Ist dein Gatte ein sehr schlechter Mann?«

Vor etwas über einer Woche hatte ich sie zuletzt gesehen. Sie war mit ihrer Hochzeitseskorte – ihrem Vater, ihren Cousins und ungefähr zehn anderen Männern – auf dem Weg nach Muli gewesen. Die Reisegesellschaft hatte Halt gemacht, um uns die gute Nachricht mitzuteilen.

An diesem Nachmittag sah sie strahlend schön aus. Außer dem bunten Rock, den sie trug, hatte sie noch drei weitere Röcke an ihre Seite gebunden, ein Teil des Brautpreises, den die Familie ihres Mannes für sie gezahlt hatte. Mit all diesen Röcken um sich herum hatte sie ausgesehen, als sitze sie in einem Meer von Farben. Sie trug ein hübsches rotes Oberteil, und ihre Brust war mit Silberschmuck bedeckt. An ihren Wangen baumelten große, flache Silberohrringe herunter, in denen sich der Feuerschein spiegelte. Als sie ihre Teeschale an die Lippen hob, betrachtete ich fasziniert die traditionelle Tätowierung an ihrer linken Hand; neun Punkte, die ein Quadrat bildeten. Als wir Blutsschwestern geworden waren, hatte ich diese Tätowierung noch nicht bemerkt.

»Hat das wehgetan?«, fragte ich.

»Zuerst schon. Aber es ist schnell geheilt. Findest du es schön?«

Ich rieb mir über den Handrücken. »Ja, es ist schön«, sagte ich, denn ich wollte ihre Gefühle nicht verletzen. Aber ich wusste, dass ich nicht überzeugend klang. Añumo nahm noch einen Schluck Tee, und wir schwiegen eine Weile. Sie schaute ins Feuer, und in ihren Augen stand ein düsterer, besorgter Ausdruck.

»Du scheinst nicht glücklich zu sein«, meinte ich zu ihr.

Sie drehte sich um und sah die Männer an, die am Herd standen, tranken und lachten, und antwortete mit leiser Stimme. »Ich bin noch nie in diesem Dorf gewesen. Ich habe meinen Ehemann noch nie gesehen.«

Añumo tat mir schrecklich Leid. Ich wusste, dass die Bräuche der Yi sich sehr von den unseren unterschieden, aber ich begriff einfach nicht, wie eine Frau ihr eigenes Haus verlassen und jemanden heiraten konnte, den sie kaum kannte. Ich selbst hatte zwar schreckliche Angst, ein Mann könnte bei Nacht an mein Fenster klopfen; aber nichts und niemand konnte mich zwingen, meine Tür zu öffnen, wenn ich nicht wollte – nicht einmal die Liebe oder der Stolz meiner eigenen Mutter. Wie war es möglich, dass man meine Schwester Añumo zwang, in einem anderen Dorf zu leben, in der Familie eines Fremden?

Añumo versuchte es mir zu erklären. »Als meine Mutter schwanger mit mir war, kam einer der Verwandten meines Vaters in unser Haus. Er legte die Hand auf den Bauch meiner Mutter und sagte: ›Wenn das ein Mädchen wird, dann ist sie für meinen Sohn bestimmt ...‹ So wurde die Heirat beschlossen, und nun muss ich gehen.«

Als die Hochzeitsgesellschaft sich zum Aufbruch bereitmachte, nahm ich Añumos Hand. »Wenn du nicht glücklich bist, kannst du jederzeit zu uns kommen.« Sie nickte, war aber offensichtlich nicht überzeugt. Und dann ritt sie davon, ein trauriges Mädchen in bunten Farben zwischen zwanzig Männern, die schwarze Capes trugen.

Und nun war sie wirklich zurückgekommen! Außer Atem lag sie auf meinem Bett. War ihr Gatte ein so schlechter Mensch? Ob sie ihre Schwiegerfamilie hasste? Was war passiert? Eilig lief ich nach unten, weckte meine Mutter und berichtete ihr, dass Añumo vor ihrem Ehemann davongelaufen war. »Namu, das ist kein Grund zur Sorge«, meinte meine Ama, während sie aufstand. »So ist der Brauch bei den Yi: Je heftiger eine Frau versucht, vor ihrem Mann zu flüchten, um so mehr zeigt sie, dass sie stark und tüchtig ist und aus einer guten Familie stammt. Die Männer werden sich bald an ihre Spuren heften; und wenn sie sie finden, werden sie sie auf den Schultern zurücktragen wie einen Sack Kartoffeln. Aber wenn sie es schafft, bis ganz zurück zum Haus ihres Vaters zu laufen, bevor sie sie fangen, dann hat sie sich jedermanns Respekt verdient.«

Als ich Añumo in den Hauptraum brachte, schürte meine Mutter schon das Feuer, um im Kessel Teewasser zu bereiten. Mit einem Kopfnicken hieß sie Añumo willkommen, und dann setzten wir uns und lauschten ihrer Geschichte. Sie war jetzt schon zwei Tage unterwegs, ohne zu essen, und hatte nur nachts angehalten, um zu schlafen. Für den Weg zu unserem Haus hatte sie länger gebraucht, als sie dachte, und als es Nacht geworden war, hatte sie Angst bekommen. Heute Morgen hatte sie ihre Schuhe verloren. Ihre Füße waren sehr schmutzig und bluteten, und sie hatte sich einen dicken Splitter in die Fußsohle gerannt.

Meine Mutter nahm einen Span aus dem Feuer und reichte ihn mir, damit ich ihn über Añumos verletzten Fuß hielt und sie ihn sich ansehen konnte. Mit einem feuchten Tuch wischte sie den Fuß ab und ging eine Nadel aus ihrem Nähkorb holen, um den Splitter zu entfernen. Sie pustete sanft über die Wunde, um den Schmerz zu lindern, und führte die Nadel in das blutige Fleisch ein. Añumo hatte schreckliche Schmerzen. Ihr Gesicht war schweißüberströmt und Tränen quollen aus ihren Augen, aber sie gab kein Wort von sich und klagte nicht.

Ich wünschte, Añumo wäre wirklich meine Schwester gewesen und ich hätte sie beschützen können. Ich wollte, dass sie bei uns blieb.

Ama hielt den Splitter ins Licht. »Seht euch das an!«, rief sie aus. »Der ist ja so dick wie ein Baumstamm! Wie konntest du nur laufen mit diesem Ding im Fuß? Du hast Glück, dass die Wunde sich nicht entzündet hat.« Dann befal sie mir, den Span wegzulegen und heißes Wasser in die Waschschüssel zu gießen.

Als das Wasser bereit war, schickte ich mich an, Añumos Füße zu nehmen, aber sie rückte von mir ab. »Nein, nicht doch; ich kann doch nicht zulassen, dass du mir die Füße wäschst.« Und sie steckte die Füße selbst in die Schüssel. Unterdessen ging Ama ein Paar von ihren eigenen Schuhen holen, die sie ihr geben wollte, und dann wärmte sie einen Rest Eintopf auf.

Añumo aß, als wäre sie am Verhungern, und ich konnte mir eine Bemerkung nicht verkneifen. »Du isst wie dein Vater, als er zum ersten Mal hier war!« Ama versetzte mir einen Schlag auf den Hinterkopf, und ich verstand sofort, warum. Trotzdem starrte ich Añumo weiter an, weil die Yi eine besondere Art zu essen haben: Sie befördern das Essen in die Wangen und stopfen sich immer noch mehr in den Mund, bis ihre Wangen ganz voll und rund sind wie bei einem Eichhörnchen. Als sie aufgegessen hatte, kam sie mit in mein Zimmer, und wir schliefen nebeneinander. Vor Erschöpfung schlummerte sie gleich ein. Auch ich war sehr müde, aber das Einschlafen fiel mir schwer. Vor allem, weil die Ereignisse des Abends mich aufgewühlt hatten, aber auch wegen des durchdringenden Geruchs, der von Añumos Haar aufstieg. Dem Brauch ihres Volkes entsprechend, hatte meine Blutsschwester sich seit sehr langer Zeit weder Haare noch Gesicht gewaschen.

Als sie am nächsten Morgen zum Frühstück zu uns herunterkam, hatte ich bereits Wasser gewärmt, um ihr das Haar zu waschen. Bevor sie auch nur Gelegenheit hatte, sich zu setzen und eine Schale Tee zu trinken, reichte ich ihr schon die Waschschüssel. »Hier, komm mit mir nach draußen und lass dir von mir die Haare waschen. Ich konnte die ganze Nacht nicht schlafen.«

Dieses Mal schlug meine Mutter mich nicht. Añumo war schrecklich verlegen, aber sie gab nach und folgte mir in den Hof, unsere Emailleschüssel in der Hand. Als ich fertig war und ihr das Haar mit dem Handtuch getrocknet hatte, sagte meine Ama: »Du hast so langes, seidiges Haar, Añumo. Soll ich es dir kämmen?«

Añumo lächelte, und meine Mutter kämmte ihr wunderschönes Haar, teilte es in der Mitte und flocht es zu Zöpfen, wie sich das für eine verheiratete Frau gehört. Dann säuberte Ama sorgfältig ihren Kamm und steckte die losen Haare zu dem Knäuel in den kleinen Korb unter der Veranda. Denn wir glauben, dass wir all unsere ausgefallenen Haare aufbewahren müssen; ansonsten nehmen die Vögel sie zum Nestbauen, und wir bekommen Kopfschmerzen davon.

Später am Morgen, als ich meinen Korb nahm, um in den Feldern Unkraut zu jäten, wollte Añumo sich mir anschließen, aber meine Mutter mochte sie wegen ihres Fußes nicht gehen lassen. »Damit kannst du nirgendwohin«, erklärte sie ihr. »Und außerdem musst du ausruhen. Bis zum Haus deines Vaters hast du noch weit zu laufen.«

Als ich nachmittags von den Feldern zurückkam, stand Añumo am Herd und arbeitete mit meiner Mutter zusammen. Sie stellten Tofu her und wechselten sich beim Rühren und Abschöpfen des dicken weißen Schaums ab, der aus der Bohnenbrühe aufstieg. Unwillkürlich dachte ich, dass sie wie Mutter und Tochter wirkten, und wieder tat es mir schrecklich Leid, dass Añumo nicht wirklich meine Schwester war. Ich wollte nicht, dass sie fortging, und das sagte ich ihr auch.

»Aber ich kann nicht bei dir bleiben, Namu«, gab sie ein wenig traurig zurück. »Ich bin eine verheiratete Frau. Was würde mein Mann dazu sagen? Und mein Vater?«

»Tja, wenn du hier bei uns bleibst, dann brauchst du dir keine Sorgen mehr um Ehemänner oder Vater zu machen, oder?«

Añumo hielt eine Weile den Atem an und brach dann in Gelächter aus. Ich dagegen fand das nicht besonders witzig und argumentierte weiter, versuchte sie zu überzeugen, dass sie bei uns blieb, bis der Hund wütend anschlug und der Diskussion damit ein Ende setzte. Während meine Mutter hinausging, um festzustellen, was da los war, platzte Zhema in den Raum und lief gleich zum Küchenschrank. »Schnell, Namu, sie sind da! Sie muss weglaufen«, befahl sie leise, nahm ein paar Hirsekekse heraus, schnitt rasch eine dicke Scheibe Schinken ab und wickelte beides in ein Tuch.

Añumo war fluchtbereit aufgesprungen, aber sie wusste nicht, in welche Richtung sie sich wenden sollte; und so stand sie mitten im Raum wie ein Tier in der Falle, und ihr wilder Blick huschte in alle Ecken.

»Warte! Zieh wenigstens die Schuhe richtig an. Gib auf deinen Fuß Acht«, flehte ich. Meine Stimme versagte, und meine Augen brannten.

Sie schaute auf ihre Füße und bückte sich, um die Leinenschuhe über die Fersen zu ziehen, und ich half ihr, die Schnürsenkel zuzubinden. Unterdessen hatte Zhema ihr Filzcape genommen und es ihr um die Schultern geschlungen. Sie drückte ihr das Essen in die Arme, nahm sie bei der Hand und führte sie schnell durch den Vorratsraum, aus dem Haus und in den Gemüsegarten, wo wir ihr halfen, über die Lehmmauer zu klettern.

Die Männer – sie waren zu sechst – waren in den Hof getreten, und meine Mutter sprach mit ihnen. Sie gab sich große Mühe, Zeit zu schinden. »Ja, sie muss inzwischen schon weit fort sein. Sie ist gestern aufgebrochen. Aber Sie müssen doch sehr müde sein. Warum bleiben Sie nicht zum Abendessen und übernachten dann hier?«

Zögernd sahen die Männer einander an. Sie waren erschöpft und hätten etwas zu trinken gebrauchen können. So kamen sie in unser Haus und vertaten noch etwas Zeit, aber zum Essen wollten sie nicht bleiben.

Nachdem sie fort waren, wurde ich plötzlich sehr zornig auf meine Mutter. »Warum hast du ihnen nicht irgendetwas erzählt? Wieso hast du sie nicht länger aufgehalten? Und warum haben wir *sie* nicht hier aufgenommen? Du bist eine Frau und älter, die Männer hätten bestimmt auf dich gehört.«

Meine Mutter schüttelte ungeduldig den Kopf. »So ist es bei den Yi Brauch. Sie muss zurück nach Hause laufen. Worüber regst du dich so auf?«

Sicher, ich wusste, dass das ein Yi-Brauch war, aber Añumo war meine Schwester, und ich wusste besser als jeder andere, wie gefährlich es in den Bergen war. Außerdem war es schon später Nachmittag, und ich mochte mir gar nicht vorstellen, wie Furcht einflößend es sein musste, allein durch die Nacht zu laufen. Damals ahnte ich noch nicht, dass ich nur wenige Monate später selbst allein durch die Berge fliehen würde.

Wenn ich seit diesem Abend nachts einen Hund bellen hörte, fürchtete ich nicht mehr, ein Mann könnte an mein Fenster klopfen, sondern ich hoffte, Añumo käme zurück, um doch bei uns zu bleiben. Aber wir sahen sie nie wieder.

Ein Lied und ein Ausflug in die Stadt

Nicht lange, nachdem Añumo uns verlassen hatte, bekamen wir wieder Besuch. Ich war den ganzen Tag über mit meinen Freundinnen am Seeufer gewesen, wo wir die Erde umgegraben hatten, um den Boden für die Frühjahrsaussaat vorzubereiten. Aber jetzt begann die Sonne hinter dem Berg zu versinken, und die Vögel verstummten. Es war Zeit, nach Hause zu gehen. Wir hatten das Dorf fast erreicht, als wir die Kinder lachen und rufen hörten. »*Letsesei!* Gäste! *Letsesei!*«

Fremde waren bei uns selten. Bis auf die Regierungsbeamten und die Sanitäter, die mit Impfspritzen hinter den Kindern herjagten, besuchte nie jemand unser Dorf. Die einzigen motorisierten Fahrzeuge, die unsere Berge überquerten, waren damals die Holzlastwagen, die sich stotternd die Hänge hinaufmühten und dann – mit ausgeschaltetem Motor, um Benzin zu sparen – im Freilauf die unbefestigte Straße hinunter und über die Schlaglöcher donnerten. Aber selbst diese unbefestigten Fahrwege lagen weit von Zuosuo entfernt. Unser Dorf war nur zu Fuß oder mit dem Pferd zu erreichen.

Allein daran, wie sie die Zügel ihrer Reittiere hielten, erkannten wir, noch bevor wir ihre Gesichter sahen, dass nur einer der vier Gäste ein Moso war. Als sie näher kamen, erkannten wir unseren Nachbarn Yisso, einen großen, kräftigen Mann mit dichtem, welligem Haar und lustigen Augen. Die drei Han-Chinesen dagegen hatten wir noch nie gesehen. Einer war ziemlich alt und weißhaarig; offensichtlich war er der Anführer, denn er bestritt den größten Teil des Gesprächs.

»*Ni hao!*«, riefen die Kinder; eines der wenigen chinesischen Wörter, die sie in der Dorfschule gelernt hatten.

»*Ni hao! Ni hao*«, antworteten die Beamten mit breitem, freundlichem Lächeln.

Wir waren schließlich erwachsene Frauen, daher schauten wir nur zu, nickten und taten so, als wären wir nicht aufgeregt, aber wir folgten der Gruppe ein Stück des Weges, bis wir uns vergewissert hatten, dass sie zu Yissos Haus gingen. Als wir umkehrten, konnten wir unsere Neugierde nicht verbergen. »Vielleicht sind das ja Landvermesser«, meinte Erchema. »Erinnert ihr euch noch an die Landvermesser, die so viele Bonbons mitgebracht haben?«

»Ich hoffe, dass diese Gäste auch ein paar Süßigkeiten mitgebracht haben«, fiel ich begeistert ein, denn ich hatte noch nie Bonbons gegessen, die in Papier gewickelt waren, und außerdem erinnerte ich mich nicht an die Landvermesser, denn die waren gekommen, als ich noch bei Onkel in den Bergen lebte.

Die Nachricht, dass die Gäste bei Yisso wohnten, verbreitete sich wie ein Lauffeuer von Tür zu Tür, und bevor wir uns zum Abendessen setzten, hatten wir schon gehört, dass sie keine Landvermesser waren, sondern Funktionäre vom Kulturbüro des Bezirks Yanyuan, die Moso-Lieder aufzeichnen wollten. Inzwischen wussten wir sogar ihre Namen. Der Anführer war ein Herr Li, und die beiden jüngeren Männer hießen Zhang und Zhu, obwohl wir uns noch nicht ganz sicher waren, wer Zhang und wer Zhu war.

»Sie haben gehört, dass unser Dorf die besten Sängerinnen hat«, erklärte Dujema mit unverhohlenem Stolz.

Und ich dachte, ja, das stimmt, war haben Latsoma und Zhatsonamu, und ich kann lauter singen als alle anderen. »Warum wohnen die Männer denn nicht bei uns?«, fragte ich Ama. »Wieso müssen sie bei Yisso wohnen?«

»Yisso spricht Chinesisch«, gab sie ziemlich barsch zurück. »Was wollen die Han bloß mit Moso-Liedern anfangen?«, brummte sie dann noch.

Meine Ama rührte in einem großen Kessel Eintopf. Eine tiefe Furche stand mitten auf ihrer Stirn, und sie presste die Lippen zusammen. Sie hatte schlechte Laune, weil Zhema zu spät nach Hause gekommen war, um beim Abendessen zu helfen und weil seit der Kulturrevolution niemand in unserem Dorf besonders viel von Han-Beamten hielt, selbst wenn sie nur unsere Lieder sammeln wollten.

Ihre Mütter und Onkel dachten vielleicht schlecht über die Han-Beamten, aber die Kinder liefen während der nächsten zwei Tage den Herren Li und Zhang und Zhu überallhin nach und rannten dann immer wieder in die Häuser zurück, um das Neuste zu berichten. Wir jungen Leute ließen die Feldarbeit liegen und lauschten begierig allem, was die Kinder erzählten.

Am ersten Morgen hatte Yisso die Han mit dem Kanu auf die Insel Nyoropu gefahren, und sie waren den Hügel hinaufgeklettert, um den kleinen buddhistischen Tempel zu besichtigen, der dem Zorn der Roten Garden entgangen war. Dort hatten die Han unter freiem Himmel gestanden, in die helle Sonne geblinzelt und sich in alle Richtungen gedreht. Über den See hinweg hatten sie auf den Berg Gamu gezeigt und dann auf den zerklüfteten Horizont, hinter dem sich Orte verbargen, die für sie von Interesse waren. »In dieser Richtung liegt Kunming!«

»Nein, nein! Es liegt dort drüben!«

»Ja! Dort drüben ist Chengdu!« Am Nachmittag hatten die Han Zhatsonamus Haus besucht, und sie hatte das Lied der Göttin für sie gesungen. Und am Abend tranken die Han Tee mit dem alten Guso. Eine große Menschenmenge hatte sich im Haus eingefunden, und Guso erzählte die Geschichte von dem Kaninchen, das den Tiger besiegt hatte. Natürlich übersetzte Yisso; wie hätten die Han sonst verstehen sollen, was er sagte? Am zweiten Morgen rief ein kleiner Junge: »Ich habe gesehen, wie die Gäste an kleinen Bürsten saugten, und sie hatten Schaum vor dem Mund!« Dieses Mal konnte ich meine Neugier nicht mehr zügeln; ich musste ihm nachlaufen und mich selbst davon überzeugen. Ich hatte noch nie gesehen, wie sich jemand die Zähne putzt.

Am Nachmittag kamen Yisso und die Kader zu unserem Haus. Die Kinder rannten vor ihnen her.

»Sie sind da!« Homi rannte nach drinnen, um Ama Bescheid zu geben. »Sie sind schon im Hof!«

Meine Ama stand hinter dem Kochherd. Sie wischte sich die Hände an den Hosen ab und warf einen bösen Blick zur Tür, durch die Yisso und die Gäste gerade eintraten. Sie blinzelten in die Dunkelheit und traten auf den Hund, der aus dem Weg sprang, nachdem er Herrn Zhu ins Bein gebissen hatte. Ich scheuchte den Hund nach draußen.

»Es ist nichts, es ist nichts! Keine Sorge!«, sagte Herr Li zu mir, während Herr Zhu sich das Bein rieb.

Herr Li hatte uns ein Päckchen fertige Zigaretten mitgebracht, Teeziegel und Reiswein. Als meine Mutter sah, dass diese Leute wenigstens wussten, wie man sich benimmt, war sie endlich besänftigt und legte ihre Geschenke auf den Ahnenaltar.

Bald saßen wir alle an der Feuerstelle. Zhu betastete immer noch sein Bein, und die anderen klopften sich den Staub von den Hosen. Dann schälten sie ihre Äpfel mit dem Messer und tranken grünen Tee, weil man schließlich nicht erwarten konnte, dass die Han-Chinesen Buttertee mochten. Zhang hatte versucht, Jiama, Homi und die anderen Kinder zu locken und mit ihnen zu spielen, aber sie waren zu schüchtern. Wenn er sie berührte, kicherten sie und entwanden sich ihm, und plötzlich kreischten sie und rannten nach draußen, um ihre Mütter zu suchen. Jiama hielt sich an Amas Weste fest, und Homi nahm meine Hand.

Unterdessen hatte Herr Li meiner Mutter erklärt, er wolle so viele Menschen wie möglich singen hören; und er habe vor, in einem der Höfe einen großen Tanz abzuhalten. »Das können wir hier machen«, erklärte Ama zu meiner großen Freude. Und als Yisso vorschlug, sie könnten zusätzliches Holz für das offene Feuer mitbringen, antwortete sie bestimmt: »Nicht nötig, wir haben genug.«

Ich hätte vor Freude hüpfen können. »Haben sie Bonbons, die in Papier eingewickelt sind?«, fragte ich Yisso stattdessen.

Ama fuhr herum und warf mir einen erstaunten Blick zu. »Namu, komm und hilf mir dort drüben«, befahl sie streng und zog mich an ihre Seite. »Dort drüben« war der Hof. »Wo hast du gelernt, Gäste anzubetteln? Du bist eine erwachsene Frau! Nur gut, dass die Chinesen dich nicht verstehen!«

An diesem Abend strömten die Dorfbewohner zu unserem Haus. Sie trugen Kiefernfackeln, mit denen sie sich den Weg beleuchteten. Die Han standen bereits am offenen Feuer und sprachen miteinander. Es war offensichtlich, dass Herr Li das Sagen hatte. Zhang trug eine schwarze Plastikkiste, und Zhu, der sich anscheinend von seinem Hundebiss erholt hatte, demonstrierte einen Tanzschritt. Als die Dorfbewohner in den Hof traten, bleckten Herr Li und Zhang und Zhu ihre geputzten Zähne und strahlten von einem Ohr zum anderen. »Willkommen! Willkommen!«, riefen sie auf Chinesisch. Und bald standen wir alle in einem engen Kreis um das Feuer und sahen die Chinesen aus weit aufgerissenen Augen an. Wir waren so neugierig, dass wir nichts zu sagen wussten, bis schließlich eine alte Frau eine Bemerkung machte. »Die haben einen so flachen Hintern, dass man sich fragt, wie sie auf einem Pferd sitzen können«, meinte sie zwischen zwei Zügen aus ihrer Tonpfeife, und alles brach in Gelächter aus.

Zhang stellte die schwarze Kiste auf den Boden, und Yisso übersetzte, dass Herr Li uns alle singen hören wollte und dass irgendjemand beginnen musste. Nun verhält sich das bei meinem Volk so: Wer laufen kann, der kann auch tanzen, und wer tanzen kann, der kann singen. An Sängern herrschte also kein Mangel. Aber wir dachten, dass sie für den Anfang etwas Besonders hören sollten, also wandten wir uns an Achimi, weil sie eine alte Frau war und von unseren alten Geschichten singen konnte. Jiaci begleitete sie auf der Bambusflöte, und Achimi sang ein trauriges und zugleich hoffnungsvolles Lied über den Abschied von den Reitern, die die Karawane nach Tibet bringen. Nach Achimi traten nacheinander Frauen und Männer jeden Alters in den Kreis. Ich folgte meiner Freundin Erchema. Als alle, die singen wollten, ihre Gelegenheit gehabt hatten, warteten wir darauf, dass die Chinesen uns sagten, was wir als Nächstes tun sollten. Unterdessen ließen wir uns keine Bewegung von Herrn Li entgehen und versuchten zu erraten, was er zu den anderen sagte. Dann nickte Zhang und drückte auf die schwarze Kiste, und wir hörten Jiacis Flöte und Achimis Stimme aus der Kiste kommen.

»He, was ist denn das für ein Ding?«, schrien die Leute. »Was ist diese schwarze Schachtel?« Und sie schoben sich auf die Kiste zu.

»Nicht drängeln! Nicht drängeln!«, rief Herr Li.

»Machen Sie das noch einmal!«, antworteten die Leute. »Drücken Sie noch einmal auf die Schachtel!«

Also berührte Zhang die Schachtel. »Diese Kiste lernt schnell«, meinte Jiaci, als er sich selbst spielen hörte. »Sie hat mir nur ein Mal zugehört und kann es jetzt schon allein!« Alle lachten. Yisso übersetzte für die Han, und sie lachten ebenfalls. Dann wandte unser Nachbar sich an uns und sprach in dem überlegenen Tonfall eines Mannes, der die Welt bereist hat. »Man nennt das ein Tonbandgerät«, erklärte er und gebrauchte das chinesische Wort. »Diese Geräte werden in Japan hergestellt.«

»Wo ist Japan?«

Eine Pause trat ein. Denn außer Dr. Rock, der ein Geist aus einem sagenumwobenen Land namens Amerika gewesen war, kannte unser Volk nur zwei Arten von Ausländern: die Engländer, die in Indien und Tibet gewesen waren, und die Japaner, die Krieg gegen China geführt hatten. Aber niemand hatte sich je Gedanken darüber gemacht, wo Japan lag.

Also meldete Yisso sich wieder zu Wort. »Japan ist eine Insel im Osten.«

Der alte Guso, der den Blick nicht von dem Tonbandgerät losreißen konnte, schüttelte den Kopf. »Das ist aber gar nicht gut. Zu einer Insel kann man nicht auf einem Pferd reiten.« Und wieder lachten alle.

Den Rest des Abends sangen wir, und die Han nahmen unsere Lieder auf und spielten sie uns wieder vor, bis spätabends das Tonbandgerät klagende Laute auszustoßen begann und Herr Li erklärte, er wolle seine restlichen Batterien für den nächsten Tag aufsparen. Außerdem waren er und seine Kollegen sehr müde. So wünschten wir ihnen eine friedliche Nacht und sahen zu, wie sie hinter Yisso verschwanden, der das wundersame Tonbandgerät unter dem Arm trug. Von uns bewegte sich niemand vom Fleck. Wir saßen noch lange ums Feuer und redeten über die schwarze Schachtel.

Die Han blieben drei Tage. An ihrem letzten Nachmittag führte Yisso sie noch einmal zu uns. Sie hatten etwas Wichtiges mit meiner Mutter zu besprechen – Herr Li wollte mich mit nach Yanyuan nehmen, damit ich an einem Gesangswettbewerb teilnahm. Er hatte drei von uns ausgesucht; die anderen beiden waren Latsoma und Zhatsonamu, unsere besten Sängerinnen. Herr Li würde für alle Ausgaben aufkommen. »Wenn die Mädchen einen Preis gewinnen, bringen sie sogar ein wenig Geld nach Hause«, meinte er noch.

Und wenn wir einen Preis gewännen, dann würden wir natürlich vor allem unserem Dorf und unserem Moso-Volk Ruhm bringen. Aber ja, Herr Li war sich ziemlich sicher, dass wir gut genug waren, um einen Preis zu gewinnen. Ob meine Mutter damit einverstanden sei, mich gehen zu lassen?

Zuerst konnte ich es nicht glauben. Aber Yisso sprach weiter, meine Schwester Zhema, meine Freundin Erchema und die anderen drehten sich zu mir und lächelten bewundernd und ein wenig neidisch, und da glaubte ich wirklich, dass ich nicht träumte, sondern dass dies wirklich passierte. Ich würde mit Latsoma und Zhatsonamu in die Stadt reisen, und wir würden an einem Gesangswettbewerb in Yanyuan teilnehmen. Yisso sollte uns begleiten, weil wir kein Chinesisch sprachen; und außerdem waren wir schließlich noch sehr jung und kannten uns in der Welt nicht aus. Ich konnte mir zwar kaum vorstellen, warum jemand in der Stadt Moso-Lieder hören wollte, aber trotzdem war ich überglücklich. Seit ich zu Onkel in die Berge gezogen war, hatte ich den Vögeln nachgesehen, die über die Berggipfel flogen, und mich gefragt, was wohl auf der anderen Seite lag. Ich hatte die Pferdeführer und ihre Karawanen beobachtet und ihren Geschichten über die Welt draußen gelauscht. Und nun war die Reihe an mir. Ich würde die Welt sehen. Ich würde all die wunderbaren Dinge sehen, von denen die Männer sprachen, Autos und Lastwagen und Kinos und Flugzeuge, und die »Ölstraße«, die, wie Zhemas Geliebter mir einmal erzählt hatte, so glatt und glänzend war, dass man darin sein Spiegelbild bewundern konnte.

Während der nächsten Stunden wurde ich von der gleichen Ungeduld ergriffen wie damals beim Abschied von Onkel. Inzwischen hatte meine Mutter meine Schwester zu den Nachbarn ausgeschickt, um alles, was ich für die Reise brauchte, zu borgen, und kurz darauf hatten sie drei verschiedene Ensembles in wunderschönen leuchtenden Farben sowie den passenden Schmuck zusammengetragen. »Wenn du von zu Hause weggehst«, erklärte meine Ama, »musst du so gut wie möglich aussehen. Du willst doch nicht, dass dein Volk das Gesicht verliert. Und denk an das alte Sprichwort: Es gibt keine weißen Adler, und es gibt keine guten Chinesen. Also trenn dich nicht von den anderen Mädchen. Ihr müsst immer zusammenbleiben. Wie die Augen und die Augenbrauen müsst ihr sein!«

»Ja, wie die Finger einer Hand«, setzte Zhema hinzu. »Unzertrennlich. Und bitte, sieh zu, dass du mir weiße Strümpfe mitbringst.«

Auch die Mädchen aus dem Dorf hatten Wünsche. »Kannst du uns ein paar Schals mitbringen?« Und sie gaben mir ein Kästchen Wildpilze, die ich für ihre Waren eintauschen sollte.

Aber meine Ama lachte sie aus. »Namu wird niemandes Pilze eintauschen. Ihr dummen Mädchen! Sie geht nicht zum Markt, sondern sie wird einen Gesangswettbewerb gewinnen!«

Ich starrte meine Mutter an. Ja, dachte ich, ich werde den Wettbewerb gewinnen und Ehre für meine Familie und mein Dorf einlegen, und alle werden stolz auf mich sein!

Als wir am nächsten Morgen aufbrachen, hatten sich alle Nachbarn versammelt, um uns zum Dorfrand zu begleiten und uns Glück zu wünschen. Wir sahen aus wie eine der Karawanen aus alten Zeiten – zehn Pferde und neun Personen, denn Yisso hatte beschlossen, dass er zwei Helfer brauchte, die sich um die Pferde kümmerten, wenn wir die Zementfabrik erreichten, unsere erste Etappe an der berühmten Ölstraße, wo die Autos uns abholen sollten.

Nun dürfen wir Moso nach unserem Brauch niemals innerhalb der Dorfgrenzen zu Pferde sitzen, für den Fall, dass wir einer älteren Person begegnen, denn man betrachtet es als große Schande, wenn ein junger Mensch sich über einen älteren erhebt. Aber wir hatten kaum das letzte Haus hinter uns gelassen, als meine Mutter mich anwies, auf mein Pferd zu steigen. So überragte ich sie auf meinem kleinen Pony, und sie nahm die Zügel und führte mich weiter, um zu zeigen, wie stolz sie auf mich war. Nach ein paar Schritten blieb sie stehen, reichte mir die Zügel und ging zu den anderen Dorfbewohnern zurück, die uns zum Abschied winkten. Mehrmals drehte ich mich um und sah sie auf der Straße stehen. Ihre Blicke folgten mir, und ihr Stolz wärmte mir das Herz. Und dann beschrieb der Pfad eine Kurve und sie war fort.

Fünf Tage waren wir bis zur Zementfabrik unterwegs. Dabei gingen wir ebenso oft neben den Pferden her, wie wir auf ihrem Rücken saßen. Wir passierten Moso-Dörfer und dann Dörfer der Pumi und Yi, wo Herr Li uns verblüffte, weil er die dortigen Sprachen beherrschte. Wenn wir jemanden kannten, nutzten wir die dörfliche Gastfreundschaft. Am dritten Abend jedoch zündeten wir ein Feuer im Freien an, schoben Kiefernnadeln als Schlafunterlage zusammen und nächtigten im Gebirge unter dem Sternenhimmel. Im Allgemeinen entfernen Moso-Frauen sich aus Angst vor wilden Tieren nicht gern sehr weit von ihren Dörfern. Und in den alten Zeiten vor der kommunistischen Befreiung wimmelte es in den Bergen von gefährlichen Menschen und Banditen. An dem Abend, als wir draußen schliefen, murrten Latsoma und Zhatsonamu, es sei zu kalt, und sie vermissten ihre Betten. »Hey!«, entgegnete ihnen der junge Herr Zhu. »Worüber beklagt ihr euch? Etwas Besseres kann es gar nicht geben! Schaut doch zum Himmel ... mehr Sterne als jedes Hotel auf der Welt!« Und ich dachte, da bin ich mal gespannt, wie so ein »Hotel« aussieht.

Früh am nächsten Nachmittag kamen wir um eine Wegbiegung, und wir erblickten auf dem gegenüberliegenden Abhang die bunten Streifen bestellter Felder und ein typisches Yi-Dorf aus einem halben Dutzend mit großem Abstand errichteten und von gelben Lehmwällen umgebenen Häusern. Die Dächer bestanden aus langen Balken, die von dicken, in ordentlichen Reihen ausgelegten Felsbrocken festgehalten wurden, und jedes Haus war von einem hohen Zaun aus miteinander verkreuzten Holzstäben umgeben. Yisso erklärte, er habe einen alten Freund in diesem Dorf, und wir könnten hier übernachten. »Da könnt ihr einmal ordentlich ausruhen.«

»Das wird aber auch Zeit«, nörgelte Latsoma und wischte sich den Schweiß vom Gesicht.

Von der Stelle aus, an der wir standen, sah es aus, als wäre es nicht mehr weit zum Dorf. Wir konnten sogar den Rauch der Holzfeuer riechen. Aber wir wussten, dass wir uns nicht zu früh freuen durften. Oben im Gebirge sind die Gipfel so hoch und die Täler so tief, dass die Straße ewig braucht, um sich in Serpentinen einen

Hang hinunter und den nächsten hinauf zu winden. Wie es in einem alten Moso-Sprichwort heißt: Ein Mann und eine Frau können von zwei Berggipfeln aus füreinander singen, aber wenn sie sich auf halbem Wege treffen wollen, müssen sie Proviant für drei Tage mitnehmen.

Glücklicherweise brauchten wir nur ein paar Stunden und keine drei Tage, um die Lattenzäune zu erreichen, wo wir, wie in Bergdörfern üblich, von wild aussehenden Hunden empfangen wurden, die uns wütend ankläfften. Da niemand zu unserer Rettung herbeieilte, bückten wir uns und hoben ein paar Steine auf, und die Hunde zogen sich knurrend und mit gesträubtem Nackenfell zurück. Nach den Hunden kamen die Kinder angelaufen, barfuß und neugierig, und es dauerte nicht lange, bis wir uns im Haus von Yissos Freund wiederfanden, einem hoch gewachsenen Mann mit einem Gesicht, das schwarz von Ruß und über die Jahre angesammeltem Dreck war, und kleinen, leuchtenden Augen. Sein Name war Jibu.

Jibu lud uns ein, uns auf den Ehrenplatz zwischen der rußschwarzen Wand und der Feuerstelle zu setzen. Letztere bestand aus einer runden Grube im Boden, aus der für unser Empfinden sehr viel Rauch aufstieg. Dort ließ er uns in Gesellschaft seiner Frau zurück, die uns gebratene Kartoffeln anbot und dann ihren Rock unter sich raffte und links von der Feuerstelle ihren Platz als Hausherrin einnahm, während ihre Tochter uns Reiswein und heißen Tee einschenkte. Wie meine Yi-Schwester Añumo hatte Jibus Tochter ein hübsches Lächeln und schöne weiße Zähne.

Herr Li brachte gerade einen Trinkspruch aus, als Jibu wieder hereinkam. An einem kurzen Seil führte er ein Schaf, das uns durch den dicken Qualm hindurch anstarrte und kläglich blökte. Ich dachte, dass das arme Tier wahrscheinlich Salz brauchte, aber bevor ich Zeit hatte, etwas zu sagen, hatte Jibu ihm schon einen Knüppel über den Kopf gezogen und warf das Tier, das entweder betäubt oder tot war, über seine Schulter. Nur Minuten später war er zurück. In seinen blutigen Händen hielt er die Leber des Schafs.

Zhatsonamu schlug die Hand vor den Mund, als müsse sie würgen. Latsoma und ich starrten auf die Hände des Mannes und sahen uns dann an. Wir hatten noch nie erlebt, dass jemand ein Tier so grausam und kaltblütig tötete.

Jibu schickte sich an, die Leber über der Feuerstelle zu braten, und Yisso erklärte, dies sei hier so Brauch und die schickliche Art, geachtete Gäste zu behandeln: Man zeigte ihnen das Tier, das sie essen würden, schlachtete es dann und servierte ihnen die Leber. Um wirklichen Respekt zu bezeugen, musste das Tier außerdem vierbeinig sein – ein Huhn oder eine Ente wären nicht angemessen gewesen. Da ich niemanden beleidigen wollte, stellte ich keine weiteren Fragen, und als Jibu mir ein Stück von der Leber reichte, nahm ich es und dankte ihm. Aber ich schluckte es ohne zu kauen hinunter.

Während Jibu herumging und uns Stücke von der frisch ge-schlachteten Leber anbot, hievten seine Frau und seine Tochter ei-nen großen Eisentopf über das Feuer und füllten ihn mit Wasser, und als die Leber endlich aufgegessen war, ging Jibu wieder nach draußen, um das Schaf in mehrere große Teile zu hacken, die er dann in den Topf warf. Bei dem Anblick dieser Fleisch- und Kno-chenbrocken, die ins Wasser fielen, überzogen sich die Gesichter der drei Kulturbüro-Beamten mit einem zarten Grün.

Bald erfüllte der Duft des Hammeleintopfs den Raum und schien Jibus Verwandte anzulocken, die hereinzuströmen begannen und Wein und das hiesige Bier mitbrachten. Eine festliche At-mosphäre breitete sich im Haus aus. Man trank reichlich und sang, tanzte und lachte, und als der Abend zu Ende ging, war von dem Schaf nichts mehr übrig als die Knochen, um die sich die Hunde balgten. Auch das war, wie Yisso erklärte, Brauch bei den Yi, die, wenn sie ein Tier schlachteten, grundsätzlich das Ganze auf einmal aufaßen.

Erst sehr spät am Abend stolperten die letzten Gäste zurück nach Hause und unsere Gastgeber in ihre Betten. Wir breiteten unsere Baumwoll-Steppdecken direkt auf dem Lehmboden neben dem Feuer aus, und ich schlief ein, sobald ich die Augen geschlos-sen hatte. Am nächsten Morgen wachten wir sehr früh auf. Wir wa-ren steif und kratzten uns die Beine blutig, und Latsoma, die kaum die Augen aufbekam, jammerte, dass ihr das Hotel mit den vielen

Sternen lieber gewesen wäre. »Tja, vielleicht mögen die Flöhe ja keinen Hammeleintopf«, meinte Yisso lachend. Wir gingen nach draußen und erleichterten uns in den Feldern, und dann wuschen wir uns im Hof das Gesicht. Herr Li, Zhang und Zhu hatten Schaum vor dem Mund und benutzten eifrig ihre Zahnbürsten, und die Dorfkinder, die sich seit Neujahr nicht gewaschen hatten, sahen zu, verwirrt, hingerissen, wortlos und wie im Boden festgewachsen.

Nach der morgendlichen Wäsche saßen wir wieder um das Feuer. Die Tochter des Hauses, die immer noch ihr wunderschönes Lächeln auf den Lippen trug, servierte Tee, und ihre Mutter setzte sich an einen niedrigen Tisch, um Kuchen aus Mais und Buchweizen für unser Frühstück zuzubereiten. »Was für ein Glück ihr Mädchen habt, dass ihr in die Stadt geht«, sagte Frau Jibu ein ums andere Mal, während sie ihren Teig knetete und sich ab und zu in die Finger schnäuzte. Trotzdem waren wir alle, sogar Herr Li, uns einig, dass ihre Maiskuchen die besten waren, die wir je gegessen hatten. Das wiederholte Herr Li noch mehrere Male, während wir Jibu und seiner Familie zum Abschied winkten.

Wir mussten noch einen weiteren Bergrücken hinabsteigen, und dann erreichten wir endlich die Zementfabrik, einen riesigen Ziegelbau mit einem Blechdach. Sie stand in einem großen, staubigen Steinbruch, den man aus dem bewaldeten Gelände geschlagen hatte. Arbeiter in blauen Overalls und staubigen Mützen liefen umher. Der Anblick war merkwürdig, hässlich, aber auch wunderbar. Ah, und da waren die Lastwagen, die ich so gern hatte sehen wollen! Sie waren laut und spien schlechte Gerüche aus, aber trotzdem rollten sie aus eigener Kraft die Straße hinauf und hinunter. Und da war auch die Ölstraße.

Von den Karawanenführern hatten wir so viel über diese Ölstraße gehört, aber als wir nun darauf standen, waren wir vollständig überrascht. Der Straßenbelag war hart, schwarz und stumpf – wo war das Öl geblieben?

Als Yisso sah, wie wir drei die Straße betasteten und daran schnüffelten, starrte er uns an, als sähe er uns zum ersten Mal in seinem Leben. »Wovon redet ihr? Was macht ihr da?« Er brach in Gelächter aus. »Das ist nicht das gleiche Öl, mit dem wir kochen!«

Niedergeschlagen traten wir an den Straßenrand, kauerten uns auf den Fersen nieder und warteten auf Herrn Li, der unseren Transport nach Yanyuan organisierte. Dann hörten wir lautes Motorengedröhn, und ein Jeep kam auf uns zu. Wie ein monströses grünes Kaninchen hüpfte und polterte er über die unebene Straße und über die Schlaglöcher und blieb direkt vor uns stehen.

Wir sahen zuerst das Fahrzeug an und dann uns. Wir waren zu siebent. »Dieses Ding muss aber einen großen Bauch haben!«, meinte Latsoma.

»Das ist ein Auto. Es hat keinen Bauch, sondern Sitze«, gab Yisso zurück. »Du hast Recht, wir passen nicht alle hinein. Herr Li und die anderen warten auf einen zweiten Wagen.«

Der Fahrer stieg aus und öffnete die Hintertür des Wagens, damit wir unsere Bündel hineinluden. Gehorsam taten wir, was er sagte und kletterten hinein. Yisso überließen wir es, die Türen hinter uns zu schließen und auf den Vordersitz zu steigen. Wir strichen über die Stoffsitze und das Fensterglas, wir drehten die Fenster hinauf und hinunter, klopften mit den Füßen auf den Boden. Mehrere Male tauschten wir die Plätze, um festzustellen, welcher uns am besten gefiel. Natürlich wollten wir alle am Fenster sitzen, aber irgendjemand musste schließlich in die Mitte, und wir einigten uns rasch darauf, dass wir uns abwechseln würden. Latsoma bot an, sich zwischen uns zu setzen. Als wir uns endlich zurechtgerückt hatten, drehte der Fahrer den Zündschlüssel, der Wagen tat einen Satz, und wir waren unterwegs. Wir stießen mit den Köpfen zusammen und kicherten hysterisch, und als das Auto Geschwindigkeit zulegte, lehnten wir uns aus dem Fenster, hielten die Gesichter in den Wind, sahen die Bäume und den Abgrund an, die unter uns vorbeijagten, und kreischten vor Entzücken und Entsetzen zugleich. Bis heute kann ich das Hochgefühl, die pure Erregung der Fahrt spüren. Sie hielten so lange an, bis wir ein paar Kilometer auf der Bergstraße zurückgelegt hatten. Wir wurden nach rechts und links aufeinander geschleudert, immer und immer wieder, und plötzlich hörte ich zu lachen auf. »Mir ist schlecht«, sagte ich.

Wir erbrachen uns alle.

Yisso ließ den Fahrer anhalten.

Während der Fahrer den Boden des Wagens mit einem alten Lappen reinigte, taten wir unser Möglichstes, um uns zu säubern, aber den Geruch an unseren Kleidern wurden wir nicht los.»Oh, das ist ekelhaft«, schrie Latsoma.»Allein von dem Gestank wird mir fast schon wieder übel.« Aber Yisso, der anscheinend an alles gedacht hatte, zog etwas frischen Ingwer aus seiner Tasche und brach für jede von uns ein Stück ab. Darauf sollten wir kauen.»Das wird die Übelkeit stoppen«, sagte er. Aber es funktionierte nicht. Wir alle erbrachen uns, bis wir nur noch trocken würgen konnten und wir das Gefühl hatten, als explodiere unser Kopf, und schließlich bekamen wir die Augen nicht mehr auf. Ungefähr fünf Stunden später erreichten wir Yanyuan und der Wagen hielt endlich an.

»Da sind wir«, sagte Yisso.»Jetzt ist es vorbei.«

Ich öffnete die Augen und sah die Stadt.

In der Stadt

Eigentlich hätte ich es hässlich finden müssen. Das Gästehaus war ein drei Stockwerke hohes, kantiges, graues Betongebäude mit großen Glasfenstern in Metallrahmen, und unten hingen auf quadratischen Metallgestellen weiße und blaue Hemden, dunkle Hosen und fleischfarbene Unterwäsche. Sie flatterten im Wind wie durcheinandergeratene Gebetsfahnen. Der Hof bestand aus einem unebenen Stück schmutzigen, rissigen Betons und war von Gebäuden und einer Ziegelmauer mit hohen Eisentoren umgeben. Über allem lag ein grauer Staubschleier, auch über einem halben Dutzend Geranien, die in Töpfen wuchsen, und einem armseligen kleinen Busch, der den Eingang schmücken sollte. Latsoma und Zhatsonamu fanden es hässlich, aber ich nicht.

Das große, rechteckige Gebäude raubte mir den Atem. Ich dachte an das viele Glas, das Dr. Rock aus Amerika mitgebracht hatte, und stellte mir vor, dass so der kleine Glaspalast auf unserer Insel ausgesehen haben musste. Ich scharrte mit dem Fuß über den schmutzigen, harten Boden und strich mit dem Finger darüber. Merkwürdig, es ließ sich keine Erde abreiben, und ich dachte, wenn wir in unserem Hof einen solchen Boden hätten, würde er nicht schlammig und wäre viel, viel leichter zu fegen. Die klapprigen Stadtbusse, die neben unserem Jeep parkten, die Menschen, die ihren Angelegenheiten nachgingen und zwischen den Gebäuden hin- und herliefen, die lauten, fremden Geräusche und vielleicht auch der Umstand, dass meine Ohren noch von den Vibrationen des Automotors hallten und mein Kopf und mein Magen sich noch nicht von der Reiseübelkeit erholt hatten – all das versetzte mich in einen seltsamen und wunderbaren Zustand, magisch und unwirklich, wie man das von der Welt jenseits unserer Berge erwarten konnte. Und diese Welt war für mich sofort schön.

Latsoma kletterte aus dem Auto und hielt sich den Magen. »Wenn ich gewusst hätte, dass die Reise so schrecklich wird, wäre

152

ich niemals mitgekommen! Auf dem Heimweg werde ich nicht in diesem Wagen fahren, lieber laufe ich den ganzen Weg zu Fuß!«

»Ich auch«, fiel Zhatsonamu ein. »Nie wieder fahre ich mit einem Auto.«

Dann nahmen sie ihre Umgebung in Augenschein. Sie sagten nichts, aber ihre enttäuschte, schockierte Miene sprach Bände.

Latsoma versuchte, den Staub von ihren fleckigen Kleidern zu schütteln und lehnte sich sichtlich niedergeschlagen an das Auto. »Wir sehen schrecklich aus ...«

Das stimmte allerdings. Wir sahen fürchterlich aus. Wir waren schmutzig und mit rotem Staub überzogen, und unsere Kleidung roch nach Erbrochenem. Dabei waren wir so schön gewesen, als wir die Häuser unserer Mütter verlassen hatten ...

»Kommt, bald fühlt ihr euch besser«, munterte Yisso uns tapfer auf und wies auf ein Gebäude am Ende des Hofs. »Wir gehen in die Kantine und holen etwas sauren Kohl für euch. Das wird euren Magen beruhigen.«

Was Yissos Heilmittel anging, so hegten wir inzwischen unsere Zweifel, aber der saure Kohl wirkte besser als der Ingwer. Als wir uns ein wenig besser fühlten, führte Yisso uns zu einem Waschbecken mit Wasserhähnen. Er füllte Wasser in einen Emailletopf, und wir wuschen uns Hände und Gesicht. Langsam nahmen wir die Welt um uns herum richtig wahr, und bald drehten wir die Wasserhähne auf und zu und konnten kein Ende finden.

Als Yisso genug von unseren Planschereien hatte, befahl er uns, unsere Bündel zu nehmen und ihm ins Innere des Gästehauses zu folgen. Erst da bemerkten wir, dass Herr Li und Zhang und Zhu noch nicht angekommen waren.

»Nanu, wo sind denn die anderen drei geblieben?«, fragte Latsoma.

»Sie sind nach Hause gefahren. Wir sehen sie beim Abendessen.«

Ich sah zu den Betongebäuden, die hinter der Ziegelmauer zu erkennen waren. Also hatten die Menschen auch Wohnungen in der Stadt. Und ich fragte mich, wie wohl Herrn Lis Haus aussah.

Das Foyer des Gästehauses war ein quadratischer Raum und so weitläufig, dass viele Menschen darin plaudernd und lachend herumstehen konnten, fast so groß wie der Hauptraum unseres Hauses. In diesem Hotel hielten sich viele Menschen auf, von denen die meisten die Trachten nationaler Minderheiten trugen – Yi, Tibeter, Miaso, Lisu –, und alle waren sie Fremde, die unsere Sprache nicht verstanden und die wir nie zuvor gesehen hatten. Menschen, die weder Verwandte noch Freunde von Verwandten waren und die gekommen waren, um an dem Gesangswettbewerb teilzunehmen. Links lag die Rezeption, eine Kabine mit einem Fenster, hinter dem die Hotelangestellte ein Nickerchen hielt. Sie hatte die Arme auf dem Schreibtisch verschränkt und den Kopf darauf gelegt. Yisso beugte sich über den Schalter und weckte sie, indem er ihr vorsichtig auf die Schulter tippte.

Sie hob den Kopf. »Was ist? Was wollen Sie?«, blaffte sie unhöflich.

Wir trauten unseren Augen und Ohren nicht. Niemand im Land der Moso würde sich einfallen lassen, einen Gast anzuschnauzen. Yisso allerdings wirkte unbeeindruckt. Wir bekamen nicht mit, was zwischen ihm und der Angestellten gesprochen wurde, aber schließlich kam sie mit einem Schlüsselbund in der Hand um die Ecke. Ihre Stimmung schien sich ein wenig gebessert zu haben, denn sie lächelte – die Art von freundlichem Lächeln, das, wie ich später entdecken sollte, die Städter oft aufsetzen, wenn sie mit Leuten vom Land zu tun haben.

Sie war in eine weiße Bluse und eine schwarze Hose gekleidet, und das Haar hatte sie zu einem Knoten zurückgesteckt. Sie trug weder Kappe noch Schal auf dem Kopf, und ihre Lippen waren leuchtend rot geschminkt. Als sie jetzt vor uns herging, klapperten ihre Füße in den hochhackigen Schuhen auf dem glatten Betonboden.

»Hey, Yisso!«, flüsterte Zhatsonamu. »Wie kann sie bloß laufen auf diesen kleinen Stöckchen?«

»Alle Mädchen aus der Stadt können das«, antwortete Yisso. »Sie finden diese Schuhe hübsch.«

»Also, ich finde, dass sie komisch und hässlich aussehen«, meinte Latsoma.

Ich sagte nichts, aber ich mochte die Schuhe der Frau. Mir gefiel auch, wie sie darin ging, so dass ihre Hüften ansehnlich hin- und herschwangen. Vor allem aber mochte ich ihre geschminkten Lippen. Ihr Mund sah aus wie eine rote Azaleenblüte.

Sie führte uns nach oben in die erste Etage, wo sie eine Tür aufschloss, hinter der ein quadratischer Raum mit glattem Zementboden lag. Vier Betten standen da, jedes ordentlich in seiner Ecke und mit einem rosafarbenen Baumwollüberwurf mit Blumenmotiv bedeckt. Jedes Bett hatte zwei Kissen, ebenfalls rosa und mit Rüschenborten besetzt. An einem Ende des Zimmers standen ein kleiner Holztisch und ein Stuhl, und auf dem Tisch waren vier leuchtend rote Thermosflaschen aus Emaille mit weißen Blumen zu sehen sowie eine blaue Emailleschüssel mit rosa Blumen, die genau wie unsere Emailleschüssel zu Hause aussah. Auf dem Boden neben dem Tisch stand ein grüner Papierkorb aus Plastik. Durch das hohe Fenster mit dem Metallrahmen fiel Sonnenlicht, und die Wirkung war vollkommen. Noch nie hatte ich einen Raum gesehen, der so schön, so farbig, hell und kühl war. Mit unseren Bündeln auf dem Arm traten wir hinein und blieben dann wie angewurzelt stehen, überwältigt von so viel Luxus, solcher Reinlichkeit. Wir wagten gar nicht, einen Fuß auf den Boden zu setzen oder unser Gepäck abzustellen.

Die Hotelangestellte drängte sich vorbei und schubste mich dabei mit der Hüfte aus dem Weg. Sie klopfte auf die Betten, hob die Thermosflaschen hoch und zeigte auf den Papierkorb, während sie ohne Unterlass auf Chinesisch schrie. Offensichtlich glaubte sie, die Sprachbarriere überwinden zu können, wenn sie nur laut genug brüllte. Als sie überzeugt war, dass wir wussten, wo alles stand, erklärte sie Yisso, wo wir die Duschen finden würden. Sie schärfte uns ein, sie zu rufen, wenn wir auf unser Zimmer wollten, und dass sie nach elf Uhr abends nicht gestört zu werden wünschte. Dann ließ sie uns allein, und Yisso folgte ihr in den Korridor.

Also so etwas! Keine Moso-Frau würde jemals so herumschreien oder auf die Möbel einschlagen! Aber andererseits befanden wir uns nicht mehr im Moso-Land, sondern in der Stadt. Wir probierten die Betten aus, setzten uns darauf, hüpften ein wenig und legten uns hin. Dann entdeckten wir die weißen Laken unter der Zudecke.

Wir hatten noch nie Bettlaken gesehen, aber wir waren uns ziemlich klar darüber, dass wir uns waschen mussten, bevor wir wagten, darin zu schlafen.

Die Duschen befanden sich in einem Nebengebäude auf der anderen Straßenseite, ebenfalls ein Backsteinbau. Drinnen war es feucht und düster; eine einzige Glühbirne, die von der niedrigen Decke hing, erhellte die schmierigen Wände nur schwach. Direkt neben dem Eingang hingen an der Wand eine Reihe von Haken, an denen Kleidungsstücke und Handtücher baumelten, und nur ein kleines Stück weiter standen Frauen auf glitschigen Holzrosten und schrubbten sich unter einigen Metallrohren, aus denen ein heißer Wasserstrahl sprudelte, wenn man einen kleinen Hebel in Richtung Rohr drehte. Ah, das war ein herrliches Erlebnis, diesen kleinen Hebel zu bewegen! Zu Hause wuschen wir uns in der Emailleschüssel, weil wir gut einen Tagesmarsch entfernt von den heißen Quellen in Yongning wohnten, oder wir badeten im kalten Wasser des Sees. Und jetzt hatten wir uns tagelang nicht gewaschen. Köstlich heiß rann das Wasser durch unser Haar und über unsere Körper und floss schwarz vor Schmutz weg. Ewig lange blieben wir in dem Duschraum und seiften uns immer wieder unter dem kochend heißen Wasser ein, so dass die Sonne schon unterging, als wir blitzsauber herauskamen. Wir hatten die Schrecken der Autofahrt ganz vergessen und sahen in unserer Moso-Tracht prächtig aus.

Yisso wartete im Hof auf uns. Er saß auf einer Bank und rauchte eine Zigarette. »Habt ihr euch da drinnen gut amüsiert?«, fragte er lachend.

»Oh ja! Das hat wirklich Spaß gemacht!«, gaben wir wie aus einem Munde zurück und lachten ebenfalls.

»Wollt ihr vor dem Abendessen noch durch die Straßen bummeln?«

»Ja, ja! Natürlich!«

Auf Yissos Anweisung liefen wir ins Gästehaus, um der Angestellten unsere schmutzigen Kleider zu geben, und rannten gleich wieder nach draußen. Wir lachten vor Freude und waren vollständig verblüfft von der Vorstellung, dass jemand, den wir nicht einmal kannten, unsere Kleidung waschen würde.

Alles war für uns neu, wunderbar und erstaunlich – von dem Schalter, mit dem man die Neonröhre anknipste, die in der Mitte der Zimmerdecke hing und die wir wieder und wieder ein- und ausschalteten, bis zu dem leisen Keuchen der Fahrräder, dem Lärm der Lastwagen und Traktoren auf der Straße und den Menschen, die einander anschrien. Nicht, dass wir gar keine Ahnung von der Welt gehabt hätten, aber was wir wussten, hatten wir uns in unserer Fantasie vorgestellt oder vom Hörensagen erfahren, aus den Geschichten anderer – und manches davon war reine Erfindung, wie wir schon festgestellt hatten, als wir die »Ölstraße« anfassten. Doch nun berührten, rochen, hörten und sahen wir alles selbst. Wir korrigierten nicht nur unsere Vorstellungen, sondern entdeckten noch weitere Neuigkeiten, von deren Existenz wir nichts geahnt hatten, wie Bettlaken, heiße Duschen und – wie wir fast sofort feststellten, als wir zu unserem ersten Spaziergang in der Stadt aufbrachen – Toiletten. In Zuosuo hatten wir keine Toiletten. Aber hier, in der Stadt, gab es keine Felder, in die man hätte gehen können, und keine Hunde oder Schweine, die hinter einem aufräumten. Stattdessen gab es Betonkabinen, in denen man sich zwischen zwei niedrigen Abtrennungen eilig über einen schmalen Schlitz im Boden kauerte und versuchte, die Nase gegen den Gestank und die Augen vor der Grube unter einem zu verschließen. Und dann rannte man wieder nach draußen, zurück in die eigenartig beißende Stadtluft. Und dann waren da die wunderbaren Straßen und die Läden, die auf zauberische Weise durch nackte Glühbirnen erhellt wurden und in denen man alles kaufen konnte, von dem man je geträumt hatte und mindestens ebenso viele Gegenstände, auf die sich keine von uns einen Reim machen konnte. So viele Menschen bewegten sich durch die Stadt, und alle waren Fremde. Nationale Minderheiten in bunten Trachten und Han; Han-Frauen, die weder Turbane, Mützen noch Zöpfe hatten, sondern das Haar kurz geschnitten bis knapp unter die Ohren trugen. »Bist du dir sicher, dass das Frauen sind?«

»Ja, schau doch, sie tragen diese Stöckelschuhe.«

»Und was ist mit denen?«

Vor einem Laden standen zwei junge Han-Frauen, deren lockiges

Haar mich an die Schafe der Yi erinnerte, die sie im Hochgebirge hielten. Sie saugten an rosafarbenen Hölzchen.

»Das ist Eiscreme«, sagte eine auf Chinesisch.

Eiskreem, wiederholten wir. Eiskreem. Was das wohl sein mochte? Die Frau versuchte es uns zu erklären, aber wir begriffen nichts. Also ging sie in den Laden und kehrte mit drei solchen Hölzchen zurück.

Mir schmeckte das Eis so gut, dass ich mich gar nicht mit Lecken abgab, sondern hineinbiss und das Ganze im Handumdrehen verschlungen hatte. Dann kaute ich auf dem hölzernen Stiel herum und sah zu, wie meine Freundinnen ihre Portion leckten und dann die süße, geschmolzene Masse von den Fingern schleckten. Wie würden meine kleinen Brüder und Jiama diese Eiscreme lieben!

Als wir ins Gästehaus zurückkehrten, waren im Speisesaal, der von Kronleuchtern aus imitiertem Messing hell erleuchtet wurde, etwa zwanzig große runde Tische gedeckt. Er war voller Menschen, die alle in bunte Nationaltrachten gekleidet waren. Latsoma, die sich ihrer Kenntnisse über Volkstrachten rühmte, machte Tibeter, Naxi, Yi, Pumi, Miao und Lisu aus, und Yisso wies uns auf die Bai, Dai, Zhuang und Hani hin. Alle waren nach Yanyuan gekommen, um an dem Gesangswettbewerb teilzunehmen. Manche saßen bereits, andere gingen zwischen den Tischen umher und suchten nach ihren Freunden. Ich entdeckte ein paar Gesichter, denen wir auf dem Korridor begegnet waren, und auch Herrn Li und seine Kollegen, die uns frisch gewaschen und sauber gekleidet an dem uns zugewiesenen Tisch erwarteten.

»Fühlt ihr euch besser? Ich habe gehört, euch sei vom Auto fahren sehr übel geworden«, begrüßte uns Herr Li und zog ein braunes Fläschchen aus der Tasche. Er ließ ein paar Pillen in seine Hand gleiten, die er uns reichte. Das sei traditionelle chinesische Medizin, erklärte er. »Etwas, das euren Hals freimacht und euch neue Energie schenkt.«

Wir schluckten die Pillen und tranken dann etwas Tee, der für unseren Geschmack eher an heißes Wasser erinnerte. Unwillkürlich sehnten wir uns nach unserem Buttertee. Aber das Essen war herrlich. Noch nie hatten wir so viele verschiedene Gerichte auf einmal gesehen. Besonders der Reis war wunderbar, ganz weiß und flockig.

Herr Li erklärte, chinesischer Reis werde gedämpft statt gekocht wie unser Reis, und aus diesem Grund schmecke er so mild. »Gutes Essen?«, fragte er direkt an mich gewandt, vielleicht weil ihn mein unbändiger Appetit beeindruckte.

»Ja, sehr gutes Essen«, antwortete ich ihm auf Chinesisch und nahm mir die vierte Portion Reis.

»Sehr schön«, fuhr Herr Li fort. »Ihr müsst gut essen und euch richtig ausruhen, damit ihr morgen Kraft habt und proben könnt.«

»Wozu denn probieren?«, wandte Zhatsonamu ein. »Wir brauchen doch bloß zu singen.«

Yisso übersetzte, und Herr Li lachte laut heraus. »Nun, auf jeden Fall kann es nicht schaden, wenn ihr eine Nacht gut schlaft, findet ihr nicht?« Immer noch lächelnd schwieg er eine Weile, und dann sprach er mich noch einmal direkt an. »Gefällt euch euer Zimmer, Namu?«

»Ja, das Bett ist sehr bequem, danke«, antwortete ich ihm. Wieder sprach ich Chinesisch und war sehr stolz darauf.

»Schön, schön«, meinte Herr Li und nahm mit seinen Essstäbchen ein kleines Stück Fleisch auf.

Zhatsonamu wandte sich an Yisso. »Kannst du ihn fragen, warum die Schlafzimmer keine Feuerstellen haben?«

»Oh ja, frag ihn! Frag ihn, wie die Leute bei Nacht ihre Feuer anzünden!«, kicherte Latsoma.

Yisso wusste natürlich, was die beiden meinten – dass man sich nur schwer vorstellen konnte, im grellen Licht der Neonröhre mit seinem Geliebten zu flüstern. Er lächelte und schüttelte den Kopf. »Das werde ich ihn nicht fragen.«

»Komm schon, Yisso, frag ihn!« Latsoma setzte ihr strahlendstes Lächeln auf.

Also fragte Yisso Herrn Li. »In der Stadt fällt es schwer, Holz aufzutreiben«, antwortete der jedoch sachlich. Und als wir in Gelächter ausbrachen, fuhr er, immer noch ernst, fort. »Außerdem würde alles schwarz und ihr würdet ersticken, wenn ihr in einem solchen Zimmer ein Feuer anzünden würdet.«

Aber auch ohne ihr Feuer schliefen meine Freundinnen in dieser Nacht sehr gut. Es war so schön, nicht auf dem Boden zu schlafen und nicht von Flöhen gebissen zu werden. Die Betten waren herrlich bequem, und die Laken und Decken rochen wie die Seife, die wir beim Duschen benutzt hatten.

»Ihr braucht nicht nervös zu sein«, sagte Herr Li am Abend, an dem der Gesangswettbewerb stattfinden sollte. »Alles wird gut ausgehen. Kein Grund, euch zu fürchten.« Natürlich lachten wir ihn aus. Wir hatten keine Angst, wir würden doch nur singen! Weswegen sollten wir nervös sein? Aber Herr Li wirkte unruhig. Er wischte sich das Gesicht mit dem Taschentuch ab, und während er uns durch den großen Veranstaltungsraum hinter die Bühne führte, erklärte er uns wieder und wieder, sobald die Moderatorin unsere Namen sage, müssten wir nur in die Mitte der Bühne gehen.

Wir wurden als erste aufgerufen. Sobald ich auf die Bühne trat, begriff ich, warum Herr Li sich sorgte. Auf meinen Namen hin vorzutreten, war noch ganz einfach, aber kaum hatte ich ein paar Schritte getan, da blendeten mich die Scheinwerfer, und ich konnte nur stehen bleiben und warten, bis die Moderatorin mich bei der Hand nahm und zu meinen Freundinnen führte. Sie blinzelten, und ihre Gesichter glühten unwirklich. Nach und nach unterschied ich in der dunklen Zuschauermenge vor uns einzelne Köpfe, und mein Herz setzte aus. Zum ersten Mal in meinem Leben würde ich vor Menschen singen, die ich nicht kannte. Ich hatte Angst.

Als der Applaus verklungen war, stellte die Moderatorin uns als »drei Moso-Mädchen aus dem Land der Töchter« vor. Wir sangen, und wieder klatschte das Publikum. An dem Applaus hörten wir, dass den Menschen unser Lied gefallen hatte. Ich schaute mich nach Herrn Li um, der hinter dem Vorhang stand. Er lächelte breit und bedeutete uns mit einem Nicken, weiterzusingen. Wir sangen ein weiteres Lied, und wieder waren die Zuschauer begeistert. Wir wollten schon ein drittes Lied beginnen, aber die Moderatorin kam auf uns zu, gratulierte uns und führte uns nach draußen. Den Rest des Abends saßen wir hinter den Kulissen und lauschten den Sängern der anderen Völker. Manche traten mit einem vollständigen

Orchester auf, und die Lieder waren so unterschiedlich und farbig wie ihre Trachten. Ich war hingerissen. Nie hätte ich mir vorgestellt, dass es so viele Lieder auf der Welt gab.

Dann dankte die Moderatorin den Künstlern und erklärte dem Publikum, die Vorstellung sei vorüber. Es war Zeit, die Preisträger zu küren. Herr Li ging auf die Bühne und sagte etwas, und ehe wir Zeit hatten, Yisso um eine Übersetzung zu bitten, rief man uns schon auf die Bühne und schob uns auf ihn zu, und wir schüttelten Hände und lächelten in die Runde. Ebenfalls lächelnd überreichte die Moderatorin jeder von uns eine rote Ehrenurkunde und einen roten Umschlag. Inzwischen war das Publikum aufgestanden und applaudierte. Meine Freundinnen winkten und verneigten sich und zogen sich dann in den hinteren Teil der Bühne zurück, und die Moderatorin schob mich in ihre Richtung. Doch eigentlich mochte ich noch nicht gehen. Diese Fremden konnten nicht genug von mir bekommen.

Als wir am nächsten Tag durch die Straßen gingen, riefen uns Menschen an, die wir nicht kannten, und lächelten uns zu. Zhatsonamu und Latsoma schienen das kaum zu bemerken. Als wir unsere roten Umschläge öffneten, hatten wir entdeckt, dass in jedem fünfzig Yuan steckten. So viel Geld hatten wir noch nie auf einmal gesehen, und meine Freundinnen waren so aufgeregt, dass sie kaum abwarten konnten, es in Geschenke für ihre Mütter und Freunde umzusetzen. Damals konnte man für fünfzig Yuan noch eine Menge kaufen. Ich selbst freute mich auch sehr über das Geld, aber vor allem gefiel es mir, berühmt zu sein, und ich konnte nur an eines denken: Ich wollte mehr von der Welt sehen.

Mein Wunsch sollte sich noch am selben Nachmittag erfüllen: Herr Li und Yisso kamen in unser Zimmer und verkündeten, wir würden nicht wie geplant nach Zuosuo zurückfahren. Herr Li hatte uns zu einem weiteren Wettbewerb in Xichang angemeldet. Das bedeutete acht Stunden Autofahrt, und wir mussten früh am nächsten Morgen aufbrechen. Meine Freundinnen ließen sich auf die Betten sinken und brachen beinahe in Tränen aus. Ich aber war überglücklich.

Xichang ist viel größer als Yanyuan. Das höchste Gebäude in Yanyuan hatte vier Stockwerke, das höchste in Xichang dagegen zwölf. Das Hotel in Xichang besaß außerdem einen roten Teppich und Toiletten, deren Spülung meistens funktionierte. Am Morgen nach unserer Ankunft führte Herr Li uns durch die Stadt. »Jetzt will ich euch den Bahnhof zeigen und einen Zug«, erklärte er. Und als ich diesen riesenhaften Tausendfüßler ansah, ging mir auf, dass die Städte immer wunderbarer wurden, je weiter wir uns von Zuosuo entfernten ... Wie gern wäre ich mit diesem Zug gefahren!

Wir kehrten ins Hotel zurück, und dort warteten die Fernsehleute auf uns. Sie trugen ein Ding auf einem Stock bei sich und etwas, das wir für ein großes Tonbandgerät hielten. »Das ist eine Videokamera«, sagte der Kameramann. »Und das hier ein Mikrofon«, setzte er hinzu und wies auf das Ding an dem Stock. Dann zeigte er auf den Kasten mit der Glasscheibe, der in unserem Zimmer stand. »Und das ist der Fernseher.« Das verdross uns ein wenig, denn das hatten wir uns schon selbst gedacht und sogar herausgefunden, wie man das Gerät ein- und ausschaltete.

Als die Leute vom Fernsehen genug davon hatten, uns vor der Kamera singen und tanzen und lachen zu lassen, stöpselte der Kameramann sein Gerät auf der Rückseite des Fernsehers ein und schaltete den Apparat an. Es gab so etwas wie einen leisen Knall, und plötzlich tauchten unsere Gesichter auf dem Bildschirm auf. Ehrfürchtig sahen wir uns selbst zu, wie wir im Fernsehen lachten, sangen und lächelten. Wir sahen unser Abbild auf dem Bildschirm an, dann uns selbst im Zimmer, und dann wieder unsere Bilder im Fernsehen. Ich fand uns wunderhübsch. Aber als Latsoma sah, wie das Fernsehen ihr Gesicht, ihre Lieder und ihr Lachen eingefangen hatte, wurde sie nachdenklich. »Kann dieses Ding unsere Seelen rauben?«, fragte sie.

Die Mitte der Welt

In Xichang gewannen wir wieder den ersten Preis. Aber dieses Mal bekamen wir kein Geld, obwohl Xichang eine viel größere Stadt war als Yanyuan, so groß, dass wir uns sicher waren, wenigstens hundert Yuan pro Person zu verdienen. Aber alles, was wir bekamen, war eine rote Urkunde – und wir wurden fotografiert.

Am Tag nach dem Wettbewerb fuhr man uns zum Flughafen der Stadt, und ein Journalist fotografierte uns, wie wir vor einem Flugzeug standen. Das war das erste Foto, das jemals von uns gemacht wurde, und auch das erste Flugzeug, das wir sahen. Nach den Aufnahmen sahen wir zu, wie die Flugzeuge starteten und landeten. Wie war es möglich, dass ein solcher Apparat, der doch aus Metall hergestellt war, wie ein Vogel flog? Und wie mochte es wohl im Inneren eines Flugzeugs aussehen? War das Fliegen so ähnlich wie Auto fahren? Wurde einem übel davon? Nein, erklärte der Reporter. In einem Flugzeug gebe es sogar zu essen, und man könne umhergehen. Ich hatte mir immer gewünscht, über unsere Berge zu fliegen wie die Vögel, die mit den Jahreszeiten kamen und gingen. Und nun sah ich mit eigenen Augen, dass nicht nur Vögel, sondern auch Menschen fliegen konnten. Wie sehnte ich mich danach, zu fliegen und die Welt zu sehen! Aber Zhatsonamu und Latsoma wollten nur nach Hause.

Am Abend wurde zwischen Herrn Li und den Organisatoren aus Xichang heftig diskutiert, und es ging um uns. Ich verstand kein Wort, aber ich blieb bei den Männern und ließ sie keinen Moment aus den Augen, und ab und zu quälte ich Yisso so lange, bis er mit ein paar Informationen herausrückte. Als sie endlich genug geredet hatten, erklärte Yisso, fünfzehn Personen seien ausgewählt worden, um die Provinz Sichuan bei einem nationalen Wettbewerb in Peking zu vertreten, und ich gehöre dazu. Ich lief in unser Zimmer hinauf und berichtete Zhatsonamu und Latsoma, ich werde nach Peking fahren, den Ort, in dem der Pantchen Lama lebte und Mao

Tse-Tung ruhte. Als sie aber erfuhren, dass sie selbst heimfahren würden, hüpften sie vor Freude. Sie konnten es nicht erwarten, nach Hause zu ihren Müttern und ihren Freunden zu kommen.

Auch Yisso fuhr zurück, und Herr Li ebenfalls. Von morgen an würde ein Herr Luo vom Kulturbüro in Xichang die Delegation leiten. Yisso würde meiner Mutter Bescheid geben, und da ich inzwischen die Yi-Sprache gut genug beherrschte, um mich durchzuschlagen, und auch mein Chinesisch bereits Fortschritte machte, rechneten weder Yisso noch Herr Li mit Problemen.

»Namu, in Peking wird das Singen dir nicht so leicht fallen wie in Xichang«, warnte mich Herr Luo. Zum einen sollte ich zusammen mit der berühmten tibetischen Opernsängerin Nankadroma auftreten. Wir würden ein Moso-Lied, ein tibetisches und ein Lied der Yi vortragen, und zwar begleitet von einem vollständigen traditionellen chinesischen Orchester. Für Nankadroma und die anderen, die sämtlich Berufssänger waren, war es Routinearbeit, neue Lieder zu lernen und mit einem Orchester zu singen, aber nicht für mich. Wie Herr Luo meinte, sang ich so beiläufig, wie man ging oder tanzte, ich hatte mein Leben lang nur zur Begleitung der Bambusflöte gesungen und kannte nur einige wenige Melodien. Denn wie fast die gesamte Musik der Minderheiten in Westchina – und im Gegensatz zu chinesischer oder westlicher Musik – bestehen die Lieder der Moso aus improvisierten Reimen, die man zu einigen wenigen feststehenden Standardmelodien singt. Wie viele Melodien die Moso kannten, wollte Herr Luo wissen. Sechs oder sieben? Zehn? Also: eine Melodie, in der wir von der Liebe zu unseren Müttern singen, eine, mit der wir die Reiter verabschieden, die mit der Karawane aufbrechen, eine weitere für Begräbnisse, eine, die wir für unsere Liebhaber singen, und schließlich die Arbeitslieder, deren einfache Rhythmen die Bewegungen der Menschen bei der Feldarbeit zum Ausdruck bringen.

Von Xichang aus fuhren wir nach Chengdu, wo wir im Gästehaus des Kulturbüros der Provinz unterkamen. Am nächsten Morgen begannen wir mit den täglichen Proben, und Herrn Luos Einschätzung meiner musikalischen Fähigkeiten erwies sich als richtig. Es fiel mir sehr schwer, neue Melodien zu lernen, und ich war fast außer Stande, zusammen mit dem Orchester zu singen. So sehr ich es auch versuchte, ich konnte den Takt nicht zählen. Ich verpasste einfach immer den Einsatz – bis der *Erhu*-Spieler vorschlug, mit dem Fuß aufzustampfen, wenn ich an der Reihe war. Zur Erleichterung aller funktionierte das. Aber als ob die Probleme mit dem Orchester nicht ausgereicht hätten, hatte Herr Luo auch einen professionellen Stimmlehrer engagiert, der uns unterrichten sollte. Ich gab mir die größte Mühe, weil ich nicht bockig erscheinen wollte, aber ich konnte mich einfach nicht überwinden, mein Gesicht so zu verziehen, wie ich das tun sollte, damit meine Stimme lauter und deutlicher klang. Moso-Frauen singen sehr hoch und sehr laut, und weil wir mit der Kopfstimme singen, sind wir in der Lage, beim Singen zu lächeln. Ein hässliches Gesicht zu ziehen, um besser zu singen, kam mir wie ein Widerspruch in sich vor. Aber das Ärgerlichste – besonders für meine Umgebung – war, dass ich zwar rasch und durch Nachahmung lernte, aber fast ebenso schnell alles wieder vergaß. Höchstwahrscheinlich lag das daran, dass ich noch nie etwas in einem formellen Rahmen gelernt hatte. Trotzdem waren nach zwei Wochen die Proben beendet, und am nächsten Tag waren wir mit dem Zug nach Peking unterwegs. Wir fuhren in Schlafwagen zweiter Klasse.

Drei Tage und zwei Nächte lang zuckelte der gewaltige Tausendfüßler durch die Berge und an großen Flüssen entlang, durchquerte kleine Dörfer und große Städte und hielt an Bahnhöfen voller lärmender Menschen und noch lauteren fliegenden Händlern. Einige der Sänger beklagten sich, die Reise sei zu lang, aber ich klebte mit der Nase am Fenster und ließ drei Tage lang China an mir vorbeiziehen. Wenn ich es überdrüssig wurde, nach draußen zu schauen, übte ich mich im Chinesischen. Nachts legten wir uns in die schmalen Schlafwagenkojen, und ich träumte vom Rampenlicht und von rosa Eiscreme. Ich träumte mit geschlossenen Augen, aber ich schlief nicht.

Peking ist eine sehr große Stadt, viel größer als Chengdu und vielleicht sogar größer als das ganze Moso-Land. Von dem Moment an, als der Zug in den Bahnhof einfuhr, spürte ich diese gewaltige Größe fast körperlich. Und als wir ausstiegen und auf den Bahnsteig traten, bekam ich es schrecklich mit der Angst zu tun. Ich griff nach Herrn Luos Hand. »Du brauchst nicht so fest zuzupacken!«, schimpfte er und machte sich los. »Schau, was du angestellt hast!« Und da sah ich die Kratzer auf seiner Hand.

Nankadroma nahm meinen Arm, und wir schoben uns durch die auf- und abwogende Menschenmenge bis in die riesige Halle, wo eine laut dröhnende, melodische Frauenstimme den allgemeinen Tumult übertönte. »Hier ist Peking Bahnhof, Peking ist unsere große Hauptstadt, Peking ist die Hauptstadt der Volksrepublik China«. Ich konnte die einzelnen Wörter nicht unterscheiden, aber für mich hörte sich die Ansage wie ein sanftes Lied an. Ich fand sie beruhigend und begann die Frau nachzuahmen, ein leiser Singsang ohne Sinn, der alle zum Lachen brachte.

In der Halle trafen wir die Organisatoren, die uns nach draußen führten, zu den Minibussen, die darauf warteten, uns ins Hotel zu fahren. Das Hotel in Peking war größer als das in Xichang. Die Zimmer waren nicht nur mit roten Teppichen ausgelegt, sondern sie hatten eigene Badezimmer mit gekachelten Wänden, Badewannen und Toiletten, deren Spülung jedes Mal funktionierte, wenn man den Griff drückte. Ein solches Zimmer teilte ich mit der berühmten tibetischen Opernsängerin Nankadroma.

Nankadroma war schön, groß und stark und hatte sehr dunkle Haut. Ihr Haar war dicht und schwarz, ihre Brauen ebenfalls, und ihre Augen, die in den Bewegungen und dem Mienenspiel der tibetischen Oper ausgebildet waren, besaßen die Macht, andere Menschen zum Schweigen zu bringen oder zu verzaubern. Nankadroma schien immer in ihre eigenen Gedanken versunken zu sein; sie sprach langsam und wenig, doch wenn sie sich einmal zu Wort meldete, dann hörte jeder zu. Ich bewunderte sie sehr und war über alle Maßen stolz, ein Hotelzimmer mit ihr zu teilen. Ich beobachtete jede ihrer Bewegungen und kopierte ihren Gesichtsausdruck, die Gesten ihrer Hände und das Wiegen ihrer Hüften. Und ich folgte ihr überall hin, sogar ins Badezimmer, wo sie sich anschickte, ein Bad zu nehmen. So entdeckte ich, dass es noch andere Dinge außer Flugzeugen und Eiscreme gab, die ich nicht kannte.

»Was ist denn das?«, fragte ich auf Chinesisch.

»Das ist ein Büstenhalter. Keine Sorge, du brauchst keinen.« Lachend winkte sie mich aus der Tür.

Außerhalb des Hotels gab es breite Alleen, und auf den Straßen gingen und sprachen die Menschen, als gehöre ihnen ganz China. Ich konnte nur noch mit offenem Mund staunen. Schon in Yanyuan, Xichang und Chengdu hatte ich viele wunderbare Dinge gesehen, aber nichts war mit Peking zu vergleichen. Peking war riesig, imposant, wunderschön und überwältigend. Hier amüsierte ich mich nicht einfach; ich war von Ehrfurcht ergriffen. »Du bist so glücklich«, meinte Nankadroma, »dass du sogar mit einem Lächeln auf dem Gesicht schläfst.«

Die Organisatoren hatten für jeden Tag Ausflüge arrangiert, bei denen wir wichtige Sehenswürdigkeiten besuchten: die Große Mauer, die verbotene Stadt, den Tiananmen-Platz, Mao Tse-Tungs Wohnung und das Mausoleum, in dem der große Steuermann einbalsamiert in seinem gläsernen Sarkophag lag. Der Stand meiner politischen und historischen Bildung war allerdings so verheerend, dass mir, als ich das gigantische Mao-Porträt am Tiananmen-Platz sah, nur auffiel, dass er ein Muttermal am Kinn hatte – denn meine Ama besaß einen Leberfleck genau an der gleichen Stelle. Ich konnte es nicht glauben! Jahre später sollte meine Mutter mich in Peking besuchen. Auch ihr fiel Maos Muttermal auf, und sie war furchtbar stolz darauf.

Zitternd vor Angst und nervöser Anspannung trat ich am Abend des Wettbewerbs auf die Bühne. Nankadroma lächelte dem Publikum zu, einer gewaltigen dunklen Masse vor uns, und ich tat es ihr nach. Dann lächelte sie mir zu, und das Orchester spielte die ersten Noten. An diesem Abend wusste ich in der Hitze der Bühnenscheinwerfer alles ganz genau; jedes Wort auf Tibetisch oder Yi, was ich mit meinem Gesicht anzufangen hatte und wann mein Einsatz kam. Ich legte mein ganzes Herz in meinen Gesang, und als die Vorstellung vorüber war, hatten Nankadroma und ich zusammen mit dem Rest der Truppe aus Sichuan den ersten Preis gewonnen.

Am nächsten Tag erhielten wir unsere roten Urkunden, und man schob uns auf eine riesige Bühne in der Großen Halle des Volkes und wieder hinunter. Alle möglichen Regierungsvertreter hielten Reden, die ich nicht verstand, und Hunderte von Zuschauern applaudierten den Rednern. Aber dieses Mal bekamen wir tatsächlich Geld. Es befand sich nicht in einem einfachen roten Umschlag, sondern war wie ein kostbares Geschenk in das allerschönste Reispapier gewickelt. Und es war viel Geld, sagte mir Herr Luo, zweihundert Yuan. Ein Vermögen.

Zuallererst hatte ich vor, das Geld zu zählen und dann richtig teure Geschenke für meine Familie zu kaufen, aber ich konnte mich nicht überwinden, das schöne rote Papier zu zerreißen. Zu Hause wickelten wir Geschenke niemals ein, und ich wünschte mir so sehr, dass meine Mutter dieses Papier sah. Zu aller Belustigung verbrachte ich den ganzen Abend damit, dieses Problem hin- und herzuwälzen. Erst als wir wieder in unserem Hotelzimmer waren und uns zum Zubettgehen fertig machten, beschloss ich endgültig, das Papier nicht zu öffnen. Nankadroma schaute ein wenig besorgt und meinte, dann müsse ich auf Diebe Acht geben. Als ich am nächsten Morgen aufwachte, sah ich, dass sie eine Geheimtasche in mein Unterhemd nähte, in der ich mein Geld sicher aufbewahren konnte.

»Kleine Namu, was hast du denn nun beschlossen, mit deinem Geld anzufangen?«, fragte Herr Luo, der im Foyer unsere Bahnfahrkarten zählte.

»Ich lasse meine Mutter das Päckchen aufmachen.«

Er klopfte mir auf den Rücken, und alle Sänger waren sich mit ihm einig, dass das die beste Entscheidung war. Sie waren alle so freundlich, und sie hatten so viel Geduld mit mir gehabt. Ich war bei weitem die jüngste und unerfahrenste in der Truppe, aber ich war der Liebling aller. Ganz besonders Nankadromas Liebling. Als ich neben ihr auf der Bank unseres Zweite-Klasse-Waggons saß, schaute ich in ihr schönes Gesicht, und mein Herz floss über vor Liebe zu ihr und Stolz auf mich selbst. »Ich bin zur Mitte der Welt gereist, um mit der berühmten Nankadroma zu singen, und wir haben gewonnen«, dachte ich. Aber als der Zug anruckte und langsam aus dem Pekinger Bahnhof zuckelte, vergaß ich Nankadroma und das kleine rote Geldbündel, das gegen meine Taille drückte, und war einfach traurig, weil ich wegfuhr.

Ein Dorf am Rande der Zeit

Die Zugfahrt nach Chengdu dauerte drei Tage und zwei Nächte. Wieder klebte ich am Fenster und sah zu, wie China in umgekehrter Richtung an mir vorbeiglitt. Meine Augen hungerten immer noch nach der Welt, und doch sah ich manchmal statt der Dörfer und Berge den Lugu-See und unsere Göttin Gamu. Und wenn ich bei Nacht die Augen schloss, dann träumte ich nicht von rosa Eiscreme, sondern von gerösteten Kartoffeln und Buttertee. Im Traum sah ich auch das Gesicht meiner Mutter, wie sie das kleine rote Bündel öffnete, und dann träumte ich von allen Orten, die ich gesehen hatte, und allen, die mir noch zu entdecken blieben.

Vom Zugfenster aus sah ich die Landschaft vorbeiziehen. Felder auf Felder und gewundene Flüsse, Berge, deren Gipfel in den Wolken verschwanden, schmutzige Städte und langweilige Dörfer, Bauern mit Hacken und Rechen auf den Schultern, die in Gruppen dahingingen, Bauern, die allein in den Feldern arbeiteten, die bis ganz an den Rand der Schienen gepflanzt und mit dem Müll übersät waren, den die Fahrgäste aus den Zugfenstern warfen. Auf meinen Reisen hatte ich entdeckt, dass es auf der Welt zwei Arten von Menschen gab: Städter, die in Restaurants aßen, duschten und ins Kino gingen, und Bauern, die auf den Feldern arbeiteten. Wir Moso gehörten zur zweiten Kategorie.

Als wir am dritten Tag Sichuan erreichten, durchquerte der Zug überflutete Felder und isolierte Dörfer, kleine Inseln, die in einem Meer aus gelbem Wasser gestrandet waren. Bauern wateten durch das schmutzige Wasser und hielten ihre Kinder und ihre Besitztümer über den Kopf. Wohin sie wohl wollten? So weit das Auge sehen konnte, gab es nur Wasser. Dann sah ich eine kleine Frau, die ein Kind auf der einen Schulter und einen Koffer auf der anderen trug. Das Wasser reichte ihr fast bis zum Kinn. Wenn sie jetzt in ein Loch trat, würde sie bestimmt untergehen. Einer der Sänger legte mir die Hand auf die Schulter. »Mach dir keine Sorgen, die Volksbefreiungsarmee wird die Menschen retten.« Die anderen nickten dazu und gingen von den Fenstern weg, und nach einiger Zeit widmeten sie sich wieder ihren Kartenspielen und Büchern, ihrem Tee und ihren Zigaretten. Aber während der Zug auf Chengdu zuruckelte, sah ich nicht einen Soldaten von der Volksbefreiungsarmee.

In Chengdu fuhr man uns zum Hotel Jinjiang. Dort empfing uns der Direktor des Kulturbüros von Sichuan mit einem Bankett, das zu unseren Ehren ausgerichtet worden war, weil wir in Peking den ersten Preis gewonnen hatten. Auch Leute vom Fernsehsender in Sichuan waren eingeladen und Reporter verschiedener Lokal- und Provinzzeitungen. Im Speisesaal stand auf gewaltigen runden Tischen eine Vielzahl verschiedener Gerichte.

Der Direktor hielt eine Rede, die ewig zu dauern schien und von der ich kein Wort begriff. Aber selbst wenn ich ihn verstanden hätte, ich hätte nicht zugehört. Während ich leeren Blickes den Mund des Beamten anstarrte, der sich über tabakfleckigen Zähnen öffnete und lächelte, sah ich nur Menschen, die bis zur Brust in schmutzigem Wasser standen. Ich konnte nur daran denken, dass nicht sehr weit von diesem Festsaal entfernt unter dem düsteren Himmel eine kleine Frau um Hilfe flehte, einen Koffer auf der einen Schulter und auf der anderen ein kleines Kind, das sich an ihr Haar klammerte. Ich hatte noch nie eine Überschwemmung erlebt. Aber wenn es in Zuosuo jemals eine gab, dann würden wir einander bestimmt helfen. Wie konnte der Direktor nur lächeln? Wie konnte jemand von uns Essen über die Lippen bringen? Für den Rest des Abends konnte ich weder essen noch sprechen. Ich verstand diese Leute einfach nicht. Meine Mutter und Zhema und meine Brüder fehlten mir, und ich war froh, dass sie in Zuosuo sicher waren. Zum ersten Mal seit meiner Abreise vermisste ich mein Zuhause und mein Volk.

Die nächsten beiden Tage vergingen mit Interviews. Wieder sah ich mich im Fernsehen und dann in der Lokalzeitung, der *Sichuaner Tageszeitung*. Auf der ersten Seite war ein großes Foto von mir abgedruckt. Nankadroma las mir die Schlagzeile vor: *AUS EINEM TAL IN DEN BERGEN ERHEBT SICH EIN GOLDENER PHÖNIX.* Ich nahm die Seite, faltete sie zusammen und packte sie sorgfältig zu den anderen Dingen, die ich meiner Mutter schenken würde. Das würde sie sehr glücklich machen, sehr stolz, dachte ich in einer Mischung aus Freude und Trauer. Denn ich fühlte mich wirklich traurig. Weil ich das Elend, das ich vom Zugfenster aus gesehen hatte, nicht vergessen konnte und weil die Zeit zum Abschiednehmen gekommen war.

Bis auf diejenigen, die in Chengdu wohnten, fuhren alle nach Hause. Auch Nankadroma verließ uns. An diesem letzten Nachmittag traf ich sie allein in unserem Hotelzimmer an. Sie saß auf ihrem Bett und weinte. Ich dachte, sie sei unglücklich, weil wir uns verabschieden mussten, aber sie wies auf einen Brief, der vor ihr auf dem Bett lag. »Was ist damit? Stimmt etwas nicht?«, fragte ich, da ich nicht lesen konnte.

Nankadroma sah mich an, als erwarte sie, dass ich die Antwort schon kannte, sah aber, dass ich nichts verstand. »Er ist in Rot geschrieben, siehst du das nicht?«

»Ja, das sehe ich.« Aber ich war verwirrt. »Ist Rot etwas Schlimmes?«

Rot war eine wunderschöne Farbe. Es war die Farbe von Azaleenblüten und die der Weste, die meine Mutter an Festtagen trug. Es war die Farbe, mit der ich meine Lippen so gern angemalt hatte, wenn wir auf der Bühne gesungen hatten. Warum fürchtete sich Nankadroma vor der roten Schrift?

Da mein Chinesisch noch so begrenzt war, fiel es Nankadroma schwer, mir zu erklären, dass der Brief von der Frau ihres Liebhabers stammte, dass diese Frau Chinesin und schrecklich eifersüchtig war und sie Nankadroma den Tod wünschte. Und deswegen hatte sie den Brief mit roter Tinte geschrieben. Damit hatte sie Nankadroma verflucht. Tatsächlich begriff ich erst einige Jahre später, als ich am Konservatorium in Schanghai studierte, so richtig, welches Entsetzen diese rote Tinte einflößen konnte. Ich schlenderte mit meinem Lehrer und einigen Klassenkameraden durch die Straßen, als ich auf ein großes Poster mit den Fotos junger Männer stieß. Unter jedem Bild waren ihre Namen aufgeführt, ihr Alter, der Ort, an dem sie aufgewachsen waren, und schließlich die Worte *homosexuelle Verbrecher.* Jede Liste war mit einem großen roten

Strich abgehakt. Ich fragte meinen Lehrer, was das alles bedeutete, denn ich hatte zum ersten Mal das Wort homosexuell gesehen. Dann fragte ich ihn nach den roten Strichen, und er antwortete, die Männer seien hingerichtet worden. In meinem Inneren erstarrte alles zu Eis.

Nankadroma hatte inzwischen ihre Tränen getrocknet und wollte unbedingt mit ihrem Liebhaber sprechen, und da es im Hotel kein Telefon gab, mussten wir auf die Post gehen. Dort wartete ich vor der verglasten Kabine auf sie, während sie in den Hörer schrie und weinte, und aß ein Eis aus roten Bohnen. Ich war entsetzt und verängstigt. Ich erinnerte mich an die Geschichten über die Yi-Häuptlinge, die Dr. Rock den Kopf abhacken wollten, aber das waren nur Geschichten. Noch nie hatte ich davon gehört, dass jemand in Wirklichkeit einen anderen mit einem Todesfluch belegte.

Als Nankadroma aus der Telefonzelle kam, wirkte sie traurig, aber sie presste entschlossen die Lippen aufeinander. Sie wollte nicht ins Hotel zurückgehen, sondern einen Spaziergang machen und sich beruhigen. Also liefen wir eine Weile durch die Straßen. »Bist du hungrig, Namu?«, fragte sie dann und lächelte schwach. »Aber natürlich, du hast immer Hunger. Komm, ich kenne ein nettes Lokal.« Und ich folgte Nankadroma durch ein paar schmale Straßen zu einem kleinen Restaurant, das berühmt für seine Entensuppe war.

Wir setzten uns nahe an die Straße auf quadratische Schemel, die vor einem quadratischen Tisch standen. Nankadroma rückte näher an mich heran und steckte sich eine Zigarette an. Sie fragte mich, was ich trinken wolle.

»Tee«, antwortete ich.

»Hast du noch nie Wein getrunken?«, fragte sie und wies auf eine Flasche Erguotuo, die auf einem staubigen Bord stand.

»Keinen chinesischen.«

»Probier ihn mal«, befahl sie.

Ich wusste nicht, dass der Erguotuo ein sehr billiger und ziemlich scheußlicher Alkohol war, aber selbst wenn, dann hätte ich nicht gewagt, ihr den Wunsch abzuschlagen. Sie sah so traurig aus, und ich wollte sie nicht noch mehr aufregen. Nankadroma rief nach dem Restaurantbesitzer und ließ sich die Flasche Erguotuo bringen. Sie schenkte zwei kleine Gläser ein und kippte ihres gleich herunter.

»Komm schon!«, sagte sie und schob das andere Glas vor mich hin. »Runter damit!«

Ich nahm einen Schluck und spürte gleich, wie meine Kehle brannte und mir die Hitze in die Wangen stieg. Dieser chinesische Wein war ganz anders als unser Sulima-Wein. Unterdessen schenkte Nankadroma sich ein weiteres Glas ein und schüttete auch das hinunter. Ich beobachtete sie fasziniert und ängstlich zugleich.

Nankadroma war so schön und so berühmt. Warum weinte sie wegen eines Mannes? Warum ließ sie zu, dass ein Mann ihr so viele Probleme bereitete? Nankadroma hätte jeden haben können, den sie wollte. Warum musste sie ausgerechnet einen Mann lieben, der eine so grässliche Frau hatte? Mir ging auf, dass außerhalb unseres Moso-Landes die Ehe eine große Quelle des Unglücks und die Liebe eine äußerst komplizierte Angelegenheit waren. Aber das hatte ich natürlich schon gewusst, bevor ich nach Peking fuhr. Alle Moso wussten, dass es sich mit der Ehe so verhielt. Während ich zusah, wie Nankadroma ihr zweites Glas Erguotuo trank, dachte ich an meine Yi-Schwester Añumo, die vor ihrem Mann davongelaufen war, und dann erinnerte ich mich noch an andere Geschichten, besonders an die von einem jungen Naxi-Paar, das sich im nahe gelegenen Lijiang das Leben genommen hatte.

Für alle, die geglaubt hatten, der Selbstmord aus Liebe sei mit der kommunistischen Revolution verschwunden, war das damals ein Schock gewesen.

Die Naxi lebten ganz anders als die Han-Chinesen, die in der Zeit vor dem Kommunismus ihre Frauen ins Haus gesperrt hatten. In Lijiang hüpften die Mädchen Arm in Arm und aus voller Kehle singend durch die Straßen und neckten die Jungen. Dort blieben die Männer zu Hause, spielten Karten, rauchten Tabak und Opium und versorgten die Babys, während die Frauen Tiere schlachteten, Häuser bauten und zum Markt gingen. Naxi-Frauen trugen riesige Lasten auf dem Rücken und arbeiteten von morgens bis in die Nacht auf den Feldern. Sie waren klein, untersetzt und stark wie Maultiere, und sie ließen sich von niemandem etwas befehlen. Aber in der Liebe waren die Naxi, bevor die Kommunisten ihre Heiratsregeln reformierten, durch eine grausame Tradition gebunden, nach der Naxi-Mädchen bei ihrer Geburt versprochen wurden, und zwar immer einem Cousin mütterlicherseits, und dieser Brauch war so streng, dass eine Verlobung nur durch den Tod gelöst werden konnte. Wenn junge Leute, die jemand anderem versprochen waren, sich verliebten, dann gebot die Ehre ihnen, Selbstmord zu begehen.

Und dann, noch Jahre, nachdem die Kommunisten den Naxi die freie Wahl des Ehepartners geschenkt hatten, geschah es wieder. Ein junges Paar hatte sich umgebracht. Monate lang hatten die beiden sich heimlich auf den Feldern und im Kiefernwald getroffen, bis eines Tages der Bauch des Mädchens so rund geworden war, dass er sich nicht mehr unter ihrem blauen Kittel verstecken ließ und die beiden dem alten Brauch entsprechend in die Berge gingen. Es geschah in aller Morgenfrühe, während noch alles schlief. In ihren besten Kleidern und mit einem Proviantkorb ausgerüstet hatten sie das Dorf verlassen und waren in den Wald gegangen. Dort hatten sie sich einen wunderschönen Picknickplatz auf einer Lichtung gesucht, wo sie glückliche Tage der Liebe verbringen konnten – bis ihnen Nahrung und Wein ausgingen und sie sich an einem Baum erhängten.

Als meine Ama davon hörte, hatten ihre Augen vor Tränen geglänzt. »Keine Moso-Frau würde sich jemals wegen eines Mannes aufhängen«, hatte Dujema geflüstert.

Am liebsten hätte ich Nankadroma diese Geschichte erzählt. Ich hatte Lust, ihr von dem Naxi-Pärchen zu erzählen und von meiner Schwester Añumo, ich wollte ihr sagen, wie einfach die Liebe in meinem Dorf sein konnte – jedenfalls wenn man keine Angst hatte, seine Tür zu öffnen. Aber ich kannte nicht genug chinesische Wörter. »Wenn in meinem Dorf die Frauen verliebt sind«, wollte ich ihr sagen, »dann leuchten ihre Gesichter wie die Sonne; aber du ziehst eine Miene, als kämest du von einer Beerdigung.«

Nankadroma leerte ein weiteres Glas. »Weißt du, was die Chinesen über Frauen sagen?«, fragte sie. »Sie behaupten, Schönheit sei ein Unglück für eine Frau.« Und sie erzählte mir ihre Geschichte.

Nankadroma stammte aus dem Bezirk Mianing im tibetischen Teil von Sichuan. Sie war die schönste von drei Schwestern, was ihr viele Probleme bereitete, denn wo sie auch hinging, waren die Frauen eifersüchtig auf sie, und die Männer belästigten und drangsalierten sie. Dort, wo Nankadroma lebte, umwarben die Männer die Frauen nicht immer mit witzigen Liedern und hübschen Gürteln. Stattdessen warfen sie mit Steinen und riefen hässliche Wörter, und wenn die Frauen sich umdrehten und zurückschrieen, dann lachten sie sie aus. Nankadroma war ungefähr sechzehn gewesen, als sie die Straße entlang ging und zwei Jungen zu ihr gelaufen kamen, die versuchten, ihre Brüste zu begrapschen. Sie wehrte sich so gut sie konnte, doch da kam ein anderer Mann vorbei und jagte die Jungen fort. Sie kannte ihn nicht und sah ihn erst viele Jahre später wieder, als sie sich zufällig an der dortigen Bushaltestelle trafen. Sie war damals schon eine berühmte Sängerin und ging mit der tibetischen Oper auf Tournee, und er arbeitete für das örtliche Kulturbüro. Die beiden wollten in denselben Bus steigen. Sofort erkannten sie einander und verliebten sich, bevor die Busfahrt zu Ende war. Doch in den Jahren, seit er sie auf der Straße gerettet hatte, hatte der Mann leider geheiratet, und das Schlimmste war, dass er sich eine Chinesin ausgesucht hatte. Wäre seine Frau Tibeterin gewesen, dann hätten sie eine Lösung finden können, aber eine chinesische Frau würde niemals eine Rivalin tolerieren oder in eine Scheidung einwilligen.

»Warum hat er denn keine Tibeterin geheiratet?«, fragte ich.

»Sie war eine schöne Frau, und als er sie geheiratet hat, liebte er sie. Wie konnte er ahnen, dass wir uns wieder begegnen würden? Woher sollte er wissen, dass sie sich so kleinlich anstellen würde?« Nankadroma zündete sich eine neue Zigarette an und füllte ihr Glas. Inzwischen hatte ich aufgehört, die Gläser zu zählen, aber die Flasche war mehr als halb leer. »Jetzt ist sowieso alles vorbei. Ich werde der Sache ein Ende machen«, fuhr sie fort, und plötzlich traten ihr wieder die Tränen in die Augen. »Jeden Tag bin ich unglücklicher, und nun muss ich sogar um mein Leben fürchten. Ich kann das einfach nicht glauben!«

Als die Flasche leer war, wollte Nankadroma zurück ins Hotel. Es war sehr spät, und die einzigen anderen Gäste waren Männer, die herumschrien und im Rausch Wetten abschlossen. Aber Nankadroma war selbst so betrunken, dass sie das Glas vom Tisch stieß, als sie aufstand, und ich musste ihr helfen, aufrecht zu stehen, während der Restaurantbesitzer eine Kellnerin losschickte, damit sie eine Rikscha holte.

Mein Hals brannte, und ich hatte einen schalen Geschmack im Mund. Aber ich war mir nicht sicher, ob das nur am schlechten Wein lag. Nankadromas Geschichte hatte mich zutiefst betroffen gemacht. Manchmal war ich schon sehr eifersüchtig auf meine Schwester gewesen, aber das Schlimmste, was ich je angestellt hatte, war, dass ich die Blutwurst aus ihrer Proviantschachtel stahl – eine wirklich schreckliche Geschichte, über die meine Mutter wochenlang gelacht hatte. Aber ich hatte noch nie den Wunsch verspürt, einen anderen Menschen zu verfluchen oder ihm ernsthaften Schaden zuzufügen. Und ich hatte noch nie gehört, dass Frauen wegen eines Mannes stritten. Während ich Nankadroma half, torkelnd in die Rikscha zu steigen, empfand ich große Erleichterung darüber, dass meine Mutter, meine Schwester und meine kleinen Brüder in Zuosuo lebten, wo jeder auf den anderen aufpasste, wo es keine Überschwemmungen gab und wo Menschen einander ohne Angst vor Eifersucht oder Strafe lieben konnten.

Nankadroma lehnte sich an meine Schulter, und ich streichelte ihr dichtes, seidiges Haar. Ich fühlte mich ihr sehr nahe, so wie in jener Nacht, als ich neben Añumo geschlafen hatte, glücklich in dem Gedanken, dass ich ihr etwas Trost spenden konnte. Als wir wieder in unserem Zimmer waren, half ich ihr, die Schuhe und Kleider auszuziehen und brachte sie ins Bett. Ich küsste sie auf die Wange, als wäre ich ihre Mutter.

Am nächsten Morgen war sie immer noch betrunken oder zumindest verkatert. Ich gab ihr ein Glas Wasser und sagte ihr Lebewohl. Sie murmelte etwas, aber ich glaube nicht, dass sie wirklich bemerkte, dass ich mich verabschiedete. Danach sollte ich sie viele Jahre nicht wiedersehen, und während dieser Zeit fragte ich mich oft, ob sie sich wohl von ihrem Liebhaber getrennt und einen Mann gefunden hatte, der ihrer würdig war.

Es war vereinbart worden, dass ich nach Yanyuan zurückfuhr, wo ich mich einigen Pferdeführern anschließen und mit ihnen nach Zuosuo heimkehren sollte. Die betriebsame Bezirkshauptstadt, die mir noch vor ein paar Wochen den Atem geraubt hatte, wirkte jetzt sehr klein, und dem knallbunten Schlafzimmer im Gästehaus hätte ein Teppich gut getan. Früh am Morgen ging ich zum Hotel der Karawanenführer, wo ich Jiashe, einen Reiter aus unserem Dorf, sowie vier weitere Männer antraf. Sie hatten die Pferde, insgesamt fünfzehn, bereits gesattelt und mit Salz, Zucker, Tee, eisernen Sicheln und Ballen von Baumwollstoff beladen, und binnen einer Stunde waren wir unterwegs. Die Reise würde sieben Tage dauern.

Ich spürte die Müdigkeit nicht. Meine Gedanken waren bei Nankadroma, und selbst als wir den letzten Hügelkamm erklommen, hinter dem der Lugu-See in Sicht kommt, konnte ich nur die Städte sehen, die ich besucht hatte.

»Die Reise nach Peking hat dich sehr ruhig werden lassen«, scherzte Jiashe.

Aber es war mein Dorf, das ruhig geworden war. Sehr ruhig. Mutter See lag in reinstem Blau und vollkommen still da, ein perfekter Spiegel, in dem die Berggöttin in alle Ewigkeit ihr Abbild betrachten konnte. Der Himmel darüber war weit und leer bis auf die weißen Rauchfäden, die von den Dächern der Häuser aufstiegen. Dies war vollkommene, unberührte Schönheit und großer Friede. Ich konnte mich des Gedankens nicht erwehren, dass die Außenwelt nichts davon wusste und mein Volk wirklich und wahrhaftig vergessen war.

Die Pferdeglocken verkündeten unsere Rückkehr schon lange, bevor wir das Dorf betraten, und bald rannten die Kinder aufgeregt schreiend auf uns zu, und hinter ihnen kam meine Mutter gelaufen. Sie trug Jiama auf dem Rücken, und ihr Gesicht war mit Mehl überstäubt. Sie hatte gekocht. Und sie strahlte von einem Ohr zum anderen, und ihr Gesicht leuchtete, als wäre heute ein Feiertag.

»Du bist zurück! Ich wusste, dass du zurückkommen würdest! Heute Morgen rief die Elster, und da wusste ich, dass du kommst!«

Sie wusste gar nicht, wo sie sich lassen sollte. Schließlich reichte sie mir Jiama und machte mein Bündel vom Pferd los. Dann gingen wir Seite an Seite nach Hause; ich trug Jiama auf dem Rücken und meine Mutter mein Bündel. Schön war das, endlich zu Hause bei meiner Mutter, meiner kleinen Schwester, Zhema und meinen Brüdern zu sein. Alle saßen wir um die Feuerstelle, tranken Buttertee und lachten, und meine Familie staunte über meine Geschichten.

Noch am selben Abend lud meine Ama das ganze Dorf in unseren Hof ein, um meine Rückkehr zu feiern und den Pferdeführern zu danken, die mich sicher nach Hause gebracht hatten. Man tanzte, sang und lachte. Die Stimmung war genau so fröhlich wie an jenem anderen Abend, als Herr Li und Zhang und Zhu ihr Tonbandgerät laufen ließen. Damals war die Zukunft noch unbekannt gewesen, geheimnisvoll, ein Abenteuer, das noch auf seine Heldin wartete; und heute Abend begingen die Dorfbewohner die Rückkehr der Heldin. Und das Abenteuer war vorüber. Der alte Datso, der einmal sogar bis Indien gereist war, stand auf und ergriff das Wort. »Alle mal herhören! Wir müssen Namu willkommen heißen, die aus Peking zurückgekehrt ist. Sie hat Preise gewonnen und ist der Stolz des Moso-Volkes. Ich bin alt und werde nicht mehr nach Peking kommen. Also lasst uns still sein und hören, was sie zu erzählen hat! Denn ich möchte es erfahren.«

Aber er klang so offiziell, so sehr wie ein Regierungsbeamter, dass alle lachten, statt zu schweigen. Unbeirrt nahm Datso meine Hand und verlangte, dass ich eine Rede hielt. Ich stand auf und sang und sagte ein paar Worte. Dann holte ich das kleine rote Päckchen hervor, dass ich auf dem ganzen Rückweg von Peking in meiner Kleidung versteckt hatte. Ich bat meine Mutter, es zu öffnen, aber ihr Stolz machte sie jetzt schüchtern, und sie schüttelte nur den Kopf, schob das kleine Bündel weg und sagte mir, ich solle es selbst öffnen.

»Zweihundert Yuan«, sagte ich und hielt das Bündel Geldscheine hoch, damit es alle sehen konnten.

Die Dorfbewohner schnappten nach Luft. Alle wollten das Geld anfassen. »Das kommt aus Peking«, flüsterten sie, während sie das Päckchen herumreichten und an die Stirn führten, damit es auch ihnen Glück brachte.

Danach zeigte ich die Zeitung vor. Niemand konnte lesen, aber allen gefiel das Foto. Als ich das sah, ging ich in mein Zimmer und holte die Ansichtskarten, die ich in Peking gekauft hatte, und das Zeitungsfoto von Nankadroma. Ich erzählte viel von Nankadroma.

»Warum hast du sie nicht eingeladen, mit dir herzukommen?«, fragte meine Ama.

»Ich glaube nicht, dass es ihr hier gefallen würde. Es wäre zu ruhig für sie«, antwortete ich. Schon jetzt dachte ich, dass es vielleicht sogar zu ruhig für mich war.

Ama sprach nicht weiter von Nankadroma. Sie war viel zu glücklich, um meine Bemerkung richtig zu verstehen. Außerdem langweilten meine Geschichten die Leute inzwischen, und alle redeten und lachten wieder, und sie wollten Numbu zuhören, der aufgestanden war, um eine weitere Rede zu halten.

»Wie ihr alle wisst«, begann Numbu in demselben offiziellen Tonfall, den Datso gebraucht und der alle zum Lachen gebracht hatte, »ist an unserer Grundschule eine Stelle frei geworden. Nun, man hat beschlossen, dass Namu für die Lehrer kochen und sauber machen soll. Sie wird fünfzehn Yuan im Monat verdienen.«

Dieses Mal lachte niemand. Die Gäste brachen in Beifallsrufe aus und nickten zustimmend, und meine Mutter strahlte. Dies war eine der wenigen Arbeitsstellen in unserem Dorf, die Bargeld einbrachten, und jede Mutter hatte Hoffnungen für ihre Töchter gehegt. Noch vor einem Monat hätte ich zu den weniger aussichtsreichen Kandidatinnen gehört, aber nun war alles anders geworden. Jetzt war ich in meinem Dorf eine Berühmtheit, und es erschien nur natürlich, dass ich eine so begehrte Stelle erhielt. Das Problem war nur, dass ich kein Star in meinem kleinen Dorf sein wollte. Ich wollte ein Star in der großen Welt werden.

Liebe und Pflicht

Die ersten paar Tage nach meiner Rückkehr aus Peking sonnte ich mich in meiner Sonderstellung. Ich arbeitete nicht und stand sehr spät auf. Dann schlenderte ich in die Küche zu meiner Mutter, die bereits einen großen Teil der Hausarbeit erledigt hatte. Zhema war fort, auf den Feldern. Ich setzte mich an die Feuerstelle, trank Buttertee und aß geröstete Kartoffeln. Ich spielte mit Homi und Jiama. Niemandem schien das etwas auszumachen. Ich war ein Star und musste mich von meinen Reisen ausruhen. Außerdem würde ich bald anfangen, in der Schule zu arbeiten. Und dann, eines Vormittags, als ich gerade mit dem Frühstück fertig war, bat Ama mich, in den Garten zu gehen und eine Taro-Wurzel auszugraben.

Als ich in die Küche zurückkam, warf sie die Wurzel in einen Topf und erklärte mir, ich solle Kleister herstellen, um mein Zeitungsfoto an die Tür des Küchenschranks zu kleben. Ich sollte auf das Taro Acht geben, weil es eine Zeit lang kochen musste und sie viele andere Dinge zu tun hatte. Während sie noch sprach, kam Geko herein. Er brachte Hirsekuchen und eine Flasche Wein, die seine Mutter ihm für unsere Familie mitgegeben hatte. Geko wohnte ein paar Tore weiter. Er war ungefähr zwanzig Jahre alt, sehr groß und hatte ein hübsches, männliches Gesicht und dichtes, welliges Haar. Allgemein war man sich darüber einig, dass er der bestaussehende junge Mann im Dorf war. Ama begrüßte ihn und lud ihn ein, sich an die Feuerstelle zu setzen, und während sie seine Gaben auf den Ahnenaltar stellte, bat sie mich, ihm Tee zu servieren. Und als ich gerade den Tee einschenkte, entschuldigte sie sich plötzlich, nahm Homi und Jiama mit und ließ uns beide im Haus allein. Ich wusste nicht, wohin mit mir, und ich war wütend. Ganz offensichtlich hatte meine Ama diesen Besuch arrangiert.

Unterdessen warf Geko mir einen eindringlichen Blick zu und zog eine Zigarette hervor.

»Wie war es in Peking?«, fragte er, formte die Lippen zu einem

Kreis und blies Rauchringe in die Luft. »Ich dachte, dass du vielleicht nie zurückkommst. Ich habe dich beobachtet, als du abgereist bist.«

Ich schützte großes Interesse an der Taro-Wurzel vor, die in dem Topf kochte.

Er stieß noch mehr Rauch aus, dieses Mal durch die Nase. Dann stieg er vom *Kang*, trat neben mich und betrachtete das Taro. »Hat es dir in der Außenwelt gefallen, Namu?«, fragte er.

»Ja, sehr«, antwortete ich kühl.

Seine Miene verfinsterte sich, aber so leicht war er nicht abzuschrecken. »Darf ich heute Nacht kommen und etwas mit dir trinken?«

»Ich zünde das Feuer in meinem Blumenzimmer niemals an«, gab ich zurück, drehte mich um und starrte ihm durchdringend in die Augen – bei uns gilt es als äußerst unhöflich, jemanden so anzusehen. »Ich sitze lieber hier unten an der Feuerstelle.«

»Was für eine Verschwendung«, konterte er.

Und dann lächelte er, ein so sanftes, entwaffnendes Lächeln, das mich vollständig überrumpelte, so dass ich nicht wusste, was ich sagte, und einfach herausplatzte: »Ich habe keine Ahnung, warum ausgerechnet du Wein in meinem Blumenzimmer trinken willst. Im Dorf gibt es genug Mädchen. Außerdem habe ich gehört, dass du eine Freundin in Luo Shui hast.«

Geko brach in Gelächter aus. Mit einer so deutlichen Antwort hatte er wohl nicht gerechnet. »Ach, die sehe ich nicht sehr oft. Es ist zu anstrengend, das Boot bei Nacht quer über den See zu rudern.«

»Das ist mir sowieso egal!«, fauchte ich. Mein Mangel an Witz und Schlagfertigkeit ärgerte mich schrecklich. Und irgendwie machte es mir doch etwas aus. Mir gefiel der Gedanke nicht, dass er so viele Freundinnen hatte. Und das erstaunte mich ebenfalls, weil ich mich noch nie besonders für Geko interessiert hatte. Ehrlich gesagt hatte ich überhaupt noch nie einen Gedanken an ihn verschwendet.

Wir verfielen in Schweigen und sahen zu, wie die Taro-Wurzel vor sich hinkochte. Eine wortlose, mit unausgesprochenen Erwartungen aufgeladene Spannung breitete sich aus, und wir standen so nahe beieinander, dass ich mich unwohl fühlte. Daher begann ich wieder zu reden. Ich erzählte von Nankadroma und der Geschichte ihrer Liebe. Dass ihr Geliebter eine bösartige, eifersüchtige Ehefrau hatte, die sie mit einem in Rot geschriebenen Brief verflucht hatte, und wie ich Nankadroma betrunken und mit gebrochenem Herzen in dem Hotelzimmer zurückgelassen hatte. Nankadromas Geschichte war eine sehr traurige Liebesgeschichte, und Geko war ganz Ohr, aber an seinem Gesichtsausdruck konnte ich ablesen, dass er sich nicht sicher war, ob ich doch mit ihm flirtete.

Die Wurzel hatte jetzt lange genug gekocht. Ich schöpfte den Kleister in eine kleine Schale und schmierte ihn mit einem kleinen Pinsel auf die Tür der Vorratskammer. Geko hielt dann vorsichtig mein Bild an den Kleister, um sich zu vergewissern, dass es gerade saß. Er strich es glatt und ließ die Hände sanft, ganz sanft über mein papiernes Gesicht gleiten, und ich fühlte mich ein wenig außer Atem. Seine Hände waren lang und elegant wie die meines Vaters. Er stand ganz nahe bei mir und tat, als sähe er mich nicht einmal, aber von seinem Mund und seiner Haut stieg ein süßer Duft auf. Als er sich überzeugt hatte, dass der Kleister halten würde, trat er ein paar Schritte zurück. »Schau, du bist sehr hübsch«, sagte er. Dann drehte er sich zu mir. »Hättest du Lust auf einen Spaziergang an Mutter See?«, fragte er mit strahlendem Lächeln, und ich sagte ja.

Nun gehen, wenn nicht gerade ein Fest gefeiert wird, bei uns die Paare für gewöhnlich nicht am hellen Tag am Lugu-See spazieren, aber die wenigen Menschen, denen wir unterwegs begegneten, schienen sich nicht daran zu stören. Sie sahen uns einfach an, winkten und lächelten. Vielleicht erfreute sie der Gedanke, dass endlich jemand an mein Schlafzimmerfenster klopfen würde.

Es gefiel mir, neben Geko zu gehen, und ich unterhielt mich gern mit ihm. Ich erzählte ihm noch mehr Geschichten über meine Reisen, von den Gesangswettbewerben und den Menschen, denen ich begegnet war. Geko lauschte begierig, bis ich wieder von Nankadroma zu reden begann. »Du hast dich in der Außenwelt so gut unterhalten«, sagte er dann. »Bist du wirklich gern zurückgekommen? Vielleicht hast du ja dein Herz bei deiner Freundin Nankadroma zurückgelassen.«

Plötzlich hatte ich keine Lust mehr, mit ihm spazieren zu gehen. Alle Leichtigkeit, alles Vergnügen, die ich in seiner Gesellschaft empfunden hatte, waren verflogen. Er hatte mich durchschaut, und er hatte Recht. *Mein Herz war bei Nankadroma zurückgeblieben.* Ich hatte wirklich nicht nach Hause gewollt, aber hier war ich, und es gab nichts, was ich dagegen tun konnte, oder?

»Oh ja, natürlich wollte ich zurückkommen«, zischte ich. »Ich wollte zurückkommen ... nur deinetwegen. Weil deine Mutter und meine Mutter alles geplant hatten. Aber jetzt habe ich meine Meinung geändert. Ich will dich nicht. Ich kann dich nicht einmal leiden.«

Seine Augen blitzten, und dann brach er in Gelächter aus. »Was soll das heißen, du willst mich nicht? Hey! Ich will dich auch nicht. Wofür hältst du dich? Glaubst du, dass du zu gut für mich bist?« Er hörte zu lachen auf und umfasste meine Hände. »Heute Nacht komme ich und klopfe an dein Fenster. Du wirst sehen, wenn du einmal mit mir zusammen gewesen bist, wirst du nie wieder fort wollen, niemals!«

In dieser Nacht wartete ich auf ihn. Ich war entschlossen, meine Tür nicht zu öffnen, aber ich wartete trotzdem. Doch er kam nicht. Ich überlegte, ob er über den See zum Haus seiner Freundin in Luo Shui gerudert war, oder ob er eine andere besuchte und wer das wohl sein mochte, oder ob er wirklich glaubte, ich hätte mein Herz bei Nankadroma zurückgelassen. Was auch immer der Grund sein mochte, er kam nicht. Nicht in dieser Nacht und auch nicht in den folgenden Nächten. Letzten Endes war ich doch enttäuscht.

Auch meine Mutter war enttäuscht. Sie hielt sehr viel von Geko, und sie meinte, er hätte so gut zu mir gepasst. Geko war der attraktivste Junge im Dorf, und jedes Mädchen wünschte sich, von ihm geliebt zu werden. Und nun war ich ebenfalls ein Star in unserem Dorf, und es schien nur richtig zu sein, dass wir beide uns verliebten. Als Ama begriff, dass es zwischen uns nicht geklappt hatte, wurde sie sehr nervös. Vielleicht sah sie etwas in meinen Augen, das sie an ihre eigene Kindheit erinnerte, etwas, das sie dazu gebracht hatte, das Haus ihrer Mutter zu verlassen. Bei jeder Gelegenheit erwähnte sie Geko und sprach davon, wie gut aussehend und freundlich er sei und dass alle Mädchen ihm nachstellten. Und wenn sie nicht über Geko redete, dann erzählte sie von meinen Freundinnen, die schwanger oder bereits Mütter waren.

Jede Nacht lag ich auf meinem Bett und dachte an ihn. Meine Ama hatte Recht. Er war das Beste, was ich kriegen konnte. Und wenn ich ihn nicht bekam, dann gab es noch genug andere. Ich kam mir schrecklich undankbar vor. Mehr als alles andere auf der Welt wünschte meine Mutter sich eine große Familie. Warum widersetzte ich mich so? »Namu, du hast einen guten Körper«, hatte Ama noch am Morgen zu mir gesagt. »Du könntest zehn Kinder bekommen.« Da übertrieb sie allerdings wirklich. Niemand konnte heutzutage noch zehn Kinder haben, wenn er nicht wollte, dass die Regierung ihm alle Schweine, Pferde und Ziegen konfiszierte. Das neue Gesetz beschränkte die Frauen auf drei Kinder, eine Sonderregel, weil wir zu einer nationalen Minderheit gehörten. Die Han-Chinesen durften nur ein Kind bekommen.

Ich erinnerte mich daran, wie Gekos Atem gerochen hatte, und sehnte mich glühend nach seiner Nähe. Aber wenn ich mich dann selbst sah mit Kindern, die an meinem Rock hingen, wandten sich meine Gedanken wieder Nankadroma zu. Ich dachte daran, wie schön und traurig sie war, und an den roten Brief, denn selbst der Fluch eines mit Rot geschriebenen Briefes erschien mir interessanter als alles, was in meinem Dorf vorging. Nein, ich wollte nicht einmal drei Kinder an meinem Rock hängen haben. Ich wolle eine berühmte und wunderschöne Sängerin werden – wie Nankadroma. Ich wollte unbedingt wie Nankadroma sein. Und ich wollte aussehen wie eine Frau mit einem gebrochenen Herzen.

Aber ich war nur ein Mädchen, das seinem Volk für kurze Zeit Ruhm gebracht hatte und dafür mit einer Stelle belohnt wurde, die mit fünfzehn Yuan im Monat bezahlt war. Ich würde für die Lehrer in der Schule kochen, der einzigen Schule unseres Dorfes.

Manchmal gefiel mir die Vorstellung, in der Schule zu arbeiten. Und ganz besonders gefiel mir der Gedanke, Geld zu verdienen. Fünfzehn Yuan im Monat erschienen zwar wenig im Vergleich zu den zweihundert, die ich in Peking gewonnen hatte, aber es war mehr, als viele Familien zusammen verdienten. Damals kam man kaum an Bargeld. Selbst die Pferdeführer, die die Waren aus der Gegend auf den Markt brachten, erhielten dafür nicht immer viel Geld und blieben oft beim Tauschhandel, und in unserer Familie gab es keine Karawanenführer. Außerdem erfüllte es mich mit Stolz, für die Lehrer zu kochen. Lehrer waren gebildete Männer, ein bisschen wie Lamas, und daher gefiel mir die Idee, für sie zu kochen, ganz gut. In diesem Punkt war sich das ganze Dorf einig: Für die Lehrer zu kochen war eine große Verantwortung und eine große Ehre, nicht nur für mich, sondern auch für meine Mutter und unsere ganze Familie.

Am Morgen meines ersten Arbeitstages bereitete Ama Buttertee und bediente mich wie eine Aristokratin. Diese Stelle bedeutete ihr sehr viel. Seit sie sich in Zuosuo niedergelassen hatte, hatte meine Ama schwer dafür gearbeitet, sich den Respekt der Menschen zu verdienen, und nun, da ihre drittälteste Tochter dem Dorf Ruhm gebracht hatte und für die Lehrer kochen würde, hatte sie mehr Grund denn je, stolz auf sich zu sein. Ich selbst fühlte mich allerdings unwürdig und tief betrübt. Als ich aufgewacht war, hatte ich an Peking gedacht, und an diesem Morgen dachte ich nicht nur an die Orte und die Menschen, die ich hinter mir gelassen hatte. Ich überlegte ernsthaft, von zu Hause fortzugehen.

Meine Mutter begleitete mich zur Schule. Wir hatten schon Sommer, und das Wetter war heiß und feucht, so dass der Weg nicht angenehm war. Die Schule lag ein Stück taleinwärts, auf halbem Weg zwischen mehreren Dörfern. Sie stand an einem ruhigen Platz, und vom Pfad aus sah sie ganz besonders hässlich aus. Die Schule bestand aus zwei ebenerdigen Gebäuden, deren einziger Schmuck eine einfache Holzveranda war. Die Wände aus gestampftem Lehm waren nie verputzt worden. In einem Gebäudeflügel lagen fünf Klassenräume, und der andere beherbergte die Zimmer der Lehrer und die Küche, *meine* Küche. Ama sagte, die Schule sei hässlich, weil sie im Stil der Han-Chinesen gebaut war. Ich dagegen fand sie hässlich, weil alles in unserem Tal hässlich war, aber ich behielt meine Meinung für mich.

Meine Ama wollte sicher gehen, dass ich alles richtig machte, daher verrichtete sie die Arbeit ganz allein. Sie zündete das Feuer an und lehrte mich ein paar Gerichte kochen, die ich schon beherrschte. Dann zeigte sie mir, wie man den Boden fegt, die Teller wäscht und noch andere Dinge, die ich immer getan hatte, seit ich ein kleines Mädchen war, und die mir so selbstverständlich waren wie Gehen. Schließlich schärfte sie mir wieder und wieder ein, wenn alles bereit sei, solle ich die Lehrer einzeln auf ihren Zimmern aufsuchen und sie sehr höflich zum Essen rufen. »Und vergiss nicht, mit beiden Händen zu servieren. Zeige Respekt.«

Drei der Lehrer waren Yi und die anderen Han-Chinesen. Niemand sprach Moso oder auch nur das Standard-Mandarinchinesisch, nur den Dialekt von Sichuan. Das war sicher ein Hindernis beim Unterrichten der Kinder, aber kein Problem für mich. Ich war da, um die Lehrer zu bedienen, nicht um mit ihnen zu reden. Meine Mutter kochte das Mittagessen für die Lehrer, und während sie ihre Suppe schlürften, setzte sie ihnen auseinander, ich sei ein braves Mädchen, aber sehr jung und unerfahren, und sie möchten es bitte nicht allzu ernst nehmen, wenn ich einen Fehler machte. Ich bin mir nicht sicher, wie ernst sie meine Ama nahmen oder ob sie überhaupt viel von ihrem gebrochenen Chinesisch verstanden, aber ich ärgerte mich grässlich über sie. Ich wollte nicht wie ein Kind behandelt werden; ich war eine erwachsene Frau. Ich war durch die Welt gereist und bis Peking gekommen. Ich hatte einen Fernseher an- und ausgeknipst, in Taxis gesessen und an einem einzigen Abend mehr Geld verdient als die Lehrer in sechs Monaten! Ich würde ja wohl in der Lage sein, zu kochen und sauber zu machen, ohne dass man an meinen Fähigkeiten zu zweifeln brauchte. Aber in Wirklichkeit war ich wahrscheinlich wütend auf sie, weil ich mir tief im Herzen darüber klar war, dass ich keine Lust hatte, für die Lehrer zu kochen und zu putzen, und dass ich diese Arbeit nur ihr zu Gefallen tat.

Als die Lehrer fertig gegessen hatten, wollte Ama das Geschirr spülen, aber ich erinnerte sie daran, dass der Himmel sich bezog und sie sich beeilen sollte, bevor der Regen losbrach. Nachdem meine Mutter gegangen war, fühlte ich mich erleichtert und traurig zugleich. Ich sah ihr nach, wie sie nach Hause rannte. In den Hosen, die sie nach chinesischer Art trug, sah sie so klein aus. Sie machte sich Sorgen um mich und sie machte sich Gedanken darüber, was wohl zu Hause vorging und was Homi und Jiama angestellt haben mochten. Sie hatte so hart gearbeitet, um ihre Familie zu gründen, und sie arbeitete immer noch schwer.

Ich spülte und sah mich dann in der Küche um. Mir wurde das Herz schwer. Der Raum war zu groß, zu dunkel. Und auch zu hässlich. Er war leer bis auf einen niedrigen Holztisch und sechs kleine Schemel, den Kochherd und ein einfaches Bett aus Holzbrettern, das in einer dunklen Ecke stand. Mein neues Bett.

Bevor ich an diesem Abend schlafen ging – und an jedem Abend danach – zerrte ich ein schweres Stück Holz herbei und verbarrikadierte die Tür damit. Obwohl das vollkommen unwahrscheinlich war, hatte ich schreckliche Angst davor, jemand könnte mitten in der Nacht einbrechen. An jenem ersten Abend war ich sogar so verängstigt, dass ich es nicht einmal über mich brachte, das Bett auszuprobieren, dass meine Ama erst vor ein paar Stunden für mich zurechtgemacht hatte. Ich saß im Licht des Holzofens und zog Nankadromas Bild hervor. Sie war wohl der einzige Mensch auf der Welt, der mich verstanden hätte.

Mein Arbeitstag begann vor Sonnenaufgang. Ich wachte auf, zog meine Nylonhosen und einen Pullover an, setzte mir meinen Arbeitskorb auf den Rücken und ging in die Berge, um Feuerholz zu sammeln. Auf dem Rückweg wusch ich mein Gesicht im kalten Bach, und bis die Sonne am Himmel stand, war ich in der Küche beschäftigt, stocherte in der heißen Glut und schürte das Feuer. Der Herd war ein riesengroßer Ziegelkasten mit einem ebenfalls aus Backsteinen gemauerten Kamin, der durch das Dach nach draußen führte. Oben auf dem Herd standen drei Töpfe aus Keramik, immer einer kleiner als der andere, und darunter befand sich eine Öffnung, durch die ich Holz nachlegte und pustete und pustete, bis mein Gesicht mit Ruß bedeckt war und unter jedem Topf eine helle Flamme loderte. Die Töpfe waren per Pferd von weither, aus Lijiang, hergebracht worden und sehr wertvoll. In dem größten wurden Gemüse und Fleisch gekocht oder flaches Brot und tibetische Reiskuchen gebacken; der mittlere diente zum Erhitzen des Teewassers, und in dem kleinsten wurde ebenfalls Wasser warm gemacht, Waschwasser für die Lehrer. Die Lehrer brauchten sich nur das Gesicht zu säubern.

Wenn am Morgen das Feuer unter den drei Töpfen brannte, hatte ich mit Glück alles in der richtigen Reihenfolge und zur rechten Zeit fertig. Kurz bevor die Reiskuchen gar waren, schöpfte ich heißes Wasser in fünf Emailleschüsseln, die ich in die Zimmer der Lehrer brachte, wozu ich fünfmal hin- und zurückrennen musste. Während die Lehrer sich anzogen, deckte ich den Tisch und trug ihren Tee und ihre Reiskuchen auf. Solange sie frühstückten, fütterte ich die Hühner und das Schwein. Wenn sie mit dem Frühstück fertig waren, wusch ich ab. Und während die Lehrer in ihren Klassenräumen waren, arbeitete ich im Garten und schnitt Knoblauch, Cilantro und die anderen Gemüse, die ich für das Mittagessen brauchte. Ich kochte das Mittagessen – zwei Gemüsegerichte, ein Fleischgericht und eine Suppe –, und wenn das Mittagessen fertig war, ging ich in jeden Klassenraum und rief: »Lehrer, das Essen ist fertig!« Dann kamen die Lehrer, setzten sich an den Tisch neben dem Herd und aßen ihr Mittagessen. Mit mir redeten sie nie, weil ich zu beschäftigt war und den Sichuan-Dialekt nicht gut genug sprach, um ein Gespräch zu führen.

Ehrlich gesagt, sprach ich fast nie mit jemandem. Manchmal redete ich mit den Kindern, weil sie Moso sprachen, aber sie waren fast nie in der Schule. Ein guter Tag war einer, an dem in jedem Klassenzimmer mindestens ein Kind saß. Zu Hause war viel zu viel Arbeit zu erledigen – Hühner füttern und Gras für die Schweine schneiden –, als dass die Kinder ihre Zeit damit verschwendet hätten, in einem Klassenraum ohne Bücher auf einer Bank zu sitzen und Lehrern zuzuhören, deren Sprache sie nicht verstanden. Manchmal, wenn überhaupt keine Kinder in den Klassen waren, spielten die Lehrer Schach oder lasen, oder sie gingen zum Wandern in die Berge und brachten Körbe voller wilder Pilze mit.

Gelegentlich, wenn ich unbedingt Gesellschaft brauchte, rannte ich nach Hause, um rasch eine Schale Tee zu trinken. Immer nahm ich meiner Mutter etwas mit, übrig gebliebenes Essen oder Öl zum Kochen, und alle freuten sich immer sehr, mich zu sehen. Dann rannte ich zurück in die Schule und zu meiner einsamen Arbeit. Aber andererseits war es auch gut, dass ich niemanden zum Reden hatte, denn ich hätte unmöglich einem anderen erzählen können, was mir durch den Kopf ging. Alle hätten gedacht, ich wäre verrückt geworden. »Für wen hältst du dich? Du bist eine Frau, du gehörst ins Haus, ins Dorf. Deine Macht liegt im Haus. Deine Pflicht ist es, den Haushalt zu führen, höflich zu alten Menschen zu sein und den Männern das Essen zu servieren.« Nur Männer konnten das Haus ihrer Mutter verlassen, und auch dann niemals nur, um ihren persönlichen Ehrgeiz zu befriedigen. Sie gingen, um zu handeln, Waren zu verkaufen und Geld für ihre Mütter und Schwestern heimzubringen. Oder sie zogen fort, um die buddhistischen Schriften zu studieren und kehrten als Lamas zurück, heilige Männer, die den spirituellen Bedürfnissen ihrer Familien dienten.

Ich arbeitete erst seit einem Monat in der Schule, und schon jetzt konnte ich nur daran denken, mich irgendwie zu beschäftigen. Wenn die normalen Hausarbeiten nicht ausreichen, um meinen Tag auszufüllen, dann fegte ich immer wieder den Hof, oder ich ging in die Berge, um zusätzliches Feuerholz zu hacken. Oder ich badete in einem Bergsee. Ich saß im eiskalten Wasser, dachte an meine Ama und an Geko und versuchte zu vergessen, dass ich fort wollte, und wenn ich herauskam und mich abtrocknete, sann ich auf Flucht. Und am nächsten Morgen, wenn ich aufwachte und mich in der großen, dunklen, leeren Küche wiederfand, musste ich mich zusammennehmen, damit ich die Lehrer nicht anschrie.

Skandal

Einmal sah ich Geko noch wieder. Er kam mich eines Nachmittags besuchen und traf mich beim Abwaschen an.

»Meine Mutter hat mich gebeten, dir das zu geben«, sagte er leise und reichte mir ein paar Reiskuchen.

Ich schaute die Reiskuchen an, dankte ihm und bat ihn, sie auf den Tisch zu stellen. Während ich zu Ende spülte, saß Geko auf einem der kleinen Stühle und sah mir bei der Arbeit zu, während er eine Zigarette rauchte.

»Gefällt es dir hier?«, fragte er.

»Ja«, sagte ich. Ich räumte die letzten Teller weg und schenkte zwei Schalen Tee ein. Dann zog ich einen Stuhl heran und setzte mich ihm gegenüber an den Tisch. Wir versuchten ein belangloses Gespräch zu führen, aber wir hatten einander nicht viel zu sagen. Als er seine leere Schale abstellte, erklärte ich ihm, es sei kein Anmachholz mehr da, und ich müsse Holz suchen. Eigentlich wollte ich nicht, dass er nach Hause ging, aber ich ertrug dieses Schweigen nicht mehr.

»In der Nähe ist nichts mehr zu finden«, gab er zurück. »Du musst ein ganzes Stück den Berg hinaufsteigen.«

»Ja, ich weiß.«

»Dann komme ich mit und helfe dir«, schlug er vor, und ich lehnte sein Angebot nicht ab.

Wir brachen zu dem langen Marsch in die Berge auf. Geko trug die Axt über der Schulter und ich meinen Arbeitskorb auf dem Rücken. Die Bewegung – oder vielleicht auch die Bergluft – tat uns beiden gut, denn Geko gewann seine Sprache wieder. Nun konnte er gar nicht mehr aufhören zu scherzen, und ich konnte nicht umhin, über seine Witze zu lachen. Bei jeder Gelegenheit pflückte er ein Stück Wildobst, das er mir gab, oder eine Blume, die er mir ins Haar steckte.

Weiter oben am Berg stießen wir auf eine große Kiefer, an der abgestorbene Äste bis auf den Boden hingen. Diese trennte Geko ab und zerhackte sie zu Feuerholz. Als er fertig war, begann die Sonne unterzugehen und der Himmel wurde grau, und ich begann mich wegen des aufziehenden Regens und des Abendessens für die Lehrer zu sorgen. Wir beluden meinen Korb und eilten den Bergpfad hinunter zur Schule, aber mein Korb war so schwer und wir beide so erhitzt und erschöpft, dass wir beschlossen, einen kleinen Umweg zu machen und an einem der Bergteiche eine Pause einzulegen.

Geko half mir, den Korb ins Gras zu setzen, und während er sich eine Zigarette anzündete, watete ich bis zu den Knien in den Teich und wusch mir Gesicht und Arme. Als ich mich umdrehte und ihn ansprechen wollte, lag er, auf die Ellbogen gestützt, auf dem Rücken und sah in meine Richtung. Plötzlich war ich mir der eleganten Art, wie er an seiner Zigarette zog, seiner vollen Lippen und der runden Kringel, die er in die Luft blies, äußerst bewusst. Mein Herz raste, und mein Hals und mein Gesicht liefen heiß an. Rasch wandte ich mich ab, denn ich spürte, wie mein Körper glühte, und fürchtete, er würde meinen Schweiß riechen, und ließ mich ganz ins Wasser gleiten. Aber trotzdem wünschte ich, er wäre näher gekommen und hätte mich berührt.

»Namu«, rief er lachend, »geh nicht zu weit in den Teich hinein. Er könnte sehr tief sein.«

»Kannst du denn nicht schwimmen? Würdest du mich nicht retten?«, scherzte ich.

Aber als ich aus dem Wasser kam und die nassen Kleider mir am Körper klebten, hörte er zu lachen auf. »Schau doch«, sagte er, »du bist komisch gewachsen. Eine deiner Brüste ist größer als die andere.«

Ich wusste, dass er mich nur aus Verlegenheit aufzog, aber dieses Mal fand ich das nicht witzig. Ich schämte mich und war enttäuscht von ihm. »Du Hund«, zischte ich.

Ich drehte ihm den Rücken zu und setzte mich in sicherer Entfernung in die Sonne. Obwohl ich zornig auf ihn war, schlug mein Herz immer noch wie wild, und ich wagte ihm nicht ins Gesicht zu sehen. Ich versuchte an Nankadroma zu denken und zu überlegen, was sie an meiner Stelle getan hätte. Aber ich konnte nur an seine Hände, seine Lippen und die Rauchkringel denken, die er mit seiner Zigarette blies. Und ich fühlte nichts als das Feuer, das meinen Körper zum Schmelzen zu bringen schien. »Komm zu mir«, sagte ich leise, wobei ich vor mich hin ins Leere sah. »Warum kommst du nicht zu mir?«

Geko kam zu mir – besser gesagt, er fiel über mich her. Er packte meine Brüste, drückte mich so fest, dass es wehtat und steckte mir die Zunge in den Mund, so dass ich seinen rauchigen Atem schmeckte. Seine Zunge war stark und süß, und mein Mund war trocken. Ich fühlte mich wie berauscht vor Erregung. Seine Hände zerrten an meinen Kleidern und fühlten sich rau auf meiner Haut an. Die Berührung eines Mannes aus den Bergen, und ich wollte seine Hände so sehr. Er zog mich ins Gras. »Du hast mich so gequält, Kleine. Ich dachte, ich werde verrückt«, flüsterte er. Er bedeckte mein Gesicht mit Küssen, und ich schloss verzückt die Augen und umklammerte blindlings seinen Körper. Als er spürte, wie meine Arme sich um ihn schlossen, lachte er. »Du wirst schon sehen, ich mache dich so glücklich, dass du nie wieder fortgehen willst.«

Latsoma und Zhatsonamu fielen mir ein, die sich so danach gesehnt hatten, zu ihren Freunden nach Hause zu fahren. »Wenn du einmal den Körper eines Mannes gekostet hast«, hatte Latsoma gesagt, »dann willst du immer mehr. Du gehörst dir nicht mehr. Du wirst wie die Leute von früher, wenn sie Opium geraucht haben.« Oh ja, sie hatte ja so Recht. Was Geko behauptete, stimmte. Ich wünschte mir nichts weiter, als mehr und mehr von ihm zu spüren, und wenn ich mehr zu kosten bekam, würde ich ihn nie wieder verlassen ... Und als er sich auf mich legte, hörte ich die Worte meiner Mutter: Du hast einen guten Körper, Namu, du könntest zehn Kinder bekommen ...

Ich ließ meine Arme sinken, schlug die Augen auf und sah ihm ins Gesicht. Ich wollte keine zehn Kinder an meinen Röcken hängen haben. Ich wollte nicht schwanger werden, im Haus meiner Mutter bleiben und ihre Familie vergrößern. Ich wollte meinen eigenen Traum verwirklichen.

»Du wirst mich nie wieder verlassen wollen«, sagte er noch einmal, dieses Mal nicht so sanft – und er lachte auch nicht, sondern erwiderte meinen Blick und presste sich an mich. Er war jetzt bereit.

Ich versetzte ihm eine so heftige Ohrfeige, dass er zurückprallte und neben mir über den Boden rollte. Er hielt sich die Wange und starrte mich wie vom Donner gerührt an. Ich kratzte Erde vom Boden und warf sie ihm in die Augen, so dass er nichts sehen konnte, schlug mit den Fäusten auf ihn ein und kreischte.

»Hör auf! Lass das sein! Ihr seid doch alle gleich. Alle wollt ihr mich hier festhalten. Glaubst du, dass du gut genug für mich bist? Das bist du nicht! Geh doch mal zum See und schau dich an. Ich hasse dich! Ich hasse dich! Ich hasse meine Mutter! Ich hasse diesen Ort! Ich hasse alles an diesem Ort.« Er sah mich verständnislos an aus seinen Augen, die von der Erde tränten, und je länger ich ihn ansah, um so wütender wurde ich. Inzwischen stand ich über ihm und begann heftig auf ihn einzutreten, während ich vor Zorn schrie und weinte. Ich war völlig außer mir vor Wut. »Ich konnte dich noch nie leiden! Und ich will dich nie wiedersehen! Niemals, niemals! Ich hasse dich!«

Das war nicht mein Ernst; ich liebte ihn. Ich liebte ihn wirklich. Aber ich hasste auch mich selbst.

Geko lag zusammengerollt auf der Seite und hielt die Hände über den Kopf, um sich zu schützen. Als ich endlich zu treten aufhörte, streckte er sich langsam und kniete schließlich vor mir. Sein Gesicht war hochrot; schon begannen sich Blutergüsse zu bilden. Er wirkte schockiert, verwirrt und entsetzt. »Du bist verrückt«, stieß er endlich hervor. Seine Stimme war heiser vor Zorn, und er musste gegen die Tränen kämpfen, die ihm in die Augen stiegen. »Du glaubst, du kannst weggehen und es in der Außenwelt zu etwas bringen? Na, dann geh doch! Geh doch; niemand wird sich etwas daraus machen!«

Er zog seine Hosen hoch und verschwand hügelabwärts. Nicht einmal drehte er sich um.

Mein Atem ging jetzt leichter; ich fühlte mich ruhiger. »So ist es richtig«, sagte ich mir wie versteinert. Ich rückte meine Kleidung zurecht und ging an den Teich, um mir das Gesicht zu waschen und Gekos Küsse von meiner Haut zu spülen. Die Sonne stand inzwischen sehr tief, und es hatte zu regnen begonnen. Ich lud mir den Korb auf die Schultern und schlug den Rückweg zur Schule ein.

An diesem Abend mussten die Lehrer auf ihr Essen warten, und bis sie sich zu Tisch begaben, waren sie zu hungrig, um zu bemerken, dass mein Schweigen düsterer war als üblich. Sie aßen, rauchten und plauderten, bis sie so schläfrig wurden, dass sie sich in ihre Zimmer zurückzogen. Mir war egal, was sie taten. Beinahe hätte ich Gekos Körper gespürt. Ich hätte mich fast für immer verloren. Aber ich wollte mich nicht verlieben, sondern mir selbst gehören. Ich wollte nur meinen Traum.

Viel zu lange, bis spät in die Nacht, saß ich am Feuer und trank starken grünen Tee. Als ich dann zu Bett ging, konnte ich nicht schlafen. Immer wieder spulte ich die Szene am Teich vor meinem inneren Auge ab. Geko, wie er lachte. Geko, der sich vor Schmerzen wand und angeekelt von mir war. Dann dachte ich an meine Mutter und fast unmittelbar darauf an Peking. Und je länger ich an Peking dachte, umso weiter verbannte ich meine Mutter und mein Dorf aus meinem Herzen. Ich wünschte mir nur eines: zurück in die Stadt zu fahren, wo ich duschen würde, roten Lippenstift tragen und auf hochhackigen Schuhen laufen. Und ich wollte singen, die Augen geblendet von den heißen Bühnenscheinwerfern und die Ohren betäubt vom Beifall Fremder.

Am nächsten Tag tat mir nach Gekos Umarmung alles weh. Er war zu grob mit mir umgesprungen, und ich empfand Zorn. Draußen regnete es, und das trübsinnige Wetter entsprach meiner Stimmung. Eine Woche lang regnete es ohne Unterlass. Am siebten Tag ging ich nach Hause. Der Weg war sehr schlammig. Ich hatte keine Schuhe, und der dicke, klebrige rote Lehm verkrustete meine Füße, und als ich ausrutschte und der Länge nach auf den Rücken fiel, war ich von Kopf bis Fuß damit überzogen. Wieder schlug mein Ärger in Wut um. Ich hasste alles, den Regen, der nicht aufhören wollte, den Schlamm, der an meinen Füßen und meiner Kleidung klebte, an meinem Haar und meinem Gesicht und sogar bis in meine Ohren kroch. Und wieder spürte ich diesen Hass auf meine Mutter.

Ich hätte mir so sehr gewünscht, eine Freundin zu haben, mit der ich reden konnte. Ich wünschte mir so sehr, ich bräuchte mich nicht so einsam zu fühlen.

Zhema brach in Gelächter aus, als ich durch das Tor trat. »Was hast du denn gemacht, Namu? Hast du versucht, im Schlamm zu schlafen?«

Ich gab keine Antwort. Ama führte mich ins Haus, brachte mir heißes Wasser zum Waschen und bat meine Schwester, mir etwas Sauberes zum Anziehen zu holen. Aber auch gegenüber meiner Mutter brachte ich kein Wort heraus.

»Hast du deine Zunge verloren?«, neckte Zhema mich wieder.

Dieses Mal fuhr Ama ihr über den Mund. »Lass sie doch, vielleicht bekommt sie ihre Periode. Möchtest du etwas Hühnersuppe, Namu?«

Die Hühnersuppe munterte mich so weit auf, dass ich die Sprache wiederfand. »Ich habe Geko verprügelt«, sagte ich, den Blick in meine Schüssel gerichtet.

Ama antwortete nicht sofort. »Ich habe davon gehört«, sagte sie dann langsam. »Seine Mutter hat mir erzählt, dass er grün und blau geschlagen nach Hause kam und den Abdruck deiner Hand im Gesicht trug.« Sie stieß ein kurzes Lachen hervor, das mir keinen Grund zu der Annahme gab, dass sie meine Tat billigte.

»Um Geko brauchst du dir keine Sorgen zu machen«, fiel Zhema ein. »Im Dorf wohnen jede Menge Mädchen, die seine Wunden pflegen werden.«

Ich starrte meine große Schwester böse an. »Ich bin nicht wie du, Zhema«, knurrte ich. »Ich glaube eben nicht, dass ein Mann das Wichtigste im Leben ist.«

»Meine Güte, was ist denn mit dir los?«, fauchte sie zurück. »Hast du Schießpulver gegessen?«

»Schluss jetzt, alle beide!«, griff Ama von neuem ein. »Sei nett zu ihr, Zhema. Sie ist gerade erst nach Hause gekommen.«

Also schwiegen wir eine Zeit lang, und dann verließ Zhema den Raum. »Ich gehe die Schweine füttern«, verkündete sie.

»Hast du meinetwegen Schwierigkeiten mit Gekos Mutter bekommen?«, fragte ich Ama, als sie fort war.

Meine Mutter seufzte und setzte sich zu mir. Ihre Miene war düster. »Seit du aus Peking zurück bist, benimmst du dich sehr seltsam. Gekos Mutter hat das auch bemerkt. Alle im Dorf sehen das. Du machst mir Sorgen. Ich habe sehr schwer gearbeitet, um euch großzuziehen. Ich möchte gern, dass du *Dabu* wirst, wenn ich zu alt bin. Ich will, dass du mir als Familienoberhaupt nachfolgst. Deine Schwester ist ein braves Mädchen, aber sie ist zu schüchtern, sie ist nicht so selbstbewusst wie du. Du bist etwas Besonderes, und das bist du schon als kleines Baby gewesen. Jeder weiß das. Und alle haben dich gern, besonders die alten Leute. Ich weiß, wenn du eines Tages die Verantwortung für diese Familie übernimmst, brauche ich mir um nichts Sorgen zu machen.«

Das war eine erstaunliche Rede. Nie hätte ich gedacht, dass meine Ama so hohe Erwartungen an mich hatte – Zhema war so ein gutes Mädchen –, aber ich wusste, wenn ich sie weitersprechen ließ, dann würde sie zu weinen anfangen, und ich wollte meine Mutter nicht weinen sehen. »Ama, ich muss zurück in die Schule. Ich muss das Essen für die Lehrer machen.«

Wieder in der Schule, machte ich das Wasser heiß, goss Tee auf und kochte die Gemüse- und Fleischgerichte. Aber ich ging nicht in jedes Klassenzimmer, um die Lehrer zu holen. Stattdessen stellte ich mich auf die Türschwelle und brüllte in dem grobschlächtigen Sichuan-Dialekt los. »Euer Essen ist fertig! Wenn ihr essen wollt, kommt und holt es euch! Wenn ihr keinen Hunger habt, dann werfe ich es dem Schwein vor!«

Minuten später schlichen die Lehrer verlegen dreinblickend in die Küche. Ich empfing sie mit düsterer Miene.

»Was ist denn mir dir los?«, wagte einer von ihnen zu fragen.

»Ein voller Bauch ist schnell geplatzt«, gab ich auf Moso zurück und wechselte dann in den Sichuan-Dialekt. »Möchten Sie noch etwas essen, oder sind Sie fertig?«

Acht Tage waren vergangen, seit ich Geko verprügelt hatte. Der Regen hatte aufgehört, aber in der letzten Nacht war das Feuer ausgegangen. Bei Sonnenaufgang war ich den Berg hinaufgestiegen und hatte einen Korb voll Holz geholt, aber es war zu nass, und das Feuer ließ sich einfach nicht anfachen. Immer wieder brachte ich ein Stück Glut und dicken schwarzen Rauch zu Stande, und dann blies und blies ich, bis mir schwindelig wurde, aber das Feuer verzehrte nur den Zunder und verlosch dann.

Ich fand mich damit ab, dass ich ganz von vorn anfangen musste, daher ging ich in den Garten und schnitt mir ein langes Stück Bambusrohr. Wieder am Herd schob ich die verkohlten Teile zurecht, legte weiteren Zunder auf und warf das Streichholz darauf. Dann begann ich in langen, sachten Atemzügen in das Ende des Bambusrohrs zu blasen. Ich blies, bis der Zunder knisterte und zu glühen begann. Ich blies, bis eine helle Flamme am Boden des größeren Topfs leckte, und dann blies ich, bis eine weitere unter dem mittleren aufloderte. Noch einmal atmete ich ein, vergaß dabei aber, die Lippen von dem Bambus wegzunehmen, so dass das Feuer zurückschlug. Die Hitze versengte mir die Kehle und brannte sich bis in meine Brust – genau an die Stelle, an der jetzt schon so lange mein Zorn brodelte, dass es mir vorkam, als hätte ich schon seit dem Tag meiner Geburt schreien wollen. Ich fuhr zurück, rollte mich auf dem Boden herum und brüllte wie am Spieß.

Einer der Lehrer kam hereingelaufen, und als er das Bambusrohr neben dem Herd liegen sah, brach er in Gelächter aus. »Wie kann man nur so dumm sein? Hier, lösch das Feuer«, sagte er und reichte mir eine Emailletasse mit kaltem Wasser. Dann ging er, immer noch lachend, in sein Zimmer und in sein Bett zurück, um auf sein Frühstück zu warten.

Ich schleuderte die Tasse gegen die Wand und verfluchte den Lehrer. Irgendwann verging der Schmerz, und ich hörte zu schreien auf, aber es dauerte eine Weile, bevor ich vom Boden aufstehen konnte. Aber mein Zorn hatte sich nicht gelegt. Ich sah mich im Raum um. Das Frühstück war nicht fertig, das Feuer brannte nicht. Nichts war erledigt.

Ich stand auf, ging nach draußen und schnappte mir die Axt. Dann kehrte ich in die Küche zurück, hievte die Axt so hoch ich konnte über meinen Kopf und ließ sie mit aller Kraft auf den Ofen krachen. Mit drei heftigen Schlägen zerschmetterte ich die Steingut-Töpfe. Anschließend zerschlug ich mein Bett, und dann den niedrigen Tisch, die Schemel, die Reisschalen und die Trinkschalen. Als nichts mehr übrig war, das ich zerschlagen konnte, rannte ich zum Haus meiner Mutter.

Sie räumte gerade den Küchenschrank auf.

»Was für ein Wind hat denn dich hergeweht?«, fragte sie. »Wollen die Lehrer heute Morgen ihr Frühstück nicht?«

»Sie haben Durchfall«, gab ich zurück und sah die Wand an. »Sie wollen nicht essen.«

»Ach!« Sie schloss die Schranktür und wies auf die Emailleschüssel, die neben dem unteren Herd auf dem Boden stand. »Warum hilfst du mir nicht, diese Sojabohnen zu mahlen?«

Ich folgte ihr in den Hof und half ihr, den Mühlstein zu drehen. Jedes Mal, wenn der Hund bellte, glaubte ich, die Lehrer stünden schon am Tor, dass sie gekommen wären, um sich über mich zu beklagen. Ich hatte etwas Schreckliches getan. Ich hatte die ganze Küche zerstört. Ich hatte die Kochtöpfe zerschlagen, die mit der Pferdekarawane von weit her aus Lijiang gekommen waren. Es musste mindestens sieben Tage gedauert haben, sie nach Zuosuo zu bringen.

»Hast du deine Seele verloren?«, fragte meine Mutter. »Warum bist du so still?«

»Ich will nach Peking gehen«, stieß ich hervor. Nur so. Ich platzte einfach damit heraus, ohne zu überlegen, ohne darum herumzureden. Ich sagte es einfach, weil ich mir das wünschte, so unbedingt wünschte, dass ich keine anderen Wünsche mehr hatte, weil ich es mir so sehr wünschte, dass ich hätte sterben mögen. Und da ich einmal dabei war, konnte ich genauso gut alles sagen. »Ich will aus Zuosuo fort. Ich kann diesen Ort nicht mehr ertragen. Es ist mir hier zu ruhig. Im Dorf langweile ich mich schrecklich. Alles langweilt mich.« Und ich sah ihr gerade in die Augen, die unhöflichste Art, jemanden anzusehen.

Meine Mutter öffnete den Mund, aber nichts kam heraus. Sie stand einfach mit offenem Mund da, gelähmt, wie angewurzelt – bis sie ohne Vorwarnung die Schüssel packte, in der die Sojabohnen einweichten, und mir den Inhalt entgegenschleuderte. Dann kamen die Worte. Eine Menge Worte. »Bist du verrückt?«, kreischte sie. »Wie kannst du es wagen, so mit mir zu sprechen? Für wen hältst du dich? Glaubst du wirklich, deine Flügel sind schon so stark, dass du allein fliegen kannst? Denkst du, dass du mich nicht mehr brauchst? Oder willst du Freundschaft mit den Han schließen? Ist es das? Wer kennt dich denn in der Außenwelt? Findest du dich so außerordentlich? Dann geh doch! Geh zu den Han! Los! Verschwinde! Geh! Je weiter weg von mir, umso besser!«

Ich begann zu schluchzen. Der Zorn meiner Mutter jagte mir schreckliche Angst ein. Wenn sie jetzt schrie, was würde sie wohl tun, wenn sie herausbekam, was ich in der Schule angestellt hatte? Bestimmt würde sie dann mehr tun, als wütende Worte zu schreien! Sie würde mich einsperren, mich schlagen. Was sollte sie auch sonst tun? Sie würde mich irgendwie bestrafen müssen.

Ich rannte nach oben in mein Blumenzimmer und steckte rasch den schönen weißen Rock und das rosa Oberteil, die ich bei meiner Zeremonie getragen hatte, in eine Leinentasche, die ich aus Peking mitgebracht hatte. Dann lief ich wieder nach unten, in die Küche. Ich hoffte, ein paar Kekse und etwas Schinken für unterwegs mitnehmen zu können, aber meine Mutter stellte sich mir in den Weg. Ihre Augen blickten finster, und sie presste die Lippen so fest aufeinander, dass es aussah, als würde ihr Gesicht zerreißen. Aber sie war nicht mehr wütend, sie hatte Angst. Denn sie selbst hatte vor langer Zeit das Haus ihrer eigenen Mutter verlassen, und als sie heimgekehrt war, da war es zu spät gewesen, für immer.

»Geh nicht weg«, sagte meine Ama. Ihr versagte beinahe die Stimme. Jiama und Homi fingen an zu schreien.

Aber ich musste fort. Ich hatte die Schulküche zerschlagen, und jeden Moment würden die Lehrer hier sein. »Ich gehe«, sagte ich. »Ich gehe.« Ich lief durch das Tor auf die Dorfstraße, und meine Mutter rannte mir nach und rief, ich solle stehen bleiben, zurückkommen.

Ich presste meine kleine Tasche ans Herz und rannte und rannte. Vorbei am letzten Haus und auf den Bergpfad. Die Stimme meiner Mutter wurde immer leiser, doch gerade, als ich meinen Schritt ein wenig verlangsamte, traf mich etwas ohne Vorwarnung in den Rücken.

Ich drehte mich um. Meine Ama jagte immer noch hinter mir her und bewarf mich mit Steinen. Sie konnte nicht schnell genug rennen, um mich einzuholen, deshalb bewarf sie mich mit Geschossen. In ihrer Jugend hatte sie Pfeil und Bogen genauso gut wie jeder Mann beherrscht, und sie konnte immer noch zielen. Nie traf sie Stellen, an denen sie wirklich Schaden angerichtet hätte. Der nächste Stein traf meinen Ellbogen; ein weiterer traf mich zwischen den Schulterblättern, und dann prallte noch einer auf dieselbe Stelle. Letzterer riss die Haut auf. Noch mehr Steine folgten. Ich strengte mich an und rannte noch schneller hügelaufwärts, auf den Gipfel zu.

Endlich erreichte ich den Waldrand. Meine Ama hatte inzwischen längst aufgegeben. Als ich anhielt und mich umdrehte, sah ich sie auf dem Pfad stehen. Sie wirkte sehr klein und sah in meine Richtung, eine stumme Bitte, ich möge zurückkommen. Ich wusste, dass sie weinte. Auch ich weinte. Meine Augen blieben trocken, aber ich weinte. Und ich konnte nicht zurück. Nie wieder. Nicht nach dem, was ich in der Schulküche angerichtet hatte. Ich sah zum Schulgebäude. Kein Rauch stieg vom Dach auf, und ich fragte mich, ob die Lehrer immer noch in ihren Betten lagen und darauf wartete, dass ich ihnen ihr heißes Wasser brachte und sie zum Frühstück rief. »Ein voller Bauch ist schnell geplatzt!«, hätte ich am liebsten geschrien, aber ich war außer Atem.

Ich drehte mich um und rannte.

Ich rannte, und wenn ich keine Luft mehr bekam, dann ging ich, und dann rannte ich wieder – den Rest des Tages, die Nacht hindurch, den nächsten Tag und die nächste Nacht. Ich aß nichts und ich schlief nicht. Ich spürte weder Hunger noch Müdigkeit. Ich hatte Angst. Ich war so verängstigt, dass ich nicht einmal meinen eigenen Speichel schlucken konnte. Irgendwann fiel mir ein zu singen, aber der Klang meiner einsamen Stimme in den Bergen jagte mir Furcht ein. In der dritten Nacht begann es in Strömen zu regnen. Der Boden war zu glitschig, und ich konnte nicht sehen, wohin ich trat, weil es zu dunkel war. Ich band mir meine kleine Tasche auf den Rücken, ging auf die Knie und begann den Weg entlang zu kriechen, wobei ich den rutschigen Boden mit den Händen abtastete. Und dann verschwand nach einiger Zeit, die mir wie eine Ewigkeit vorkam, der Matsch, und irgendwann konnte ich wieder aufstehen. Inzwischen wusste ich allerdings überhaupt nicht mehr, wo ich war.

An diesem Abend suchte ich Zuflucht in einem Yi-Dorf. Durchweicht und schlammbedeckt bot ich einen jämmerlichen Anblick, und meine Knie bluteten, wo meine Nylonhosen zerrissen waren. Aber meine Gastgeber waren sehr freundlich. Die Hausfrau machte Wasser heiß, damit ich mir die Knie waschen konnte. Sie gab mir ein paar geröstete Kartoffeln, und als ich gegessen hatte, breitete sie eine Decke auf dem Boden aus, auf die ich mich sinken ließ und sofort einschlief. Am nächsten Morgen bekam ich ein Frühstück und wusch meine Knie noch einmal. Ich gab es auf, die kleinen Steinchen zu entfernen, die sich in meine Haut gegraben hatten. Dann dankte ich der Yi-Familie und brach wieder auf.

Meine Gastgeber hatten mir erklärt, um zurück auf die Straße zur Zementfabrik zu gelangen, müsse ich ein paar Kilometer zurückgehen. Die Vorstellung, wieder auf allen Vieren durch den Schlamm zu kriechen, war mir zuwider. Den Anweisungen der Yi folgend, ging ich auf meiner Spur zurück, bog an der Wegkreuzung ab und ging weiter, bis der Pfad am Abhang entlang verlief, wo er sich ziemlich plötzlich auf ungefähr dreißig Zentimeter verengte. Ich war jetzt schon längere Zeit gegangen und hatte noch keine Spur von dem schlammigen Boden gesehen. Ich begann mir Sorgen zu machen, ich könnte mich wieder verlaufen haben. Ich blieb stehen und schaute zurück, und dann blickte ich den Hang hinauf und hinunter – und dann sah ich den Matsch ein ziemliches Stück unterhalb der Stelle, an der ich auf dem Pfad stand. Und ich begriff, dass ich mich nicht verlaufen hatte. Gestern Abend war ich bei Dunkelheit und Regen irgendwie vom Hauptweg abgekommen und viel zu tief am Abhang gelandet, wo es überhaupt keinen Weg gab, sondern nur glitschigen Matsch und dann einen senkrechten Felssturz, und tief darunter, im Tal, das donnernde, strudelnde, reißende braune Wasser des Flusses – und dort war ich entlanggekrochen, den größten Teil der Schlucht, am Rande des Abgrunds.

Als ich jetzt bei Tageslicht den Abhang hinabblickte, konnte ich kaum glauben, dass ich eine so lange Strecke zurückgelegt hatte, ohne auszurutschen. Und wenn ich ausgeglitten wäre, hätte niemand mich je gefunden oder auch nur gewusst, wo ich verschwunden war. Ich begann unkontrollierbar zu zittern.

So stark zitterte ich, dass ich fürchtete, ich könnte hinfallen. Ich musste mich einige Zeit auf die Fersen hocken, bis ich wieder Mut gesammelt hatte. Immer wieder gaben meine Knie unter mir nach, und mein Herz pochte heftig. Und jetzt dachte ich an meine Yi-Schwester Añumo, die zwei Tage und zwei Nächte allein durch die Berge gerannt war, und daran, welche Sorgen ich mir um sie gemacht hatte. Aber Añumo war weggelaufen, um die Achtung ihres Volkes zu erringen. Ich dagegen floh, weil ich Schmach über meine Familie gebracht hatte und nie, nie wieder in mein Dorf zurückkehren konnte. Ich rannte, weil ich mich so mit Schande bedeckt hatte, dass mir nie mehr vergeben werden konnte. Aber ich lief auch, weil ich meinen Traum verwirklichen wollte.

Am fünften Tag erreichte ich die Zementfabrik, wo ich erst vor wenigen Monaten mit Latsoma und Zhatsonamu gestanden und darauf gewartet hatte, die Welt zu sehen. Dieses Mal würde kein grüner Jeep kommen. Ich fand mich damit ab, dass ich wohl zu Fuß in die Stadt gehen musste, und wanderte auf der Asphaltstraße weiter. Aber ich war noch nicht weit gekommen, als ein langer Lastzug heranfuhr und am Straßenrand hielt. Als ich zum Führerhaus kam, öffnete sich die Tür, und ich sah erleichtert, dass der Fahrer Tibeter war und niemand, den wir kannten.

Ich war so schmutzverkrustet, dass er mich bat, mich auf die Baumstämme zu setzen. Das war schrecklich; es tat weh, und mir war kalt, und ich begann zu singen, um mich aufzumuntern. Ich sang sehr laut, so laut ich überhaupt konnte, ich schrie richtig, aber es zahlte sich aus. Der Fahrer hielt den Lastwagen an und bat mich, herunter ins Führerhaus zu kommen und für ihn zu singen. Eine perfekte Übereinkunft: Ihm gefiel mein Gesang, und ich genoss die Fahrt. Dieses Mal wurde mir nicht einmal übel.

Am Abend kehrten wir in Yanyuan im Hotel der Karawanenführer ein. Der Lastwagenfahrer lud mich zum Abendessen ein, und ich aß wie ein hungriger, verängstigter Hund und schaute ständig über meine Schulter, um mich zu vergewissern, dass mich niemand erkannte. Nach dem Essen bezahlte der Fahrer mir das Zimmer, ein Doppelzimmer, in dem ich allein schlief. Aber als ich überlegte, in welches Bett ich mich legen sollte, erinnerte ich mich an Nankadromas Geschichten über tibetische Männer, und ich begann mir Sorgen zu machen. Ob der Fahrer wohl hoffte, mir später, in der Nacht, Gesellschaft zu leisten? Natürlich ließ das Zimmer sich nicht abschließen – zu dieser Zeit hatten in China die Bedürfnisse der Hotelgäste stets hinter den Wünschen der Angestellten zurückzustehen. Nur das Personal konnte Zimmertüren auf- oder abschließen, und zwar von außen. Also stapelte ich die beiden Betten und sämtliche anderen Möbelstücke gegen die Tür und kroch dann mit meinen matschverkrusteten Kleidern zwischen die Laken. Ich war so müde, dass mir alles gleich war.

Am nächsten Morgen in aller Frühe weckte mich die Zimmerfrau. Sie bollerte an die Tür und schrie etwas über Vorschriften, und dass sie ihre Arbeit tun müsse, und als sie ins Zimmer kam, setzte sie noch etwas über schmutzige Mädchen hinzu und eine Bemerkung über meine Mutter, die ich glücklicherweise nicht verstand. Ich ließ sie allein weiter fluchen und aufräumen, nahm meine Tasche und eilte aus dem Zimmer. Draußen traf ich den Lastwagenfahrer, der auf dem Flur auf mich wartete.

»Hattest wohl gestern Nacht Angst, ich komme in dein Zimmer?«, fragte er lachend und ließ seinen traditionellen goldenen Vorderzahn aufblitzen.

»Wieso denn?«, sagte ich und versuchte zu verhindern, dass meine Wangen rot anliefen.

Er klopfte mir auf den Rücken. »Ich habe die ganzen Möbel gesehen. Ah, du bist gut! Du kannst auf dich aufpassen.« Und er führte mich in den Speisesaal, wo er uns zum Frühstück gedämpfte Brötchen und Tee bestellte.

Kurz darauf waren wir unterwegs nach Xichang. Als wir durch ein Dorf kamen, nahm er eine Hand vom Steuer und wies mit den Fingern auf seinen Mund. »Bist du hungrig? Möchtest du Wassermelone?«

»Was ist Wassermelone?«

Wir hielten an und gingen über den Markt, um eine Wassermelone zu kaufen. Auf dem Rückweg zum Lastwagen suchte er einen schönen flachen Stein, auf den er vorsichtig die Melone legte. Dann zog er sein Messer aus dem Gürtel und halbierte sie mit einem einzigen sauberen Schlag. Das Fruchtfleisch war rot und süß und schmeckte so gut wie rosa Eiscreme. Und der Lastwagenfahrer war freundlich und sah sehr gut aus. Zum ersten Mal seit fast einer Woche spürte ich keine Furcht mehr. Jetzt war ich sehr froh, ich hatte das Gefühl, als wäre ich mit meinem Onkel auf Reisen.

Spät am Nachmittag kamen wir in Xichang an, wo der Fahrer mich auf der Hauptstraße absetzte. »Hier«, sagte er und drückte mir ein paar Geldscheine in die Hand. »Wenn du deine Leute nicht findest, frag im Hotel Nummer zwei nach mir. Dann bringe ich dich nach Hause zu deiner Mutter. Hotel Nummer zwei. Hast du verstanden?«

Aber ich fand meine Leute im Kulturbüro ohne Probleme.

Wieder in Xichang

Luo Juzhang steckte bis zum Hals in Papieren. Als er hörte, wie ich in sein Büro kam, hob er den Kopf, und ein Ausdruck vollständiger Verblüffung trat in sein Gesicht. »Was hast du denn angestellt, kleine Namu? Du bist ja ganz schmutzig«, rief er aus.

»Ich bin heute Morgen mit einem Lastwagen aus Yanyuan gekommen«, antwortete ich.

»Hmm, na ja, schön, dich zu sehen«, fuhr er langsam fort. Ganz offensichtlich konnte er sich keinen Reim darauf machen, was ich hier tat. »Bist du ganz allein hergekommen?«

»Ja.«

»Weiß deine Familie davon?«

»Nein.«

Luo Juzhang sah mich einen Moment eindringlich an, und seine Miene spiegelte jetzt nicht mehr Erstaunen, sondern Sorge. Er rückte auf seinem Stuhl herum und schürzte nachdenklich die Lippen. »Warte draußen auf mich«, sagte er schließlich. »Ich brauche hier noch ungefähr eine halbe Stunde, und dann nehme ich dich zum Abendessen mit nach Hause.«

Ein schwerer Druck wich von meiner Brust. Wenn Herr Luo mich nicht hinauswarf, wenn er mich mit nach Hause zu seiner Familie nahm, dann konnte er mir vielleicht auch Arbeit verschaffen. Ich ging nach draußen in den Hof, um auf ihn zu warten. Die Nachmittagssonne stand noch hoch am Himmel, und es war sehr heiß. Ich fand den Wasserhahn, drehte das Wasser auf und wusch mir Gesicht, Haar und Arme. Mit gelassener Befriedigung sah ich zu, wie der rote Schlamm durch meine Hände und in den Abfluss rann. Ich fühlte mich viel besser, sauberer, und ich hatte keine Eile. Ich setzte mich auf eine Bank, um mich von der Sonne trocknen zu lassen.

In dem von einem Chauffeur gelenkten Wagen, den das Kulturbüro seinen wichtigsten Funktionären zur Verfügung stellte, fuhren wir zu Herrn Luos Wohnung. Eine typische Kaderwohnung, genau passend für einen typischen Regierungsbeamten: Eine grün und weiß gestrichene Wohnung mit kahlen Zementböden, einer kleinen Küche, einer Wassertoilette ohne Brille und einem Wohnzimmer und drei Schlafzimmern, die mit Büchern, Pokalen und Fotos hinter Glas vollgestopft waren. Die Möbel standen hübsch arrangiert an der Wand, und im Wohnzimmer gab es einen Fernseher und einen grünen Kühlschrank. Herrn Luos Wohnung hatte nichts Besonderes; zu dieser Zeit sahen in China alle modernen Wohnungen so aus, mit kleinen Unterschieden in der Quadratmeterzahl oder der Anzahl der Zimmer.

Auch Herr Luo stach in keiner Weise hervor. Sein Haar war schütter und von Grau durchzogen, und er hatte einen Bauch, das Ergebnis von zu vielen Festessen und zu wenig Bewegung. Er trug einen grauen Mao-Anzug, und außer bei heißestem Wetter trug er nach dem Vorbild unseres großen Steuermanns einen Pullover über der Schulter. Für Fotos stellte er sich sogar mit einer Zigarette in Pose, die er zwischen zwei Fingern ungefähr auf Schulterhöhe hielt, genau wie Mao Tse-Tung. Herr Luo nannte andere Menschen grundsätzlich Genosse, Herr Lehrer oder kleine Soundso, und ich fühlte mich in seiner Gesellschaft sehr wohl. Luo Juzhang gehörte zu den Menschen, denen es unglaublich schwer fiel, nein zu sagen. Und wenn doch, wusste man das schon vorher, denn sein Gesicht lief dann knallrot an, noch bevor er zu sprechen begann.

Luos drei Töchter übten im Wohnzimmer Tanzschritte. In ihren schwarzen Hosen und weißen Hemden standen sie in starkem Gegensatz zu ihrer Mutter, die den traditionellen bunten Rock der Yi trug. Herr und Frau Luo gehörten beide zur Nationalität der Yi, aber Frau Luo war in die Sklavenkaste geboren worden und verstand nur Yi, während Herr Luo grundsätzlich Chinesisch mit seinen Töchtern sprach. Ich hatte großen Respekt vor Herrn Luo. Er war ein engagierter Kommunist und ein Idealist, und mit seiner Arbeit im Kulturbüro ermöglichte er sich und seiner Familie ein schönes Leben. Herr Luo bat seine jüngere Tochter Xiao Mei, mir ein paar Kleidungsstücke zu leihen und mich zu den öffentlichen Duschen zu begleiten, damit ich mich waschen konnte. Obwohl er ein Bezirksbeamter war, gab es in Herrn Luos Haus kein Badezimmer.

In der Dusche schloss ich die Augen; ich wollte nicht wissen, wie die anderen Frauen dreinschauten, wenn sie sahen, wie schmutzig das Wasser war, das von mir wegfloss. Nach dem Duschen aß ich eine Schale Nudeln und ging fast sofort in Xiao Meis Zimmer schlafen. Nach dem Aufwachen am nächsten Morgen setzte ich mich mit den anderen drei Mädchen zu einem chinesischen Frühstück.

»Tante Luo«, fragte ich Frau Luo und wies auf die Schüssel, »essen Sie Reisbrei?«

»*Aya!* Natürlich nicht! Aber die Kinder mögen ihn schrecklich gern.«

Und sie erklärte mir, so sei halt das moderne Leben. Die jüngere Generation sprach Chinesisch, trug chinesische Kleidung und frühstückte chinesisch.

Ich half Tante Luo beim Abwasch. Dann fegte und putzte ich den Boden und schnitt Gemüse für das Mittagessen – ich tat mein Bestes, um mich einzuschmeicheln, so dass Tante Luo mich lobte, als Herr Luo nach Hause kann.

Beim Mittagessen erzählte ich, in drei Sprachen radebrechend, so gut ich konnte meine Geschichte: Wie ich von zu Hause weggelaufen war, weil ich keinen Freund haben wollte, und dass ich nichts anderes im Sinn hatte als zu singen. Herr Luo hörte zu und löffelte noch mehr Reis in meine Schale.

»Wie alt bist du, kleine Namu?«

»Ich bin mir nicht sicher«, antwortete ich, ein wenig beschämt ob meiner Unwissenheit. Seit meiner Rockzeremonie waren zwei Neujahrsfeste vergangen. »Fünfzehn vielleicht ...«

Herr Luo räusperte sich. »Was ist dein Sternzeichen?«

»Pferd.«

Herr Luo stand auf, um seinen Kalender zu holen. »Dann bist du 1966 geboren. Und da wir jetzt 1982 haben, müsstest du ungefähr sechzehn sein. Wenn du bei uns arbeiten willst, müssen wir dich zwei Jahre älter machen. Du kannst kein Chinesisch lesen, oder?«

»Nein.« Ich konnte weder Chinesisch lesen noch Moso, weil unsere Sprache keine geschriebene Form besaß und ich nie zur Schule gegangen war. In der Stadt gab es ein Wort dafür: Ich war Analphabetin, und Herr Luo glaubte, etwas dagegen tun zu können.

Am nächsten Tag wurde ich als Sängerin in die Folkloretruppe des Kulturbüros aufgenommen. Zufällig war kürzlich eine Sängerin ausgeschieden, und da niemand das Moso-Volk vertrat, war ich die perfekte Kandidatin. Ich würde dreißig Yuan monatlich und drei Mahlzeiten täglich verdienen und auf einem provisorischen Bett im Konferenzraum des Kulturbüros schlafen. Herr Luo besorgte mir einen Ausweis und eine Arbeitserlaubnis mit einem offiziellen roten Stempel, Tante Luo gab mir eine Decke, und der Direktor der Truppe schenkte mir einen Trainingsanzug. Ich war überglücklich. Gleich rannte ich zum Hotel der Karawanenführer und hinterließ eine Nachricht für meine Mutter: Sie brauche sich keine Sorgen zu machen, ich hätte eine Arbeit in Xichang und verdiene doppelt so viel wie in der Schule.

Das Leben bei der Theatertruppe war sehr aufregend. Wir waren vierzig Künstler, die den verschiedenen Nationalitäten in Sichuan entstammten: Yi, Tibeter, Lisu, Miao und Hui sowie ein paar Han-Chinesen, die in der Lage waren, verschiedene Völker darzustellen. Da wir keine besonders große Truppe waren, musste im Grunde jeder etwas von allem lernen. Wir alle wurden im Singen, Tanzen und an verschiedenen Musikinstrumenten ausgebildet, und wir übten alle die verschiedenen nationalen Stilrichtungen. Anders als damals in Chengdu, und zu Herrn Luos Überraschung, hatte ich keine Schwierigkeiten mehr damit, neue Lieder zu lernen. Ich brauchte sie nur ein paar Male zu hören, und ich beherrschte sie.

Mein normaler Tagesablauf begann kurz vor neun, wenn die Texter und Komponisten in den Versammlungsraum kamen. Dann stand ich auf, rollte mein Bettzeug zusammen, zog mich an und ging hinunter in den Speisesaal, um zu frühstücken – warmes Wasser mit gedämpften Brötchen. Bei jedem Frühstück vermisste ich den Buttertee meiner Mutter. Danach gesellte ich mich zur täglichen Probe zu den anderen Künstlern, während die Liedschreiber im Versammlungsraum unser Repertoire planten. Einmal in der Woche quetschten wir uns in einen großen Bus und fuhren in verschiedene Städte und Dörfer, wo wir vor Fabrikarbeitern oder Schulkindern sangen und tanzten. Manchmal unternahmen wir auch längere Touren und besuchten weiter entfernte Schulen und Arbeitsbrigaden. Meinen ersten Auftritt hatte ich bei einer Versammlung von Funktionären, und wir mussten singen: *»Die Liebe der Mutter und des Vaters sind nicht so gut wie die Liebe von Mao Tse-Tung. Mao, Mao, wir armen einfachen Menschen lieben dich.«* Die Musik ging richtig zu Herzen. Sie erfüllte einen mit solcher Dankbarkeit, dass man sich bereit fühlte, sein Leben für sein Land zu geben. Aber der Text verwirrte mich.

»Wie kann denn Maos Liebe stärker sein als die Liebe einer Mutter? Wir Moso glauben, dass es nichts Größeres gibt als die Mutterliebe.«

»Mao Tse-Tung ist ein Gott«, antwortete die Lehrerin streng.

Wie sollte den Mao Tse-Tung ein Gott sein, fragte ich mich. Mao Tse-Tung war weder ein Berg noch ein Lama. Und ich hatte ihn in Peking in seinem gläsernen Sarg liegen sehen. Er hatte ein Muttermal am Kinn, genau wie meine Ama ... Aber meine Lehrerin war nicht in der Stimmung, über Maos Muttermal oder seinen Sarg zu diskutieren. »Machen wir mit dem Lied weiter.« Sie schnitt mir in demselben Ton das Wort ab wie meine Ama bei verschiedenen Gelegenheiten, wenn ich vor meinen Brüdern etwas Unschickliches gesagt hatte.

Außer der Musik gefiel mir in Xichang am besten der Mond. Ein anderer Name für Xichang lautet Yuechang, was »Stadt des Mondes« bedeutet. Der Mond in Xichang war strahlender, silbriger und viel größer, als er in Zuosuo je zu sehen war. Abends fuhr ich oft mit dem Fahrrad an den Stadtrand und sah zu, wie der Mond hoch am Himmel aufging.

Alles in allem war Xichang aber ein kleiner Ort. Ein paar Monate gingen vorbei, dann kam Neujahr, und ich begann mich zu langweilen.

An einem Tag im Frühling wusch ich im Hof meine Wäsche und träumte von all den anderen Städten, die ich schon besucht hatte. Nur mit halbem Ohr lauschte ich den Gesprächen der Sängerinnen, die in der Nähe auf einer Bank saßen und Sonnenblumenkerne kauten. Doch dann erregte etwas meine Aufmerksamkeit, so dass ich von meiner Wäsche aufsah.

»Warum zeigst du mir das? Ich will nicht nach Schanghai!« Xiolan lachte. »Du etwa?«

»Träumst du? Aufs Konservatorium?«, gab Shaga zurück und spuckte die Schalen der Sonnenblumenkerne auf den Boden.

»Warum eigentlich nicht? Dort gibt es eine spezielle Klasse für Studenten aus nationalen Minderheiten. Man braucht dann die akademischen Prüfungen nicht abzulegen.«

Mein Herz begann zu rasen. Über Shanghai wusste ich nur zwei Dinge: Einmal hatte Dashe, der Pferdeführer, uns das Etikett an seinem Pullover gezeigt: *Made in Shanghai*. Und es lag weit von Xichang weg und war viel größer.

»Xiolang! Gehst du nach Schanghai?«, fragte ich.

»Natürlich nicht! Was soll ich denn dort? Stell dir vor, ich mache mir den weiten Weg, und dann nehmen sie mich nicht. Ich könnte mich hier nie wieder sehen lassen.«

»Würdest du mir den Zettel einmal zeigen?«

Xiolan schwieg, sah mich einen Moment lang an und lachte dann wieder. »Hier, ich schenke ihn dir.«

Ich wischte meine Hände trocken, nahm das Faltblatt und bat Xiolan, mir die Schriftzeichen zu zeigen, die »Konservatorium Schanghai« bedeuteten – das Zeichen für »Musik« kannte ich bereits. Dann faltete ich das Blatt sorgfältig zusammen und steckte es in meine Tasche.

»Was soll das heißen, du willst nach Schanghai?«, fragte der Direktor der Truppe und sah den Zettel an. »Dein Hintern hat die Bank, auf der du sitzt, noch nicht angewärmt, und schon hast du den Ehrgeiz, uns alle zu übertreffen. Das Konservatorium in Shanghai ist die beste Musikschule des Landes.« Aber ein paar Tage später kam er zu mir, nachdem er mit Herrn Luo gesprochen hatte. »Wenn du nach Schanghai willst, dann kannst du fahren. Aber wir zahlen nicht dafür.«

Aber wie sollte ich eine Zugfahrkarte quer durch China finanzieren? Ich verdiente nur dreißig Yuan im Monat und hatte keine Ersparnisse. Und ich besaß nichts, das von Wert war. Ich hatte nichts als meinen Ausweis, die Kleider auf dem Leib, das Kostüm, das ich bei meiner Zeremonie getragen hatte, sowie ein weiteres, das das Kulturbüro mir hatte anfertigen lassen – und das Jadearmband, das meine Mutter mir geschenkt hatte. Das Schmuckstück war sehr alt; es hatte meiner Urgroßmutter gehört. Es musste etwas wert sein.

Ich verkaufte das Armband meiner Mutter für hundertvierzig Yuan.

Ende Juni überreichte der Direktor der Truppe mir einen Empfehlungsbrief mit einem roten Stempel darauf und ein weiteres Papier, das ich Djihu geben sollte, einem jungen Yi, der am Konservatorium studierte. »Herr Luo schickt ein Telegramm nach Schanghai, damit man dort weiß, dass du kommst. Du kannst es gerade noch zum Vorsingen schaffen«, erklärte er. »Und sieh lieber zu, dass du angenommen wirst, denn wir stellen dich hier nicht wieder ein.«

Ich dankte ihm und packte meine Kostüme ein. Am nächsten Tag verabschiedete ich mich von Herrn Luo und meinen Freunden und ging zum Bahnhof, wo ich den Zug nach Chengdu nahm. Ich fuhr dritter Klasse, zwölf Stunden im Stehen zwischen gackernden Hühnern und nässenden Babys.

In Chengdu musste ich noch einmal zwölf Stunden warten, bis ich in den Zug nach Schanghai steigen konnte. Nachdem ich meine Fahrkarte dritter Klasse gekauft hatte, blieben mir noch siebzig Yuan übrig. Ich hatte das Gefühl, im Geld zu schwimmen, und kaufte etwas zu essen für die Reise – eine ganze geräucherte Ente, ein paar Orangen, Entenzungen und Brot. Dann kehrte ich in den lauten, überfüllten Wartebereich für die dritte Klasse zurück, der im Freien lag, um die Stunden abzusitzen. Bald wurde ich sehr ungeduldig und fing an, von der Ente zu naschen, ein kleines bisschen, dann noch einen Happen, und ehe ich mich versah, hatte ich die ganze Ente gegessen, die Orangen, die Entenzungen und das Brot. Aber ich hatte ja noch sechzig Yuan, reichlich genug, um von den Verkäufern im Zug noch mehr zu essen zu kaufen.

Die Fahrt nach Chengdu war unangenehm gewesen, aber die

drei Tage bis nach Schanghai waren noch weit schlimmer. Nach ein paar Stunden gab das Zugpersonal den Versuch auf, den überfüllten, übel riechenden Waggon zu fegen, und bald stand ich bis über die Knöchel im Müll und erstickte fast in der dicken, tabakgeschwängerten Luft. Als nächstes bereitete der Sitz, der einen Winkel von exakt neunzig Grad bildete, mir Rückenschmerzen, und dann füllte sich meine Blase. Aber ich wagte nicht zur Toilette zu gehen, weil ich fürchtete, dann meinen Sitzplatz zu verlieren. Am liebsten wäre ich die nächsten zwei Tage nicht wieder aufgestanden. Als ich es nicht mehr aushielt, nahm ich allen Mut zusammen und bat die Frau, die neben mir saß, mir meinen Platz frei zu halten. Aufzustehen und sich zu recken war ein wunderbares Gefühl, sogar in dieser Enge. Aber als ich zur Toilette kam, befand sie sich in einem solchen Zustand, dass mir fast übel geworden wäre. Sie war verstopft, aber trotzdem hatten die Fahrgäste sie weiter benutzt, und Urin rann den Gang hinunter. Anscheinend unbeeindruckt standen die Leute in der übergelaufenen Flüssigkeit. Was für Menschen sind das, die in ihrem eigenen Urin stehen?, fragte ich mich, während ich mich zu der ebenso verdreckten Toilette im nächsten Wagen durchdrängte. Und: was für eine Welt ist das? In der zweiten Nacht schob ein erschöpfter Mann den Müll auf die Seite und rollte sich zu meinen Füßen zusammen. Die Leute warfen weiter Einwickelpapier und Orangen- und Apfelschalen auf den Boden und spuckten die Schalen ihrer Sonnenblumenkerne über ihm aus, so dass er, als er am nächsten Morgen aufwachte, vollständig mit Dreck überzogen war. Aber er schüttelte sich bloß, setzte sich und lehnte sich mit dem Rücken gegen mein rechtes Bein, bis es einschlief und ich ihn bitten musste, weiterzurücken.

Nach drei langen Tagen und zwei noch längeren Nächten fuhr der Zug in den Bahnhof von Schanghai ein. Ich war so müde und benommen, dass es einige Zeit dauerte, bis mir klar wurde, dass die Reise endlich vorüber war. Ich schaute aus dem Fenster. Verglichen mit Peking sah der Bahnhof grau und verwahrlost aus. Ich konnte nicht glauben, dass dies Schanghai sein sollte. Ich blieb auf meinem Platz sitzen und wagte nicht, mich zu rühren, bis die Schaffnerin kam und den Müll wegfegte. Sie wirbelte den Dreck mit dem

Besen auf, und da ich ihr im Weg saß, war ich bald damit überzogen.

»Hey«, schrie sie und sah zu meinen schmutzigen Hosen auf. »Was sitzt du hier herum? Alle sind ausgestiegen.«

»Ich fahre nach Schanghai«, gab ich einfältig im Dialekt von Sichuan zurück.

Das Vorsingen

Das Taxi zum Konservatorium kostete fünfzehn Yuan, und ich musste den Fahrer bezahlen, bevor er mich in den Wagen steigen ließ. Ich nahm ihm das nicht einmal übel, denn ich konnte mir vorstellen, wie ich aussah. Aber während wir die breiten, schattigen, baumbestandenen Straßen entlang fuhren, fragte ich mich, ob er mich übers Ohr gehauen hatte, oder ob Schanghai wirklich so teuer war. Ich hatte nur noch dreißig Yuan – einen Monatslohn – und keine Arbeit ... Diese Stadt war wunderschön und ganz anders als Peking. Es war sehr heiß. Ich kurbelte das Autofenster hinunter und ließ die Stadtluft in den Wagen. Sie raubte mir den Atem, und einen Moment lang vergaß ich meine Geldsorgen, vergaß, dass meine Nylonhosen klebten und dass ich mich drei Tage lang nicht gewaschen und nicht geschlafen hatte. Ich war in Schanghai.

Noch mehr Straßen und Backsteingebäude mit schrägen Dächern und Fensterläden, Häuser, die anders aussahen als alles, was ich in anderen Städten gesehen hatte, und dann hielten wir an. »Hier ist das Konservatorium«, sagte der Fahrer. Verwirrt blickte ich mich um – ich hatte ein großes, hohes, eckiges Gebäude mit vielen Glasfenstern erwartet, aber wir hatten vor einem zweiflügligen Tor in einer Mauer gehalten, das sich in nichts von den anderen Hauseingängen in der Straße unterschied. »Siehst du? Musikkonservatorium! Es steht über dem Tor«, erklärte der Taxifahrer und wies über die Straße auf die chinesischen Schriftzeichen.

Ich wagte noch nicht zum Tor zu gehen, sondern blieb auf dem Gehsteig stehen und beobachtete die Studenten auf ihren Fahrrädern. Sie fuhren ins Konservatorium oder kamen heraus und winkten dem alten Mann zu, der das Tor bewachte und mich von der anderen Straßenseite aus misstrauisch beäugte. Die Mädchen sahen so elegant aus, so hübsch mit ihrem langen, zu Pferdeschwänzen gebundenem Haar, ihren weißen Blusen und schwarzen Hosen, und ihre Hüften schwangen, wenn sie in die Pedale traten. Eine trug einen Geigenkasten unter dem Arm. »Eines Tages werde ich genauso sein«, sagte ich mir. »Auch ich werde mit meinem Fahrrad durch das Tor zur Musikschule fahren; mein Haar wird im Wind wehen, und ich werde eine schöne weiße Bluse und saubere schwarze Hosen tragen.« Und ich überquerte die Straße.

Aber der alte Mann wollte mich nicht einlassen. Ich versuchte ihm die Papiere zu zeigen, die Herr Luo für mich unterschrieben hatte, aber er wollte sie nicht anschauen und scheuchte mich davon wie einen schmutzigen Bettler. »Geh! Verschwinde!«, schrie er mit starkem Schanghaier Akzent und entblößte knurrend seine schwarzen Zähne. Also zog ich mich so weit zurück, bis er nicht mehr brüllte, und er setzte sich wieder auf seinen Schemel, trank grünen Tee aus einem großen grünen Glas und paffte eine feuchte Zigarette nach der anderen, wobei er gelegentlich einen bitterbösen Blick in meine Richtung warf. Nervös wartete ich, überlegte, was ich tun sollte, und fürchtete das Schlimmste – war es möglich, dass ich so weit gefahren war, nur um am Tor abgewiesen zu werden. Und was sollte ich dann in Shanghai anfangen? Ich hatte nur noch dreißig Yuan in der Tasche, sprach bloß ein paar Brocken Standard-Chinesisch und konnte kaum mehr lesen als ein paar Schriftzeichen ... Als dem alten Mann der Tee ausging und er in seinen kleinen Raum ging, um sein Glas aus der Thermosflasche aufzufüllen, huschte ich schnell hinter seinem Rücken vorbei, durch das Tor, und rannte.

Im Konservatorium eröffnete sich mir eine völlig neue Welt. Die Gebäude waren, wie ich später erfuhr, im Kolonialstil errichtet, mit weißen Wänden und roten Fliesen. Hier gab es keinen Hof mit Betonboden, sondern eine grüne Wiese, die von hohen, dicht belaubten Bäumen beschattet wurde. Aufgeregt und wie betäubt lief ich über das Gelände, doch bald fühlte ich mich befangen und schämte mich für mich selbst, für meine verdreckten, billigen Kleider und mein schmieriges Gesicht. Ich fühlte mich wie ein schmutziges Mädchen vom Land. Niemand hatte mir irgendwelche Aufmerksamkeit geschenkt, aber ich spürte plötzlich den unwiderstehlichen Drang, mich zu waschen und mein Haar in Ordnung zu bringen, und stürzte in den ersten Waschraum, den ich finden konnte.

Als ich mein Möglichstes getan hatte, um so auszusehen wie die Studenten, die über die Campuswiese schlenderten, trat ich auf ein paar Mädchen zu und zeigte ihnen das Blatt Papier, das der Direktor für Djihu geschrieben hatte, den jungen Yi, der mir helfen sollte. Sie schüttelten den Kopf und sagten etwas, das ich nicht verstand. Dann riefen sie jemand anderen an, und der wies auf ein Gebäude.

»Wie tapfer! Du hast ganz allein hergefunden«, bemerkte Djihu.

»Das scheint dich zu erstaunen!«, gab ich zurück und hoffte auf ein Kompliment. Ich war ziemlich stolz darauf, dass ich den weiten Weg nach Schanghai und zum Konservatorium ganz allein geschafft hatte und dass ich sogar fertig gebracht hatte, ihn zu finden.

Aber Djihus Erstaunen hatte einen einfachen Grund. »Ich hatte damit gerechnet, dass man mich zum Tor rufen würde, damit ich dich abhole. Und ich dachte, du würdest ein wenig früher kommen. Wusstest du, dass morgen der letzte Termin ist, an dem du dich für das Vorsingen anmelden kannst?«

Djihu begleitete mich zum Gästehaus der Studenten, aber alle Betten waren bereits belegt. So verbrachte ich meine erste Nacht im Konservatorium auf einer Baumwollsteppdecke auf dem Boden eines Schlafsaals. Und da ich so müde war und außer Djihu niemanden kannte, war ich schon lange zu Bett gegangen, bevor die anderen Mädchen gegen Mitternacht in den Schlafsaal zurückkehrten. Sie kicherten und kreischten und nahmen noch einen späten Imbiss, wie das in Schanghai üblich ist. Als sie an meinem Lager auf dem Boden vorbeikamen, schüttete eine Wasser über mich, und eine andere ließ ein Stück fettiges Papier auf mich fallen. Aber ich war zu müde, um mich zu wehren.

Als ich am nächsten Morgen aufwachte, betrachteten meine Zimmergenossinnen mich forschend. Da ich nicht wusste, wie ich darauf reagieren sollte, rollte ich mein Bettzeug zusammen, nahm meine Tasche und ging ins Bad, wo ich meinen weißen Rock und meine rosafarbene Bluse anzog und mir einen dicken schwarzen Turban um den Kopf wickelte. Und dann ging ich in meiner traditionellen Moso-Tracht nach draußen, um Djihu zu treffen: Hoch erhobenen Kopfes schaute ich gerade vor mich hin und ignorierte so gut wie möglich die neugierigen Gesichter, die sich mir zuwandten.

Djihu wartete auf dem Fußballfeld. Wir mussten zum Sekretariat gehen, wo ich mich für das Vorsingen anmelden konnte. Eine lange Schlange wartete dort, und es dauerte ungefähr zwei Stunden, bevor wir endlich vor dem Schreibtisch der Angestellten standen.

»Hast du ein Passfoto?«, fragte die Angestellte.

Ich gab ihr meine Papiere und bemerkte voller Panik, dass ich meinen Ausweis aus Xichang nicht finden konnte. Ich besaß nur zwei Fotos von mir selbst: Das eine befand sich auf dem Ausweis, und das andere war der Zeitungsausschnitt, der in unserem Haus auf der Speisekammertür klebte. Aber die Angestellte nahm alles ganz genau, und sie wollte meine Anmeldung für das Vorsingen erst annehmen, wenn sie ein Foto hatte. Uns blieb nichts anderes übrig, als das Gelände zu verlassen und zum Fotografen zu gehen. Als wir zum Registrierbüro zurückkamen, schloss die Angestellte die Tür hinter uns. Ich war die letzte Studentin, die sich anmeldete.

»Name?«, fragte die Angestellte.

»Yang Erche Namu.«

»Komischer Name«, meinte die Angestellte. »Zu welcher Nationalität gehörst du?«

»Moso.«

»Ich habe noch nie von einer Moso-Nationalität gehört.« Und sie begann die Namen der fünfundfünfzig offiziellen Minderheiten in China herunterzuleiern.

»Sie meint Naxi«, unterbrach Djihu sie.

»Naxi?«, fragte sie stirnrunzelnd zurück. »Deine Tracht sieht nicht aus wie die der Naxi. Woher kommst du?«

»Ich komme aus Sichuan, und ich bin keine Naxi.« Wütend sah ich Djihu an.

Dieser lächelte. »Da hast du sogar Recht.« Er wandte sich an die Angestellte. »In Zuosuo werden die Moso zu den Mongolen gerechnet.«

Die Angestellte blickte zwischen uns hin und her. »Könnt ihr euch jetzt entscheiden? Zu welcher Nationalität gehörst du?«

»Moso«, erklärte ich bestimmt.

»In Ordnung, Nationalität: Moso.« Die Angestellte lachte. »Sind alle Moso-Mädchen so hübsch wie du? Egal, wann bist du geboren?«

217

»Ich bin mir nicht sicher ...«

Die Angestellte legte den Kopf auf die Seite. »Du kennst dein Geburtsdatum nicht?«

»Was war mit dem Mädchen, das sich vor mir eingeschrieben hat?«, fragte ich, denn ich vermutete, dass sie ungefähr so alt sein mochte wie ich.

Die Angestellte blätterte in ihren Papieren herum. »Der fünfundzwanzigste August 1966.«

»An diesem Tag habe ich auch Geburtstag.« In etwa musste das stimmen, denn Herr Luo hatte gesagt, ich sei 1966 geboren, im Jahr des Pferdes. Ich reichte der Frau mein nagelneues Passfoto.

Eine halbe Stunde später befand ich mich im Besitz eines neuen provisorischen Ausweises mit der Nummer zweihundertdreiundzwanzig. Und ich hatte jetzt einen Tag, an dem ich meinen Geburtstag feiern konnte.

In der Prüfungswoche saßen mehrere hundert Studenten, viele von ihnen in Begleitung ihrer Mütter und Väter, auf beiden Seiten der breiten Flure vor den Prüfungsräumen. Über jeder Tür hingen die allerschönsten Schriftzeichen, eine Verheißung von Träumen: Oper, Klavier, Orchesterinstrumente, Komposition, Musikwissenschaften, ethnische Musik, ethnischer Gesang. Die Studenten umklammerten ihre Notenblätter, und die Eltern schleppten Wasserflaschen mit. Ab und zu wischten die Mütter verschmiertes Make-up von einer tränenüberströmten Wange, und die Väter flüsterten Ermunterungen. Die Luft vibrierte vor nervöser Anspannung und der unharmonischen Mischung einzelner verirrter Noten, die aus den Hörsälen drangen. Das Konservatorium von Schanghai war die beste Musikschule Chinas. Für die Gewinner konnte es keine größere Ehre geben, und keine größere Enttäuschung für die Verlierer.

Am Tag meines Termins nahm ich im Korridor Platz. Ich war allein, ohne Mutter oder Vater, die mich hätten aufmuntern können. Aber nach den vielen Monaten bei der Folkloretruppe in Xichang fühlte ich mich schon fast wie eine Berufssängerin, und ich dachte daran, wie wir den Wettbewerb in Yanyuan gewonnen hatten und dann die Ausscheidungen in Xichang und Peking. Ich konnte auch in Schanghai gewinnen. Außerdem musste ich angenommen werden. Ich konnte sonst nirgendwo hingehen.

Wenn ihre Nummern aufgerufen wurden, standen die Bewerber auf und verschwanden in den verschiedenen Sälen – manche rannten beinahe, andere machten sich so langsam auf den Weg, dass ihre Eltern sie weiterschieben mussten. Und wenn sie wieder herauskamen, leuchteten und strahlten ihre Augen entweder, und ihr Blick suchte eifrig nach den Gesichtern ihrer Eltern; oder sie traten niedergeschlagen heraus, als wagten sie nur, die Füße ihrer Eltern anzusehen.

Für die Abteilung Musik der ethnischen Minderheiten stellten sich ungefähr vierzig Studenten vor. Meine Nummer war die letzte, weil ich mich so spät angemeldet hatte. Ich hatte den Eindruck, ich würde nie aufgerufen, und als es immer später wurde, sprang die Spannung, die in der Luft lag, auch auf mich über. Ich rutschte auf meinem Platz hin und her und rieb mir die Hände. Außerdem war ich sehr hungrig. Ich stand auf und begann im Korridor auf und ab zu gehen. Kurz dachte ich sogar daran, mich vorzudrängen. Stattdessen spähte ich durch einen Türspalt in einen der Hörsäle, wo ein Mädchen mit schwacher, zitternder Stimme sang, bis ihre Mutter mir auf die Schulter tippte und ich zu meinem Stuhl zurückging.

Immer mehr Studenten verschwanden und tauchten wieder auf; ihre Augen leuchteten vor Hoffnung oder glänzten vor Tränen. Plötzlich rannte ein Mädchen – nicht das mit der schwachen Stimme – an mir vorbei. Sie hatte die Hände vors Gesicht geschlagen und schluchzte zum Steinerweichen. Und ihre Mutter lief ihr nach. Unwillkürlich musste ich an meine Ama denken, und wie sie mich auf dem Bergpfad gejagt hatte. Was würde sie tun, wenn sie hier wäre und neben mir sitzen würde? Und wenn ich scheiterte, wie dieses Mädchen, was würde meine Ama dann sagen? Was, wenn ich die Furcht, die jetzt in mir aufstieg, nicht beherrschen konnte? Wenn ich solche Angst hatte, dass ich nicht singen konnte?

Ich erinnere mich kaum noch, wie oder wann meine Nummer aufgerufen wurde. Ich weiß nur, dass ich geradewegs auf die kleine Bühne trat und den Pianisten links liegen ließ – ich hatte kein Notenblatt, das ich ihm hätte geben können – und sofort zu singen begann, ohne mich vorzustellen oder etwas über das Lied zu sagen. Kaum dass ich die Mitglieder der Prüfungskommission grüßte, die, Teetassen und Notizbücher vor sich, an dem Tisch unter mir saßen. Ich weiß auch noch, dass ich sehr ärgerlich über den Prüfer war, der am Tisch eingeschlafen war und den weißen Schopf auf die gekreuzten Arme gelegt hatte. Mein erstes Lied war der Gesang an unsere Berggöttin Gamu, und ich wollte den Prüfer wecken. Also sang ich sehr hoch, so hoch wie die Berggipfel, von denen ich weggelaufen war, und so laut, dass die Fenster klirrten und der alte Mann endlich den Kopf von den Armen hob und nach seiner Teetasse griff.

Nach dem Lied an Gamu sang ich die *Ahabala*, das fröhliche Lied der Hirten, und dann begann ich die *Madami* zu singen, das Liebeslied, aber der oberste Prüfer unterbrach mich. »In Ordnung, in Ordnung! Das ist genug.« Und ich wusste, dass mein Gesang ihnen gefallen hatte.

Leben im Konservatorium

Während der fünf Jahre, die ich am Konservatorium von Schanghai verbrachte, lernte ich eine Menge. Ich lernte singen, Noten lesen und Klavierspielen. Kein Tag verging, an dem ich nicht Dankbarkeit für das empfunden hätte, was das Konservatorium aus mir machte. Wenn ich durch das Schultor nach draußen trat, unterließ ich es nie, mein Studentenabzeichen mitten auf der Brust zu tragen, damit jeder sehen konnte, dass ich an der angesehensten Musikschule Chinas studierte. Und jedes Mal, wenn jemand mein Abzeichen anschaute, fühlte ich den Stolz meiner Mutter, und ich wusste, dass ich endlich Wiedergutmachung für die Zerstörung der Schulküche und meine Flucht von zu Hause leistete. Jeden Tag dachte ich an meine Ama, an mein leeres Zimmer zu Hause, an meine kleinen Brüder und meine kleine Schwester, an Zhema. Manchmal dachte ich sogar an die Lehrer. Und ich überlegte, ob ich nach Hause schreiben sollte. Aber das tat ich nie.

Nach der Bekanntgabe der Prüfungsergebnisse waren alle Studenten nach Hause gefahren, aber ich konnte nirgendwo hin und hätte auch kein Geld dazu gehabt. Die Verwaltung untersuchte meinen Fall und erlaubte mir, für den Rest des Sommers im Gästehaus zu wohnen. Man stattete mich sogar mit einem kleinen Stipendium aus. Studenten aus ethnischen Minderheiten wurden, wie ich bald entdeckte, von der Schulverwaltung besonders gut behandelt. Wir hatten unseren eigenen Speisesaal, der Rücksicht auf Nahrungsvorschriften nahm, und wir durften uns an unseren traditionellen Feiertagen frei nehmen, was mir allerdings nicht viel nützen würde, da wir Moso so ungefähr alles essen – obwohl wir keine Hunde verzehren wie die Han – und nur zwei feste Feiertage haben, Neujahr und das Fest unserer Göttin, die beide in die Schulferien fallen. Unterdessen verbrachte ich den Rest dieses ersten Sommers damit, aus meinem Zimmerfenster zu schauen, auf der grünen Wiese spazieren zu gehen oder mit dem Hausmeister zu reden, der mein einziger Freund geworden war und mir sogar ein kleines Radio lieh, damit ich Chinesisch üben konnte. Aus Angst, der alte Mann, der das Tor bewachte, würde mich wieder nicht hineinlassen, wagte ich nicht, das Konservatorium zu verlassen, und außerdem fürchtete ich, mich lächerlich zu machen, weil ich nur meinen Trainingsanzug und meine Moso-Röcke anzuziehen hatte.

Als im September die Schule begann, bat ich darum, ein Zimmer mit chinesischen Studentinnen teilen zu dürfen, statt mit Studentinnen anderer Minderheiten. Ich wollte mein Chinesisch verbessern und es so gut wie möglich sprechen, und ich wollte alles über die moderne Welt lernen. Und nun ging ich den Korridor zu meinem Zimmer entlang. Mein Herz schlug rasch, meine Hände bebten, und ich war mir sehr bewusst, dass ich nicht nur ein neues Leben anfing, sondern dass hier mein Traum Wirklichkeit wurde.

Wir waren fünf Studentinnen pro Zimmer, und in jedem Raum standen zwei lange Tische, fünf Stühle und drei doppelstöckige Etagenbetten. Da es weder Abstellkammern noch Schränke gab, wurde das unterste Bett an der Tür dazu benutzt, Koffer und persönliche Gegenstände zu stapeln. Als ich ankam, hatten meine Zimmerkameradinnen noch nichts weggeräumt oder organisiert, und der Raum war ein einziges Chaos. Jedes Mädchen hatte mindestens zwei Koffer mitgebracht, und überall lagen Sachen herum – Kleider, besonderes Essen, Extradecken, Bücher, Stofftiere. Noch nie hatte ich gesehen, dass jemand so viel für sich besaß. Sogar die Geschenke, die ich zu meiner Rockzeremonie bekommen hatte, hielten keinen Vergleich mit dem aus, was diese Mädchen mit sich schleppten. Und als ich dort stand, auf der Türschwelle des Zimmers, und all diese Dinge ansah, beschlich mich ein neues Gefühl, eine Art von Trauer überschatteter Demütigung, etwas, das ich nie zuvor empfunden hatte, nicht einmal, als ich die Yaks umarmte, um mich warm zu halten, oder als ich mich so sehr für meine Kleidung schämte, dass ich das Konservatorium nicht verließ. Zum ersten Mal in meinem Leben erlebte ich, was es heißt, arm zu sein.

Ich drückte meine Leinentasche an mich und trat durch die Tür. Meine Zimmergenossinnen hörten mit dem Auspacken auf. Sie starrten zuerst mich an und dann einander. »Warum haben sie bloß ein Mädchen aus einer Minderheit in unser Zimmer gesteckt?«, fragte eine von ihnen.

Ich war zwar noch nicht besonders vertraut mit dem Schanghaier Akzent, aber diese Bemerkung verstand ich ganz genau. Ich konnte auch die langen Blicke deuten, die sie einander zuwarfen. Das Einzige, was ich nicht sofort begriff, war, dass für mich – da ich die zuletzt Gekommene war – nur noch das letzte der unteren Betten übrig blieb, direkt unter dem Mädchen, das die Bemerkung gemacht hatte. Sie hieß Hong Ling, und ich sollte während der nächsten fünf Jahre unter ihrem Bett schlafen.

Glücklicherweise hatte ich während meiner ersten zwei Schuljahre nicht viel mit meinen Zimmergenossinnen zu tun, oder überhaupt mit anderen Studenten. Ich war in einen zweijährigen Vorbereitungskurs für Studenten nationaler Minderheiten eingeschrieben, der unser Chinesisch verbessern und uns auf das normale akademische Niveau bringen sollte. Als jedoch offensichtlich wurde, dass ich Analphabetin war, sorgten meine Lehrer dafür, dass ich zusätzlich zum Lehrprogramm Nachhilfestunden bekam. Während meines zweiten Jahres kehrte ich nach und nach in die normalen Minderheitenkurse zurück, obwohl das Lesen und Schreiben weiterhin eine gewaltige Hürde für mich blieb, und ich kam oft in Schwierigkeiten, weil ich bei anderen Studenten abschrieb oder bei meinen Tests mogelte. Leider ging die Sympathie meiner Lehrer nicht so weit, dass sie zu schätzen gewusst hätten, welche Anstrengung sogar das Schummeln von mir verlangte.

Aber ich war wirklich fleißig, und ich liebte das Studentenleben – Lachen, Schwatzen, Tränen, die Unordnung in den Zimmern, die Gemeinschaftsduschen und das Durcheinander der Instrumente und natürlich den Unterricht. Mein liebstes Fach war ethnische Musik, wo wir die Lieder der vielen verschiedenen Nationalitäten Chinas lernten. Und Stimmübung war die Disziplin, die ich am wenigsten mochte, genau wie in Chengdu, als ich mit Nankadroma für den Gesangswettbewerb geprobt hatte. Stimmbildung ging so sehr gegen meine Natur, und ich erwies mich als so widerspenstig und streitsüchtig, dass im ersten Jahr zwei Lehrer an mir verzweifelten – was eine Menge besagt, denn unsere Lehrer waren fast immer freundlich und sehr verständnisvoll, wenn sie auch grundsätzlich ehrliche Verwunderung kundtaten, wenn einer von uns genauso gut oder besser abschnitt als die Han-Studenten.

Von Anfang an hatte ich im Konservatorium die Freundschaft ausländischer Studenten oder anderer Minderheiten-Studenten gesucht. Ausländer und ethnische Minderheiten hatten eines gemeinsam: Sie waren keine Han. »Wir Schanghaier tun das nicht«, pflegte Hong Ling jedes Mal zu erklären, wenn sie etwas sah oder hörte, das über ihren Horizont ging. Oder sie ließ ihre schlechte Laune an mir aus. »Irgendetwas stinkt hier, Namu! Hast du wieder Hammel in der Minderheitenküche gegessen?« Während meine Zimmerkameradinnen der Meinung waren, sie seien Vorbilder, denen die ethnischen Minderheiten nachzueifern hatten, waren die ausländischen Studenten neugierig auf unsere Sprachen, unsere Religionen, unsere Nahrung. Sie wollten unsere Lieder singen und sogar unsere Kleider probieren und unseren Schmuck tragen. Umgekehrt wollten wir alle, auch die Han-Studenten und sogar Hong Ling, alles über die Fremden erfahren. China hatte sich so lange vor der Welt verschlossen, und nun dürstete jeder nach allem, was aus dem Ausland kam. Aber vielleicht war mein eigenes Interesse an den Fremden auch eine natürliche Reaktion. Nun, da ich außerhalb unserer Berge lebte, war es da nicht mein Schicksal, dass ich die Freundschaft der blauäugigen, blonden Menschen aus meinen Kinderfantasien suchte?

Am Konservatorium schien die ganze Welt zusammenzukommen – hier trafen sich Studenten aus ganz China, aber auch aus Amerika, Europa, Afrika und Japan. Das Wohnheim der ausländischen Studenten lag neben unserem Gebäude. Wie meine vier Zimmergenossinnen beneidete ich die Ausländer um ihre Lebensbedingungen. Während bei uns sechs Betten in ein Zimmer gequetscht wurden, hatten sie ein Zimmer für sich oder teilten sich höchstens ein Doppelzimmer. Unser Boden war kahl, und sie hatten einen Teppich – wenn er auch dünn und etwas faltig war –, ihre Zimmer wurden im Winter geheizt, und sie durften heiß duschen, wann immer sie wollten. Aber vom ersten Tag an faszinierte mich auch ihre weiße, rosa oder schwarze Haut, ihre eigenartige Haar-

und Augenfarbe, die Gesichtszüge, die sich so sehr von den unseren unterschieden, und die lauten, fremdartigen Geräusche, die aus ihren Zimmern drangen, die Musik und das Gelächter. Direkt gegenüber unserem Fenster wohnte ein Student aus dem Kongo, der seine gesamte Freizeit damit zubrachte, auf seinem Saxofon unharmonische Rhythmen zu spielen, statt die Marschmelodien zu üben, die sein Lehrer ihm aufgegeben hatte. Neben dem Kongolesen wohnte eine holländische Studentin. Sie hielt sich nur ein Semester in China auf, um Chinesisch zu lernen und Operngesang zu studieren. Sie übte stundenlang und sang doch ganz fürchterlich. Einmal, als sie draußen im Hof Tonleitern übte, konnte ich es nicht mehr ertragen. Ich beugte mich aus dem Fenster und sang zurück. Sie hielt inne, sah zu mir hoch und applaudierte.

»Du singst wunderschön. Wie heißt du?«

»Namu.«

»Komm runter! Komm in mein Zimmer und trink einen Kaffee.«

Ich mochte diesen Kaffee; das Getränk war aromatisch und bitter und süß zugleich, und es war Milch darin, so dass er wie Buttertee aussah.

»Magst du Jazz?«, fragte sie und drückte auf den Knopf an ihrem Kassettenrecorder.

Der Jazz klang wie die Musik des kongolesischen Studenten, und ich wusste nichts Rechtes damit anzufangen; und viel konnten wir nicht reden, weil ihr Chinesisch so beschränkt war, aber trotzdem freundeten wir uns gleich an. Ich mochte alles an ihr, die Art, wie sich ihre grünen Augen zusammenzogen, wenn sie lachte, wie sie beim Sprechen die Hände bewegte und wie sie mit gekreuzten Beinen auf ihrem Bett saß. Sie war sehr groß und hatte ganz helle Haut. An einem heißen, sonnigen Nachmittag im Oktober legte sie sich ein paar Stunden auf die Wiese und versuchte braun zu werden, aber stattdessen wurde ihre Haut knallrot.

»Jetzt schau, was du getan hast«, sagte ich und lachte sie aus. »Dein Gesicht sieht aus wie ein Affenhintern!«

Sie fand das auch komisch. »Namu, komm und trink Kaffee mit dem Affenhintern«, rief sie von da an unter meinem Fenster, wenn sie mich einladen wollte.

So oft ich konnte, ging ich zum Wohnheim der Ausländer, trotz all der Hindernisse, die die Schulverwaltung uns in den Weg legte – der Registrierung, dem Wachmann an der Treppe und dem Personal, das einen böse anstarrte. Man hatte das Gefühl, dass die Blicke sich einem glühend in den Rücken bohrten, wenn man die Flure entlangging. Wenn man sich zu häufig dort aufhielt, bat einen die Verwaltung zu erklären, warum man so viel Zeit mit den Fremden verbrachte. Und es gab noch andere Gefahren. Ebenfalls in diesem Jahr verliebte eine chinesische Studentin sich in einen Afrikaner. Sie mochte seinen Gang und die Art, wie er immer frisch gebügelte Kleidung trug. Eines Nachts schlich sie sich auf ihr Zimmer zurück und erzählte ihren Freundinnen, wie es sich anfühlte, Liebe mit einem Schwarzen zu machen. Innerhalb weniger Tage redete die ganze Schule darüber, und jeder sah das Mädchen an, als ob es Dreck wäre. In der Woche darauf wurde sie vom Konservatorium verwiesen.

Eines Samstagabends veranstalteten die Studenten der Uiguren-Minderheit aus der Provinz Xinjihang eine Party, und man stellte mich zwei neuen Ausländern vor, einem Jungen und einem Mädchen, Austauschstudenten an der Fundan-Universität in Schanghai. Der Mann war Türke und sah zu meiner Verblüffung genau aus wie die Studenten aus Xinjiang. Sein Chinesisch hatte natürlich einen Akzent, aber das traf auf die Uiguren auch zu – und er schüttelte mir nicht die Hand, sondern küsste mich auf die Wange. Ich fuhr vor seinem dicken Schnurrbart zurück.

»Ein Kuss ohne Schnurrbart ist wie Brot ohne Butter!«, rief er und lachte laut. Dann wandte er sich an das ausländische Mädchen und stellte mir Umbalo vor.

Umbalo stammte aus Mexiko. Sie trug eine riesige Brille, und ihr schwarzes Haar war kurz geschnitten und sehr strubbelig. Es beeindruckte mich zutiefst, wie sie das warme Bier direkt aus der Flasche trank. Ich selbst trank damals nur Tee oder Kaffee und musste gleich wieder an Nankadroma denken, an ihr gebrochenes Herz und daran, wie nahe wir uns gewesen waren. Gleich fühlte ich mich zu dem fremden Mädchen hingezogen, und die Sympathie beruhte auf Gegenseitigkeit; den Rest des Abends verbrachten wir

226

zusammen. Nach der Party kam Umbalo mich im Konservatorium besuchen, und es dauerte nicht lange, bis wir fast jeden Tag gemeinsame Ausflüge mit dem Fahrrad unternahmen. Im Gegensatz zu meiner holländischen Freundin sprach Umbalo perfekt Chinesisch; damals, am Anfang, sogar noch viel besser als ich. Als wir uns näher kennen lernten, fand ich heraus, dass ihre Eltern ebenfalls in China lebten. Ihr Vater war mexikanischer Botschafter in Peking. Dies war seine zweite Amtszeit in der Volksrepublik; er hatte schon einmal hier gearbeitet, als Umbalo ein kleines Mädchen war. Umbalo hatte in vielen Ländern gelebt und beherrschte acht Sprachen, wenn sie auch behauptete, nicht alle so gut zu sprechen wie Chinesisch.

Umbalo wurde meine erste richtige Freundin. Sie stellte mich allen Leuten vor, die sie kannte, Künstlern, Wissenschaftlern, Musikern, Kleinunternehmern, Geldwechslern und noch mehr Ausländern. Jedes Mal, wenn wir anhielten, um einen Fremden zu begrüßen, sprach sie eine andere Sprache. Ab und zu begegneten wir auch jemandem, den sie mir später als »meinen ersten Freund« beschrieb. Und ich neckte sie und sagte, sie klänge wie eine Frau vom Lugu-See. Und trotzdem hatten wir eine ganz unterschiedliche Lebenseinstellung. Umbalo war mit allem Komfort der Welt aufgewachsen und scherte sich um nichts davon. Sie trug ausgebeulte, zerrissene Jeans. Nie legte sie Make-up auf oder frisierte ihre Haare, und sie redete gern über Politik und die Umwelt. Ich dagegen konnte nicht genug von der materiellen Welt und ihren oberflächlichen Reizen bekommen. Damals hegte ich den glühenden Wunsch, die speziellen Freundschaftsläden und die Hotels zu besuchen, in denen nur »ausländische Freunde« einkaufen durften. Ich wollte mir schöne Kleider kaufen, einen seidenen Morgenmantel und seidene Unterwäsche, und einen Koffer und Kaffee und die anderen Dinge, zu denen die Ausländer Zugang hatten. Aber andererseits war meine Freundin Umbalo eine kultivierte Weltreisende, und ich war bereit, von ihr zu lernen, so viel ich konnte. So begann ich mich für die feineren Nuancen des Lebens zu interessieren und begleitete sie ins Theater und ins Museum. Und im November darauf lernte ich ihre Mutter kennen.

Meine Lehrer hatten entschieden, mich nach Peking zu schicken, wo ich Musik für eine Dokumentation über das Moso-Volk aufnehmen sollte. Ich war sehr aufgeregt, denn ich war seit dem Wettbewerb vor fast drei Jahren mit Nankadroma nicht mehr in der Hauptstadt gewesen. Aber Umbalo war fast noch glücklicher als ich. Sie wollte, dass ich ihre Eltern kennen lernte.

Meine Zimmergenossinnen waren entsetzt, als ich ihnen erzählte, ich wolle bei Umbalos Familie in der mexikanischen Botschaft wohnen. »Du bist verrückt! Die Botschaften sind voller Kameras. Alle ausländischen Diplomaten sind Spione. Du wirst große Schwierigkeiten bekommen.« Was sie sagten, beunruhigte mich so sehr, dass ich beinahe umkehrte, als ich in die schönen Straßen von San Litun kam, wo die Botschaften lagen, und an jedem Tor Soldaten postiert sah. Aber Umbalo war meine Freundin, und ich hatte erst vor ungefähr einer halben Stunde mit ihrer Mutter telefoniert; jetzt konnte ich die beiden nicht enttäuschen. Ich holte ein paar Mal tief Luft, gab mir die größte Mühe, dass meine Knie nicht zitterten, und ging weiter. Wie sich herausstellte, wurde meine Entschlossenheit nicht lange auf die Probe gestellt. »Namu!«, hörte ich jemanden von der anderen Straßenseite aus rufen.

Es war Umbalos Mutter. Sie hatte vor den Toren der Botschaft gewartet und Ausschau nach mir gehalten, und an Hand der Beschreibung, die ich ihr am Telefon gegeben hatte, war es ihr nicht schwer gefallen, mich zu erkennen.

Von dem Moment an, da mein Blick auf sie fiel, vergaß ich meine Befürchtungen. Ich war hingerissen. Umbalo hatte ich noch nie anders als in Jeans und alten Pullovern gesehen, aber die Frau Botschafterin war die Eleganz in Person. Und sie war nicht nur besser angezogen als ihre Tochter, sondern besser als jeder Mensch, den ich je gesehen hatte.

In sehr gutem Chinesisch begrüßte sie mich herzlich und führte mich dann an dem Wächter vorbei auf das Gelände, wo sie meinen Arm nahm.

Im Botschaftsgebäude war alles komfortabel, luxuriös und auf eine Weise geschmackvoll, wie ich das noch nie erlebt hatte. Es gab Zentralheizung, und auf dem Boden lagen bunte Teppiche. Die

Räume waren im mexikanischen Stil möbliert, und das Bett, in dem ich schlafen sollte – Umbalos Bett – hatte große, quadratische, flauschige Kissen und glatte, gestärkte Laken. Beim Abendessen war ich geblendet von den Kronleuchtern, den hohen Weingläsern und dem Silberbesteck. Fasziniert beobachtete ich, wie die Frau Botschafterin ihr Hausmädchen ansprach, nämlich aufmerksam und respektvoll, wie sie langsam und mit geschlossenem Mund aß und wie sie mit ihrem Mann sprach. Die Frau Botschafterin war äußerst kultiviert und gebildet; in jedem Zimmer schienen Bücher in allen Sprachen und über jedes erdenkliche Thema zu stehen. Ich mochte Umbalo sehr gern, aber die Begegnung mit ihrer Mutter war für mich eine ebensolche Offenbarung wie das Erlebnis, als ich in Yanyuan aus dem Jeep gestiegen und in die schmierige Dusche getreten war. Bevor ich die Frau Botschafterin kennen lernte, hatte ich geglaubt, China sei die ganze Welt, aber jetzt wurde mir klar, dass außerhalb unseres Reichs der Mitte noch eine andere Welt existierte, die vielleicht genauso groß und schön war wie China. Und diese Welt wollte ich sehen und bereisen. Ich wollte so sein wie die Frau Botschafterin.

Ich blieb nur zwei Tage in Peking, gerade lang genug, um die Aufnahmen für die Dokumentation abzuschließen – die im Übrigen ein oder zwei Jahre später bei einem internationalen Festival einen der höchsten Preise gewann, nur um dann von den Behörden zensiert zu werden, so dass das chinesische Publikum sie nie zu sehen bekam. Ich war sehr traurig, als ich mich von der Frau Botschafterin verabschieden musste, aber gleichzeitig konnte ich es kaum abwarten, ins Wohnheim zurückzukehren und Hong Lings Gesicht zu sehen, wenn ich meinen kleinen Koffer öffnete, in dem all die wunderbaren Sachen waren, die Umbalos Mutter mir eingepackt hatte – Kleider, Bücher, Musikkassetten und exotische mexikanische Nahrungsmittel.

Fast alle Studenten am Konservatorium bekamen von ihren Eltern Pakete mit Essen und Kleidung sowie Taschengeld. Die besser gestellten verfügten vielleicht über hundert Yuan im Monat. Ich hatte nur das Stipendium über dreißig Yuan, das die Schule mir gewährte und mit dem ich mich nicht nur unterlegen fühlte, sondern buchstäblich hungerte. Der Betrag war so gering, dass ich für gewöhnlich in der dritten Woche des Monats schon alles für Essenmarken ausgegeben hatte. Ich verdiente mir Geld hinzu, indem ich Botengänge für meine Zimmernachbarinnen erledigte: ich holte ihre Briefe aus dem Postbüro und brachte ihnen ihre Thermosflaschen mit heißem Wasser zum Teekochen und Waschen. Ich war immer hungrig, und wenn ich im Winter in dem ungeheizten Zimmer saß, fror ich unausgesetzt. Manchmal war mir morgens so kalt, dass ich mich nicht überwinden konnte, aus dem Bett zu steigen. Dann lag ich bis zur letzten Minute vor Unterrichtsbeginn unter meiner Steppdecke und dachte an die Feuerstelle zu Hause, an heißen Buttertee und geröstete Kartoffeln. Und dann sah ich im Feuerschein das Gesicht meiner Mutter vor mir. Dachte sie wohl an mich? Ob ich ihr fehlte? Würde ich sie je wieder sehen? Aber natürlich würde ich meine Ama wiedersehen. Wenn ich berühmt war. Wenn ich meine schreckliche Tat wieder gutmachte und sie wieder stolz auf mich sein konnte. Deswegen war ich ja hier, an der besten Musikschule in ganz China. Weil ich meiner Mutter beweisen wollte, dass ich meinen Traum verwirklichen konnte.

Meine Zimmergenossin Hong Ling fuhr am Wochenende immer nach Hause zu ihren Eltern, und wenn sie Sonntagabends zurückkam, brachte sie immer Klöße mit. Am nächsten Morgen aß sie ein paar, und dann sah sie mich an, seufzte und gab mir den Rest. »Hier, die kannst du haben. Ich bekomme so etwas ständig zu essen.« Ihr herablassender Ton war nicht zu überhören, aber ich wusste überhaupt nicht, was das Wort »satt« bedeutete, und mein Magen siegte stets über meinen Stolz, wenn auch nicht über meinen Groll.

Manchmal kümmerte sich auch Lehrer Cuio, der ethnische Musik unterrichtete, um meinen Magen, lud mich zu sich nach Hause ein und servierte mir alle möglichen köstlichen, pikanten Gerichte. Einmal legte er eine Platte für mich auf und spielte sie ganz leise ab.

»Hey! Was ist das?«, rief ich begeistert aus. »Die Musik ist ja wunderbar. Warum drehen Sie nicht lauter?«

»Pssst, hör doch zu«, brachte Lehrer Cui mich zum Schweigen. »Das kommt aus Taiwan. Wir dürfen das hier eigentlich nicht hören. Es ist dekadente Musik.«

Mir gefiel die dekadente Musik. Sie war so ganz anders als das kommunistische Repertoire, das wir lernten und das immer etwas Martialisches an sich hatte, das den Gemeinschaftsgeist wecken sollte, so dass man sich gleich in Bewegung setzten und zum Ruhm von Vaterland und Revolution marschieren wollte. Die taiwanesische Musik war sanft und romantisch und bewegte nur das Herz.

Zu Beginn des Frühlings saß ich im Speisesaal, aß eine Schale Nudeln und hörte zwei jungen Männern zu, die sich an einem Tisch in der Nähe unterhielten. Einer von ihnen hatte meinen Blick auf sich gezogen, weil er sich sehr auffällig kleidete und einen sehr kurzen Haarschnitt trug, mit dem er wie ein Ausländer wirkte. Er studierte nicht am Konservatorium, sondern spielte Gitarre und hatte seine eigene Band, mit der er bei Auftritten in Restaurants und Nachtclubs vierundzwanzig Yuan die Stunde verdiente. Und er war auf der Suche nach einer Sängerin.

»Hey! Ich kann in deiner Band singen«, rief ich ihm zu. »Ich bin Sängerin!«

Er hieß Zhu He, und wir waren uns auf Anhieb sympathisch. Weniger als zwei Stunden später stand ich im Restaurant, probte mit der Band und sang dekadente, leichte, wunderschöne Popsongs aus Taiwan. Die meisten stammten von Deng Lijun, dessen Musik offiziell verboten war. Doch dank der Schwarzmarktwirtschaft und der landesüblichen Missachtung des Copyrights war sie damals so beliebt, dass die Kassetten an jeder Straßenecke zu bekommen waren. In diesem Jahr hörte man Ding Lijuns Songs in jeder Schanghaier Straße. Sie drangen aus Restaurants, Wohnhäusern oder kleinen Läden, wurden auf allen Baustellen gepfiffen und von jedermann gesummt.

Vom ersten Probentag an war Zhu He sehr zufrieden mit mir, und der Besitzer des Restaurants Vier Jahreszeiten war ebenfalls froh, denn er hatte rasch begriffen, dass ich Studentin war und er mir daher nicht die Gage zu bezahlen brauchte, die ein Berufsmusiker bekommen hätte. Also erhielt ich sieben Yuan statt der vierundzwanzig, die die anderen Mitglieder der Gruppe verdienten, und dazu einen kleinen Proviantbeutel, der einen Becher Orangensaft, ein

Stück Kuchen und einen Apfel enthielt. Aber ich war überglücklich. Orangensaft und Kuchen waren Mitte der achtziger Jahre in China Luxusartikel, und sieben Yuan pro Stunde machten bei drei Auftritten die Woche einundzwanzig Yuan wöchentlich; ein ordentliches Zubrot zu meinem Stipendium von dreißig Yuan monatlich. Außerdem hatte Zhu bald noch mehr Arbeit für mich. Ein paar Wochen später sang ich schon in drei Lokalen, an mindestens drei Abenden pro Woche. Ich begann um neunzehn Uhr im Vier Jahreszeiten und war kurz nach elf im Kirschblüten-Nachtclub fertig, so dass ich mit dem Fahrrad gerade noch rechtzeitig im Konservatorium ankam, bevor der alte Mann die Tore schloss. Zhu hatte mir den Künstlernamen Yang-yang gegeben, weil das niedlicher klang und für die Gäste leichter zu merken war als Yang Erche Namu. Er brachte mir bei, wie ich mich in zuckersüßem Hongkong-Akzent vorzustellen hatte: »Hallo, alle miteinander, mein Name ist Yang-yang. Seien Sie alle willkommen!« Das Ergebnis war purer Kitsch – so schmalzig, dass ich mich nicht entscheiden konnte, Umbalo, die alles Billige und Künstliche hasste, zu einem meiner Auftritte einzuladen. Na schön, es war künstlich und es war geschmacklos, aber ich stand für mein Leben gern auf der Bühne, und ich verdiente gut.

Tatsächlich konnte ich mir jetzt nicht nur gutes Essen leisten, sondern verfügte über ein richtiges Einkommen, und ich war nicht abgeneigt, ein bisschen damit zu prahlen. Ich bat Umbalo, mich mit in den Freundschaftsladen zu nehmen, und kaufte mit ihrer Hilfe einen neuen Koffer, Lippenstift und Kaffee. Von den ausländischen Studentinnen lieh ich mir Modezeitschriften und ließ mir neue Sachen nähen, darunter einen knallgelben Overall und einen rosa Minirock. »Namu, du hast schöne Beine«, schrie mir eines Tages ein amerikanischer Student nach, als ich den Minirock trug. Verständnislos sah ich zuerst ihn an und dann meine Beine. »Sexy!«, sagte er, dieses Mal auf Englisch. Nun war »sexy« eines der englischen Wörter, die wir alle verstanden, aber ich war neugierig geworden. Ich war noch nie auf die Idee gekommen, Beine könnten schön sein oder provozierend wirken; Beine waren für mich bisher nur ein Fortbewegungsmittel gewesen. Meine zeigte ich nur, um es den ausländischen Models in den Zeitschriften nachzutun. Für uns Moso sind »sexy« und »schön« das gleiche, und Schönheit liegt im Gesicht einer Frau oder in den langen, anmutigen Händen eines Mannes und für beide Geschlechter in einer stolzen, aufrechten Haltung. »Ja, wirklich sexy!«, wiederholte der Amerikaner und lachte über meine verwirrte Miene. Auch ich lachte über das Kompliment, aber dann dachte ich an Geko, der nie darauf gekommen wäre, mir zu sagen, ich hätte sexy Beine.

Das Konservatorium war wie ein Dorf, und auffälliger Konsum und ausgefallene Kleidung riefen unweigerlich die Klatschmäuler auf den Plan. Und da ich meine Arbeit geheim gehalten hatte, waren bald alle möglichen Gerüchte und Spekulationen über meine Person im Umlauf. Es dauerte nicht lange, bis das Gerede an die Ohren meiner Lehrer drang, und als sie entdeckten, was es mit meiner Arbeit auf sich hatte, waren sie alles andere als begeistert.

»Noch nie hat eine Studentin vom Konservatorium in einem Nachtclub gesungen«, meinten sie.

Aber ich wandte ein, da mein Stipendium so gering sei und meine Familie mich nicht unterstütze, sei ich auf diesen Verdienst angewiesen. Wenn ihnen das nicht passte, dann sollten sie mir genug zu essen geben. Die Schlacht tobte ein paar Tage lang, aber die Lehrer wurden eher müde als ich. Schließlich befanden wir uns mitten in den Achtzigern, einer Zeit der Liberalisierung und wirtschaftlicher und sozialer Reformen. Schanghai mit seiner kosmopolitischen Vergangenheit wandelte sich rasch, und die jungen Leute genossen Freiheiten, von denen ihre Eltern nie zu träumen gewagt hätten. Schließlich hörte ich nichts weiter von der Angelegenheit und nahm an, dass ich die Auseinandersetzung gewonnen hatte.

Als nächstes wurde ich Unternehmerin. Zu dieser Zeit war in China jedermann verrückt nach allem, was aus Taiwan stammte. Das galt nicht nur für Popmusik, sondern auch für Bücher und Filme. In Taiwan oder auch Hongkong hergestellte Waren besaßen den ganzen Reiz von Artikeln aus der fremden kapitalistischen Welt und hatten zugleich den Vorteil, dass sie der chinesischen Sprache und Kultur angehörten. Die Studentinnen am Konservatorium flogen auf taiwanesische Liebesromane voller herzzerreißender, individualistischer, bourgeoiser Sentimentalität, und die Bücher waren so schwer aufzutreiben, dass manche handgeschriebene Kopien verkauften, während andere für lange Staus am Fotokopierer der Schule sorgten. Auf einen Tipp hin, den mir jemand im Nachtclub gegeben hatte, beschloss ich, in Peking einen Vorrat an Büchern der beiden meistgefragten Autorinnen zu kaufen, San Mao und Chong Yao. Ich hatte so viel Geld verdient, dass ich mir ein Flugticket leisten konnte, und so brach ich eines Morgens nach Peking auf – mein erster Flug – und kehrte am selben Abend mit zwei riesigen Kisten voller Bücher zurück, darunter mehrere Dutzend Exemplare von *Draußen vor dem Fenster* von Chong Yao. Bald war ich das gefragteste Mädchen auf dem Campus. Ich verlieh die Bücher für fünf Yuan das Stück und hatte in kurzer Zeit mein Flugticket heraus.

Chong Yaos Roman hätte mich allerdings fast meinen Platz am Konservatorium gekostet.

Nach den Schulregeln mussten um elf Uhr abends alle Lichter im Wohnheim gelöscht sein. Nach elf lasen wir daher mit Taschenlampen. Eines Abends rief mich Hong Ling, die gerade *Draußen vor dem Fenster* las, vom oberen Bett aus an.

»Hey, Namu, gib mir mal einen Moment deine Lampe. Meine Batterien sind leer.«

Ich reichte ihr die Lampe und nutzte die Gelegenheit, um mein eigenes Buch wegzulegen und ins Bad zu gehen. Aber als ich zurückkam, wollte Hong Ling die Lampe noch ein bisschen behalten. Nur noch diesen Satz, gerade noch diesen Abschnitt, den auch noch, und dann noch eine Seite ...

Nach ungefähr einer Viertelstunde wurde ich ungeduldig. »Gib mir sofort meine Taschenlampe wieder, Hong Ling!«

Aber sie hegte nicht die geringste Absicht, mir meine Lampe zurückzugeben. Sie erfand immer neue Ausflüchte und ignorierte mich, bis ich sie immer stärker drängte. »Hey, Schlammhintern, was hast du es denn so eilig?«, zischte sie dann, drehte sich im Bett um und kehrte mir den Rücken zu. Jetzt ging der Streit nicht mehr um den Roman von Chong Yao. Hong Ling hatte beschlossen, mir eine Lektion zu erteilen. Sie wollte mich daran erinnern, dass ich ihr einmal die Thermosflasche geholt hatte und dankbar dafür gewesen war, ihre Reste zu essen. Und ganz egal, wie ich mich anzog oder wie viel Geld ich mit dem Bücherausleihen und mit dem Singen in Nachtclubs verdiente, ich war und blieb ein Bauernmädchen, das sich früher im Schlamm der Felder den Po schmutzig gemacht hatte.

»Das ist meine Taschenlampe, und ich will sie jetzt haben!« Jetzt schrie ich. »Steh auf und hol dir eigene Batterien.«

»Ach, ... deine Mutter!«

Das war es. Ich hatte genug gehört. Das hatte ich eigentlich schon am ersten Tag, als ich vor drei Jahren in dieses Zimmer trat. Ich riss an ihren Decken und dann am Oberteil ihres Pyjamas. Die Taschenlampe flog durchs Zimmer, und schließlich bekam ich Hong Lings Haare zu fassen, zerrte das vor Entsetzen schreiende und jammernde Mädchen vom Bett und verprügelte sie. Als ich sie schließlich losließ und das Licht einschaltete, lag sie wimmernd auf dem Boden. Ihr Gesicht war hochrot, ihr Haar zerzaust und ihr Schlafanzug auf dem Rücken zerrissen. Die anderen drei Mädchen saßen auf ihren Betten und schauten entsetzt zu. Immer noch wütend, packte ich alles, was ich von Hong Lings Besitztümern finden konnte, sogar ihre Koffer, und warf alles aus dem Fenster. Im Korridor brannte jetzt Licht, und die anderen Mädchen standen an unserer Tür. »Was ist passiert ... Bist du in Ordnung, Hong Ling?« Ich sah die Angst in ihren Blicken und stürzte an ihnen vorbei, aus dem Zimmer und auf den Flur, wo ich an die Türen polterte, die noch nicht offen standen, und herumbrüllte. »Wenn ihr wissen wollt, was diese Minderheiten-Hinterwäldlerin, der Schlammhintern, das Landei, mit Hong Ling gemacht hat, dann kommt aus euren Betten und seht selbst!«

Nachdem alle in ihre Betten zurückgekehrt waren, schlief ich in dieser Nacht sehr gut. Am darauf folgenden Nachmittag allerdings wurde ich ins Büro des Direktors gerufen, wo mich Hong Ling, ihre Mutter, ihr Vater und drei Verwaltungsbeamte erwarteten. Man tadelte mich streng, machte mir Vorwürfe und verlangte eine Entschuldigung von mir. Aber ich konnte mich nicht entschuldigen. Hong Ling hatte meine Mutter beleidigt. Was sie getan hatte, war schlimmer als alles andere. Sie hätte mich nicht schwerer verletzen können, wenn sie mir ein Messer ins Herz gestoßen hätte. Ich wandte mich an Hong Lings Mutter. »Ich weiß, dass ich Ihre Tochter nicht hätte schlagen sollen. Sie sind ihre Mutter, und sie ist Ihr eigenes Fleisch und Blut, aber auch ich bin Fleisch und Blut von meiner Mutter. Hong Ling soll meine Mutter respektieren. Sie hätte meine Mutter nicht beleidigen sollen. Und sie darf mich nicht herabsetzen, weil ich zu einer Minderheit gehöre und vom Land komme. Selbst ein Kaninchen beißt zu, wenn man es lange genug verhöhnt.«

Am Ende musste ich eine Selbstkritik schreiben, und mein Name und die Geschichte, wie ich Hong Ling verprügelt hatte, wurden am Schwarzen Brett für disziplinarische Angelegenheiten ausgehängt. Noch Wochen danach hörte ich die Studenten untereinander flüstern, wenn ich vorbeiging. »Dieses Minderheitenmädchen schlägt ordentlich zu.« Aber es war besser, als von der Schule verwiesen zu werden. Wäre ich Han-Chinesin gewesen, wäre ich mit Sicherheit relegiert worden, denn ich hatte ein schweres Vergehen begangen, indem ich meine Zimmergenossin verprügelt hatte, und Hong Ling war die Tochter einer einflussreichen Familie. Aber keiner der Verwalter am Konservatorium wollte riskieren, dass ich Beschwerde beim Nationalitäten-Institut in Peking einlegte.

Trotzdem lief es mir kalt über den Rücken bei der Vorstellung, dass ich beinahe meinen Platz am Konservatorium verloren hätte. Wohin hätte ich sonst gehen können? Was hätte ich getan, wenn mein Traum zerronnen wäre? Und wie hätte ich dann jemals wieder meiner Mutter unter die Augen treten können? Denn eines Tages, ja eines Tages würde ich nach Hause zu meiner Ama fahren. Ich würde eine berühmte Sängerin sein und meinem Volk Ruhm bringen. Dann würde ich hoch erhobenen Hauptes nach Hause zu meiner Ama gehen, und sie würde mir alles verzeihen. Sie musste mir einfach vergeben.

Nach dem Erlebnis mit Hong Ling fühlte ich mich sehr nervös und war mir der Grenzen, die zu überschreiten ich mich hüten musste, noch bewusster. Ich hatte immer das Gefühl gehabt, dass man vor allem zwei Dingen aus dem Weg gehen sollte: Politik und Sex, wobei meine Kenntnisse über letzteres äußerst rudimentär waren und fast vollständig aus dem offiziellen Aufklärungsunterricht stammten, dem sich in ganz China jedermann unterziehen musste.

Die Wahrheit ist, dass sich Mitte der achtziger Jahre in China kein Mensch für Politik interessierte, genauer gesagt, für den politischen Unterricht. Aber in den fünf Jahren, die ich am Konservatorium verbrachte, wagte ich nicht, auch nur eine Stunde zu verpassen – weil ich mir meiner Stellung nie ganz sicher war, zuerst wegen meiner schlechten Leistungen im Chinesisch-Unterricht und später wegen meiner Arbeit in den Nachtclubs und dann wegen des Zwischenfalls mit Hong Ling. Vielleicht wagte ich auch einfach nicht zu schwänzen, weil das Konservatorium mein großer Traum war und ich meinen Platz dort um nichts in der Welt riskiert hätte und am allerwenigsten indem ich eine Regel übertrat, aus der sich wirklich niemand etwas machte. So, wie die Dinge standen, war der Politikunterricht zwar obligatorisch, aber ich war oft die einzige Studentin im Klassenraum. Niemand sonst machte sich die Mühe, den Unterricht zu besuchen, und die wenigen, die kamen, langweilten sich so, dass sie an ihren Pulten einschliefen, bevor die Stunde herum war. Manchmal fragte ich mich sogar, ob sie nur in den Unterricht kamen, um ein Schläfchen zu halten, und ihn als Gelegenheit betrachteten, sich von der gestrigen Party zu erholen.

Manchmal nickten sogar die Lehrer ein. Gelegentlich allerdings machten sie ihrem Herzen Luft, wobei es meist um ihre Erlebnisse während der Kulturrevolution ging. Natürlich erinnerte auch ich mich daran, wie die Roten Garden ihre Plakate an die Mauern unseres Dorfes gehängt hatten, und ich hatte die noch schlimmeren Einzelheiten aus den Geschichten, die die Pferdeführer am Lagerfeuer erzählten, nicht vergessen. Aber irgendwie hatte ich angenommen, diese Grausamkeiten seien etwas gewesen, das die Han – mit denen unsere Mütter uns drohten, wenn wir unartig waren – nur *uns* angetan hatten. Bis ich es von meinen Lehrern im Politikunterricht hörte, hatte ich keine Ahnung, dass die Kulturrevolution in ganz China stattgefunden hatte: Nachbarn, die sich gegenseitig ausspionierten, Menschen, die ihre Freunde verrieten, Kinder, die ihre eigenen Eltern anspuckten und Schüler, die ihre Lehrer schlugen. Als ich sah, wie meine Lehrer mit zitternden Händen von diesen zehn bitteren Jahren sprachen, konnte ich nur denken: Diese Leute sind verrückt. Diese Leute sind verrückt und gefährlich. Aber wer »diese Leute« genau waren, davon hatte ich keine Vorstellung.

Die Sexualität ihrerseits war jeglicher Romantik entkleidet. Sie wurde nicht in Liedern und geistreichen Improvisationen gelehrt, sondern als Teil des allgemeinen Lehrplans im Rahmen der Gesundheitslehre. Man unterrichtete uns über die Körperteile, die Männer und Frauen unterschieden und so die Fortpflanzung ermöglichten. Sex ohne die Absicht, Kinder zu zeugen, sei – so erklärte uns unser Lehrer – ein gesunder Zeitvertreib, dem verheiratete Paare sich gefahrlos bis zu zweimal wöchentlich widmen dürften. Ich dachte an die Moso-Frauen, wie sie um die Freudenfeuer sangen, sich unter dem Sternenhimmel der Liebe hingaben oder die Feuer in ihren Blumenzimmern anzündeten. Vielleicht unterschieden die Körper der Moso sich ja von denen der Han. Als ich zum ersten Mal in die Gemeinschaftsdusche im Konservatorium gekommen war, fiel mir auf, dass die Han-Mädchen sehr hellhäutig waren, ihre Körper ganz flach und die Brüste ziemlich klein. Kein Wunder, dass die Han keine Liebe brauchten, dachte ich jetzt, als ich dem Lehrer lauschte. Denn die Han-Mädchen hatten mich auch angesehen. Sie waren verstummt und hatten meine dunkle Haut neugierig inspiziert. »Warum hat sie so große Brüste?«, hatte dann eine gefragt.

»Bei den Minderheiten sehen alle Frauen so aus. Sie sind wie Ausländer. Das kommt davon, dass sie Milchprodukte essen«, hatte eine andere diagnostiziert.

Aber nachdem ich etwa ein Jahr meiner Ausbildung hinter mir hatte, entdeckte ich, dass nicht die Körper der Han und Moso sich unterschieden, sondern ihre Mentalität. Die Studenten am Konservatorium waren genauso an der körperlichen Liebe interessiert wie Moso-Bauern und nutzten begierig jede dunkle Ecke, die ihnen etwas Privatsphäre bot.

Und dann war da dieses andere Mädchen, über das alle redeten. Ein schönes Han-Mädchen hatte sich in einen Klassenkameraden verliebt. Sie war mit dem Zug in eine Stadt auf dem Land gefahren, um illegal abzutreiben, und sie war in einem so schrecklichen Zustand zurückgekehrt, dass die Lehrer bald herausfanden, was geschehen war. Als das Mädchen aus dem Krankenhaus kam, wurde sie zur Schulverwaltung gerufen und kritisiert. Man befahl ihr, ein Geständnis zu verfassen, den Vater ihres Kindes zu nennen und alle Einzelheiten über ihre Begegnungen zu enthüllen. Aber so leicht ließ sie sich nicht unterkriegen. Statt den Namen ihres Freundes zu verraten, schrieb sie die Namen von elf Lehrern nieder. Als die Verwaltung und die Lehrer ihre Erklärung lasen, beschlossen sie, die Sache mit dem Geständnis ganz zu vergessen, und sie wurde nicht vom Konservatorium verwiesen. Aber die Schule wollte ein Exempel an ihr statuieren, und die Geschichte ihrer Abtreibung wurde am Disziplinarbrett ausgehängt, wo jeder sie lesen konnte. Das jagte mir Angst und Schrecken ein.

Wenn männliche Studenten mich ansahen, schaute ich weg, egal, wie hell ihre Augen strahlten. Ich lachte und scherzte und ging zu Partys, wo wir Wange an Wange zu langsamer, dekadenter Musik tanzten, aber ich tanzte nie zu oft mit demselben Jungen, und ich ließ nie zu, dass jemand mich spät abends nach Hause zum Wohnheim brachte. Aber vor dem Einschlafen dachte ich oft an Geko, umso öfter, je erwachsener mein Körper wurde. Was er wohl jetzt tun mochte? Wer liebte ihn? Was würde er davon halten, dass ich mit dem Fahrrad durch die Straßen von Schanghai fuhr? In diesen süßen Wachträumen stellte ich mir vor, ich sei allein in meinem Blumenzimmer und Geko klopfe an mein Fenster. Jetzt stand ich immer auf und öffnete die Tür. Aber das fand nur in meinem Dorf statt und in meiner Fantasie. Hier in Schanghai war Liebe die größte Gefahr von allen, und ich hielt mich entschlossen davon fern.

Eines Tages sagte mir ein Klassenkamerad, im Büro liege ein Brief für mich.

»Bist du dir sicher?«, fragte ich ungläubig.

Ich hatte noch nie einen Brief bekommen. Oft hatte ich daran gedacht, meiner Mutter zu schreiben – sie machte sich bestimmt Sorgen um mich. Aber jedes Mal entschied ich mich dagegen. Meine Ama konnte nicht lesen. Wenn ich schrieb, würde sie jemanden suchen müssen, der ihr den Brief vorlas, und das würde sie wahrscheinlich mindestens ein Huhn kosten. Sinnlos, ihr das Leben schwerer zu machen als nötig.

Aber wer sollte mir schreiben? Konnte der Brief aus Zuosuo stammen? War meiner Ama etwas zugestoßen? Ich rannte zur Poststelle der Schule. Mein Klassenkamerad hatte Recht. Am Notizbrett stand mein Name.

Der Umschlag war dick. Er kam nicht aus Zuosuo, aber aus der Nähe; der Absender war eine Adresse in Lijiang. Ich drehte den Brief in den Händen. Die Handschrift war sehr schön, so schön, dass ich zögerte, bevor ich den Umschlag aufriss. Darin befanden sich acht Seiten, und jede trug einen hübschen Briefkopf von der Zeitschrift *Camellia*. Ich begann zu lesen.

Liebe kleine Schwester Namu,
mein Name ist Lamu Gatusa. Bitte verzeih mir, dass ich dir schreibe, ohne dass wir uns offiziell vorgestellt worden sind. Ich stamme aus dem Moso-Dorf Labei, das in den Bergen liegt. Im letzten Jahr habe ich die Normaluniversität in Kunming abgeschlossen und arbeite jetzt in Lijiang als Journalist für die Zeitschrift Camellia. *Vor zwei Monaten fuhr ich heim zu meiner Familie und unterbrach meine Reise in Ninglang, um unseren Lebenden Buddha aufzusuchen, den die Regierung soeben wieder eingesetzt hat. Er erzählte mir deine Geschichte und bat mich, dir zu schreiben, weil wir zwei junge Moso sind und uns in der Außenwelt einen Namen und unserem Volk Ehre machen. Unser Guru sagt, dass wir zu lange isoliert in den Bergen gelebt haben und unser Volk Akademiker und begabte Künstler braucht. Er findet, dass unser Volk stolz auf dich sein kann.*
Liebe kleine Namu, ich wünschte, ich hätte dich kennen gelernt, bevor du fortgegangen bist. Jeder spricht so gut über dich, und ich bin noch ungebunden ...
Aber wie geht es dir? Haben deine Lippen, die Buttertee liebten, sich an den Reisbrei gewöhnt? Haben die nackten Füße, die Berghänge erstiegen, sich daran gewöhnt, in hochhackigen Schuhen durch die Straßen von Schanghai zu gehen? Haben deine Ohren, die nur das Rauschen der Kiefern in den Bergen kannten, sich an den Verkehrslärm der Städte gewöhnt? ...

Wieder und wieder las ich den Brief. Plötzlich schien mein Dorf mir ganz nah zu sein. Plötzlich war mir, als stünde meine Ama neben mir. Sie lächelte, und ihr wunderschönes Gesicht glühte vor Stolz, so wie damals, als ich aus Peking zurückgekehrt war. Und dann Gatusa, der geschrieben hatte »ich bin noch ungebunden ...« Ich lachte laut auf. Typisch Moso, er konnte sich einfach keine Gelegenheit entgehen lassen! Und der Lebende Buddha, den man von der Feldarbeit zurückgeholt hatte und der sich so gut über mich äußerte. Anscheinend waren alle stolz auf mich. »Sie haben mir verziehen«, dachte ich. Meine Ama hat mir verziehen! Jetzt kann ich nach Hause zurück! Ich kann heimfahren, wann immer ich will. Ich werde meine Mutter wiedersehen, und Zhema und meine Brüder und die kleine Jiama, die ordentlich gewachsen sein muss.

Ich rannte ins Zimmer zurück, nahm einen Briefblock und setzte mich hin, um den ersten Brief meines Lebens zu schreiben. Ich saß da und überlegte, was ich sagen sollte. Dabei war ich mir nur zu bewusst, dass, egal was ich schrieb, ich nicht nur für Gatusa schreiben musste, sondern auch für meine Ama und meine kleinen Brüder, meine Schwestern und alle unsere Nachbarn, ja sogar für den Lebenden Buddha. Womit ich mir alles in allem ziemlich viel vorgenommen hatte. Ich hatte keine Ahnung, was ich sagen und wo ich anfangen sollte. Als ich schließlich ein paar Zeilen zu Papier gebracht hatte, sah meine Handschrift so plump aus und meine Sätze kamen mir neben Gatusas wunderschöner Prosa so banal vor, dass ich es kaum ertrug. Eine ganze Woche lang probierte ich es; ich schrieb ein paar Seiten, und dann zerriss ich den Brief und warf ihn in den Papierkorb.

Ende der Woche dachte ich: »Lijiang liegt am Ende der Welt, ganz bestimmt gibt es dort *Draußen vor dem Fenster* nicht zu kaufen.« Und ich nahm das Buch aus dem Regal. Chong Yao war eine so wortgewandte Schriftstellerin; bestimmt fand ich in ihrem Roman etwas, das meine Gefühle zum Ausdruck brachte, etwas Wunderschönes, das Gatusas Brief würdig war. Sorgsam begann ich Passagen auszuwählen und schrieb sie ab, wobei ich Orts- und Personennamen änderte. Endlich war mein eigener achtseitiger Brief fertig.

Ich schickte ihn ab und erhielt in der darauf folgenden Woche eine Antwort von Gatusa. Ich fand, dass er wunderschön schrieb.

Den Rest des Schuljahrs hindurch erhielt ich jede Woche einen Brief von Gatusa, und nie versäumte ich es, ihm zu antworten, wobei ich immer genau so viele Seiten zurückschrieb, wie ich bekommen hatte. Im Lauf der Monate wurden seine Briefe immer poetischer und meine Plagiate immer besser. Inzwischen verbrachte ich meine gesamte Freizeit in der Bibliothek und in Buchläden, wo ich las, Nachforschungen anstellte und nach einem Gedicht, einer Widmung, einem Prolog, einer Geschichte suchte, die ausdrückten, was mein Herz empfand und was ich mit meinem mangelnden Talent nicht zu Papier bringen konnte. Wenn nichts anderes dabei herauskam, dachte ich, dann hatten sich zumindest meine Lesekünste dramatisch verbessert.

Unterdessen bewahrte ich alle Briefe von Gatusa unter meinem Kopfkissen auf und las sie immer wieder. Ohne Unterlass dachte ich an ihn. Ich war verliebt. Natürlich stellte ich mir vor, dass er irgendwie Geko ähnelte, groß und dunkelhäutig, mit wunderbar langen, kraftvollen Fingern. Ich sah ihn an seinem Schreibtisch bei *Camellia* sitzen und schreiben. Er rauchte eine billige Zigarette und blies auf der Suche nach Inspiration Rauchringe in die Luft. Und ich sah mich selbst, wie ich ihm Buttertee brachte. Ich stand neben ihm, und meine Hand mit den rosa lackierten Fingernägeln lag auf seiner Schulter. Langsam massierte ich seine müden Schultern, und dann beugte ich mich zu ihm hinunter, flüsterte ihm leise etwas ins Ohr und hinterließ dabei eine rosa Lippenstiftspur an seinem zarten Ohrläppchen. Ich stellte mir uns beide genauso vor wie die Liebenden in *Draußen vor dem Fenster.*

Noch nie war ich so glücklich gewesen. Gatusas Poesie erfüllte mein Herz. Sogar der Stimmbildungsunterricht fiel mir leichter. Ich hörte auf meine Lehrerin und lächelte ihr zu. In diesem Jahr machte ich auch meine erste professionelle Aufnahme. Sie hieß *Ein Moso-Mädchen singt von der Liebe,* und ich sang jedes Lied für Gatusa. Die Welt war voller Farbe und die Zukunft strahlend. Die Zeit verflog nur so.

In diesem Sommer verbrachte ich einen Teil der langen Ferien bei Umbalo und ihrer Familie, und als die Schule im September wieder begann, freute ich mich schon auf Neujahr und die Winterferien. Ich hatte beschlossen, nach Hause zu fahren – um meine Mutter wiederzusehen und Gatusa zu treffen. Oder vielleicht auch in umgekehrter Reihenfolge.

Heimkehr

In China ist es fast undenkbar, an Neujahr getrennt von seiner Familie zu sein, und ich hatte zu viele Neujahrstage allein in dem elend kalten Wohnheim verbracht und davon geträumt, nach Hause zu fahren. Im Frühherbst 1986 schrieb ich Gatusa, dass ich beschlossen hätte, zum Neuen Jahr nach Hause zu kommen. Es war so lange her, dass ich meine Familie gesehen hatte, und so lange, seit ich die Schulküche zerschlagen hatte. Ganz bestimmt hatte ich nichts mehr zu fürchten. Jetzt war ich der Stolz meines Volkes. Ich hatte meine erste professionelle Kassette aufgenommen, und in zwei Jahren würde ich die beste Musikschule des Landes abschließen.

Dieses Mal würde ich nicht über Chengdu fahren, sondern über Kunming in der Provinz Yunnan. Gatusa hatte organisiert, dass wir uns in Ninglang trafen, wo wir den Lebenden Buddha besuchen sollten, und von Ninglang aus konnte ich das östliche Ufer des Lugu-Sees mit einem Jeep erreichen.

Ich hatte zwei mit Geschenken gefüllte Koffer bei mir – Kleidungsstücke, Kaffee, Tee, Bonbons und Tigerbalsam. Außerdem hatte ich einen Goldring für meine Mutter gekauft, einen langen Wollmantel für meinen Vater und zwei Schachteln amerikanische Zigaretten für Gatusa. Die Geschenke hatten ziemlich an meinen Ersparnissen gezehrt, und ich musste dritter Klasse mit dem Zug fahren. Aber der Gedanke, dass am Ende der Reise Gatusa auf mich wartete, ließ mich alles viel leichter ertragen. Außerdem fuhr ich mit fünf Klassenkameradinnen vom Konservatorium. Sie gehörten zu den Nationalitäten der Han, Bai und Yi und fuhren nach Hause in die Provinz Yunnan. Wir hatten zusammen vier Plätze zur Verfügung, wodurch wir es bequemer hatten. Nachts legten wir uns abwechselnd auf die Bänke oder schliefen an die Schulter der Nachbarin gelehnt, und über Tag spielten wir Karten, sangen, erzählten Witze und vertrieben uns die Zeit, so gut wir konnten. In Kunming verabschiedete ich mich von meinen Freundinnen und nahm den Bus nach Lijiang, der vierundzwanzig Stunden fuhr, und nachdem ich in Lijiang übernachtet hatte, fuhr ich zwölf Stunden über Huapin und Yongshen mit dem Bus nach Ninglang. Und dann, als wir uns Ninglang näherten, ließen mich der Anblick des offenen blauen Himmels und der roten Berge und die Gedanken an Gatusa meinen Kummer fast vergessen.

Der Bus hielt, und die Passagiere erhoben sich eilig von den Sitzen, zündeten Zigaretten an, drängelten und stolperten über Taschen und Füße. Sie konnten es nicht abwarten, nach draußen zu kommen. Ich nahm mir die Zeit, ein wenig Wasser aus meiner Trinkflasche auf ein Tuch zu schütten und mir das Gesicht sauber zu wischen. Ich legte meinen rosa Lippenstift auf und bürstete mein kurzes Haar. Ich wollte unbedingt gut aussehen.

Ich stieg aus dem Bus, wobei ich gut aufpasste, mit meinen schicken Stiefelchen aus der Stadt nicht in etwas Ekelhaftes zu treten. An den anderen Passagieren vorbei stolperte ich zur Rückseite des Busses, wo ich meine beiden Koffer in Empfang nahm. Dann stellte ich mich unter das Vordach und schaute mich nervös im Hof um. Unter den Bauern in blauer Baumwollkleidung und Yi-Frauen in bunten, staubigen Röcken suchte ich nach einem großen, dunklen, gut aussehenden Moso-Schriftsteller, der einen grauen Wollpullover, ein weißes Hemd und einen langen schwarzen Mantel trug.

Ich entdeckte niemanden, auf den diese Beschreibung gepasst hätte.

Aber ein paar Meter von mir entfernt bemerkte ich einen kleinen Mann mit weißen Sportschuhen und einem albernen weißen Jackett, der mich anstarrte. Als unsere Blicke sich begegneten, war mir das unangenehm, und ich wandte mich ab. Und als der kleine Mann auf mich zukam, wünschte ich mir plötzlich verzweifelt, Gatusa würde endlich kommen.

»Der Bus war früh dran«, sagte der Fremde auf Moso.

»Wo ist Gatusa?«, gab ich zurück. Ich sah ihn kaum an, denn ich machte mir Sorgen, es könnte etwas passiert sein. Vielleicht war Gatusa etwas zugestoßen.

»Aber ich bin doch Gatusa!«

Ungläubig starrte ich ihn an. Das war Gatusa! Nein, das war einfach nicht möglich.

Seine schwarzen Augen leuchteten schelmisch auf.»Vielleicht sehe ich nicht ganz so aus, wie du dir vorgestellt hast ...«, meinte er, und sein Lächeln wurde breiter.

Ich warf ihm einen giftigen Blick zu.

»Ich bin wirklich Gatusa«, wiederholte er.

Oh, er hatte ja so Recht! Er sah wirklich nicht aus, wie ich mir das vorgestellt hatte! Ganz anders als Geko! Und dieses komische Lächeln! Was nahm er sich heraus?

»Du bist Gatusa?!« Ich warf mit meiner Handtasche nach ihm. »Wie kannst du es wagen, so hässlich zu sein?«, schrie ich auf Chinesisch.

Und dann standen wir einfach nur da und starrten einander ungläubig an.

Gatusa würdigte mich keiner Antwort. Er bückte sich nur, hob meine Tasche vom Boden auf und gab sie mir zurück. Dann nahm er meine Koffer.»Komm, lass uns gehen. Du bist bestimmt hungrig«, sagte er gelassen.

Meine Güte, warum hatte ich bloß nicht daran gedacht, ihn um ein Foto zu bitten? Aber ich war auch nicht darauf gekommen, ihm eines von mir zu schicken. Warum hätte ich ihn dann um ein Bild bitten sollen? Wir waren Moso, wir tauschten keine Fotos aus! Ich fühlte mich betrogen und verraten. Wie konnte dieser komische Kerl so wunderschöne Dinge schreiben? Wie war so etwas möglich? Ich mochte nicht neben ihm gehen und blieb drei Schritte hinter ihm.

Gatusa hatte dafür gesorgt, dass wir bei seinem Freund Qin Zhengxing und dessen Familie unterkamen. Qins Frau hatte zu meinen Ehren ein Festmahl zubereitet, und als wir eintrafen, wartete alles darauf, aufgetragen zu werden. All diese Freundlichkeit rührte mich, und das ausgezeichnete Essen munterte mich auf, so dass ich es irgendwie schaffte, ein Lächeln aufzusetzen und mich sogar ein wenig für meine Launen schämte. Aber als nach dem Essen Qin die Kinder hinausschickte und sich die ganze Familie in ein anderes Zimmer zurückzog, damit wir beiden ein wenig unter uns sein konnten, da kochte ich gleich wieder vor Wut. Ich saß auf meinen Stuhl, starrte leer vor mich hin, als wäre Gatusa unsichtbar geworden, und weigerte mich, ein Wort zu sagen.

Er trank unterdessen seinen Tee, ignorierte meine Stimmung und begann mir von seiner Arbeit und seinen Träumen zu erzählen. Er hatte vor, für die Zeitschrift *Camellia* die mündlich überlieferte Literatur der Moso zu sammeln und zu übersetzen, und sein großer Ehrgeiz war, jede Daba-Zeremonie, jedes Lied und jede Geschichte aufzuzeichnen. »Das wird Jahre in Anspruch nehmen, aber ich bin ja noch jung ... Du wirst sehen, dass sich vieles verändert hat, seit du fortgegangen bist. Fast alle Kinder gehen jetzt zur Schule. Sie lernen die Werte der Han und die moderne Lebensweise, und wenn wir unsere Kultur nicht bewahren, dann ist in der nächsten Generation vielleicht alles vergessen. Wir Moso dürfen uns nicht von der Welt isolieren.« Er betrachtete mich nachdenklich; in seinem intelligenten Blick stand vielleicht ein wenig Herablassung. »Das Problem ist allerdings, wie wir zu einem Teil der Welt werden sollen, ohne uns in ihr zu verlieren.« Aber darauf wusste ich auch keine Antwort, und er sprach weiter über andere Themen, die unser Volk betrafen, über unsere Vergangenheit und unsere Zukunft – lauter Dinge, von denen ich keine Ahnung hatte. Oft war er sehr witzig, und er sprach gewählter und war intelligenter als jeder andere Mensch, den ich je kennen gelernt hatte. Wieder fühlte ich mich in seinen Bann gezogen, wie bei seinen Briefen. Später am Abend, als es Zeit zum Schlafengehen war, bat ich Qins Frau, mich ins Zimmer ihrer jüngeren Tochter zu bringen.

Am nächsten Morgen beim Frühstück hatte ich wieder schlechte Laune, und es herrschte eine angespannte Verlegenheit, die nur durch das Geplapper der Kinder ein wenig aufgelockert wurde. Die Qins waren wahrscheinlich sehr erleichtert, als Gatusa auf seine Uhr sah und erklärte, wir müssten gehen, da der Lebende Buddha uns erwarte.

Eilig begaben wir uns zu dem hässlichen modernen Gebäude, in dem unter dem offiziellen Titel »Vorsitzender der beratenden politischen Konferenz des chinesischen Volkes« unser Guru residierte. Gatusa drückte die Tür auf, und süßer Weihrauchduft hüllte uns ein.

Ich folgte ihm nach drinnen, wo wir über ein dunkles Treppenhaus in eine große Halle gelangten, die in das warme, freundliche Licht von Butterlampen getaucht war. Langsam gewöhnten meine Augen sich an das Dämmerlicht, und ich erkannte Sofas und niedrige Tische, Wandgemälde, Butterskulpturen, Weihrauchgefäße, ein Foto unseres Lebenden Buddhas in seinen gelben Gewändern und daneben, größer, ein Porträt von Mao Tse-Tung. Die Halle wirkte wie eine Mischung aus einem Versammlungsraum der Kommunistischen Partei und einem tibetischen Tempel, aber alles hier war sauber, rein und ruhig. Ich betrachtete das Muttermal an Maos Kinn ... genau wie das meiner Ama, dachte ich. Und dann wurde mir klar, dass mir zum ersten Mal seit meiner Ankunft meine Ama in den Sinn kam. Die ganze Zeit war ich so damit beschäftigt gewesen, wütend auf Gatusa zu sein, dass ich meine Ama darüber vergessen hatte. Und doch war ich ja nach all den Jahren nicht nur Gatusas wegen nach Hause gekommen. Die Wahrheit war, dass ich Angst hatte. Ich fürchtete mich schrecklich davor, nach Hause zu fahren. Und wenn meine Ama mir nicht verziehen hatte? Was waren alle Träume der Welt wert, wenn ich die Liebe meiner Mutter nicht verdiente?

Aus einer Seitentür trat unser Guru. Er trug eine graue Mao-Jacke und eine Wintermütze der Volksbefreiungsarmee, deren Ohrenklappen aus Pelz auf dem Kopf mit einer Schleife zusammengebunden waren. Bis auf den Rosenkranz um seinen Hals sah er genau wie ein Parteifunktionär aus. Sein Gesicht war voller Liebenswürdigkeit, und seine dichten Augenbrauen und die breite Stirn strahlten Intelligenz aus. Er war ein lebender Gott, und sogar unter seiner Armeemütze hatte er das, was wir ein Buddha-Gesicht nennen. Als ich ihn sah und seine Ausstrahlung spürte, fühlte ich mich dieser Ehre zutiefst unwürdig.

Wir vollführten einen Kotau und senkten die Köpfe bis zum Boden. Der Guru legte die Hand erst auf meinen Kopf, dann auf den Gatusas und lud uns ein, neben ihm auf einer Couch Platz zu nehmen. Ein Diener brachte uns Buttertee. Ich nahm einen Schluck und betrachtete das Porträt des Gurus. Mit seinem hohen gelben Hut sah er weit besser aus als mit seiner Mütze von der Volksbefreiungsarmee.

»Wie ist es dir denn am Konservatorium so ergangen?«, fragte der Guru.

Ich beschrieb mein Leben, so gut ich konnte, und erzählte ihm von Schanghai, von meinen Freundinnen, meinen Gesangslehrern. Nur meine Auftritte in den Nachtclubs ließ ich aus.

Der Guru lauschte aufmerksam, lächelte und nickte, und als ich fertig war, faltete er die Hände im Schoß. »Du musst fleißig studieren«, sagte er. »Du musst eine große Sängerin werden. Und du, Gatusa, sollst weiter über die Bräuche und die Geschichte unseres Volkes schreiben. Durch euch beide soll die Welt die Moso kennen lernen. Ihr werdet der Welt von unserer Kultur erzählen. Vergesst nicht, wo eure Wurzeln liegen.« Er hielt einen Moment inne, nippte an seinem Tee und fuhr dann im selben Ton fort. »Ihr dürft nie aufhören, euer Volk zu lieben. Ihr seid ein Vorbild für die junge Generation. Ich bin alt. Ihr beide müsst zusammenarbeiten.«

Gatusa sah zu mir, und ich warf ihm einen finsteren Blick zu. Die Aufmerksamkeit, die der Guru mir schenkte, erfüllte mich zwar mit Stolz, aber so langsam ärgerte ich mich über all die Ratschläge und besonders die Art, wie er ständig »ihr beide« sagte – so, als wären Gatusa und ich bereits ein Paar. Anscheinend wollte immer irgendjemand über mein Leben bestimmen. Warum sollte ich unbedingt einen Moso-Mann lieben? Wieso wollten mich alle in den Bergen festhalten?

Der Guru sprach länger als eine Stunde mit uns. Bevor wir uns verabschiedeten, gab er mir hundert Yuan als Unterstützung für mein Studium. Ich war gerührt und sehr verlegen. Seit ich in den Nachtclubs arbeitete, waren hundert Yuan für mich keine so große Summe mehr, aber für den Guru machten sie sicher mehr als einen Monatslohn aus. Ich wollte das Geld nicht annehmen, aber er bestand darauf, und Gatusa ebenso. Also dankte ich dem Lebenden Buddha für seine Freundlichkeit und verneigte mich ein letztes Mal. Auf dem Weg nach draußen versuchte Gatusa, meine Hand zu nehmen und mir die Treppe hinunter zu helfen. Er meinte es gut – im Treppenhaus gab es kein elektrisches Licht –, aber ich stieß ihn weg. Ohne ein Wort zu wechseln, kehrten wir in Qin Zhengxings Wohnung zurück. Qins Frau brachte uns Tee, und Gatusa zündete sich eine Zigarette an. Da er spürte, dass ich nicht in Stimmung für eine Unterhaltung war, erzählte er mir die Geschichte unseres Gurus.

Losan, unser Lebender Buddha, wurde auf der Insel Nyoropu im Lugu-See geboren. Seine Mutter war die Frau des alten Feudalherrn von Yongning. Während ihrer Schwangerschaft hatte sie immer wieder den gleichen Traum: Sie stand in der Bibliothek eines Klosters, umgeben von heiligen Büchern. Kein Weg führte aus dem Raum, es gab keine Türen, nur Regale voller Bücher. In einem späteren Traum hörte sie eine Stimme, die sie anrief. »Liebe, gute Dame, mach dir keine Sorgen. Du wirst einen kleinen Buddha zur Welt bringen.« An dem Tag, als unser Guru geboren wurde, wurde eine Hälfte des Himmels leuchtend rot, und ein Drache flog in einem gewaltigen Wasserstrudel von Mutter See zum Himmel auf und schwebte über dem Berg der Göttin Gamu, bis unsere Herrin niederkam. Als der kleine Losan drei Jahre alt war, kamen tibetische Lamas aus Lhasa, die auf der Suche nach der Reinkarnation eines verstorbenen Heiligen aus dem Kloster Delimin in Sichuan waren. Sie nahmen ihn mit, und er kehrte erst 1954 in unser Moso-Land zurück und übernahm die Leitung des Klosters und der Tempel in Yongning. Aber im folgenden Jahr kam die Volksbefreiungsarmee, um uns von unseren feudalen Unterdrückern zu erlösen, und man schickte unseren Guru in die Stadt Ninglang. Dann, nachdem Mao Tse-Tung erklärt hatte, die Religion sei ein Gift, zerstörten die Roten Garden das buddhistische Kloster Dgebo, und unseren Guru schickten sie zur Arbeit in eine landwirtschaftliche Produktionsgenossenschaft, wo er wie ein einfacher Bauer lebte, Gemüse zog und in den Bergen Ziegen hütete. Alles, was er gelernt hatte, war nutzlos geworden, aber er gab nie die Hoffnung auf. Er glaubte immer an unser Volk. Nach der Kulturrevolution brachte man unseren Guru zurück nach Ninglang und verlieh ihm den Titel des Vorsitzenden der beratenden politischen Konferenz des chinesischen Volkes. Und im folgenden Jahr stand er zum ersten Mal seit mehr als zwanzig Jahren dem Fest der Göttin Gamu vor.

Gatusa legte eine Pause ein. »Wusstest du, dass die Bezirksregierung verlangt hat, dass wir eine Mauer durch die heißen Quellen ziehen, die Männer und Frauen trennt?« Er lachte. »Sie ist nur schulterhoch und damit vollkommen nutzlos!«

Aber ich wollte über etwas anderes reden. Noch besser, ich wollte mich überhaupt nicht unterhalten. Ich murmelte eine knappe Entschuldigung und ging spazieren. Ich brachte es nicht über mich, noch mehr über unser Land und unser Volk zu hören. Ich konnte es nicht ertragen, an zu Hause zu denken. Nicht, bevor ich meine Mutter gesehen hatte.

Am nächsten Morgen wachte ich sehr früh auf. Gatusa war bereits aufgestanden und wartete im Wohnzimmer der Quins auf mich. Er schlug – vielleicht nur aus Höflichkeit – vor, ich solle ein paar Tage in Ninglang bleiben, aber ich lehnte ab. »Dazu vermisse ich meine Mutter zu sehr. Ich will nach Hause.« Außerdem hatte ich mit dem Chauffeur des Lebenden Buddhas abgesprochen, dass er mich im Jeep nach Luo Shui fuhr, und er wartete bestimmt schon auf mich. Ich gab Gatusa die amerikanischen Zigaretten, die ich ihm mitgebracht hatte, und etwas Tee und Süßigkeiten für seine Mutter.

Draußen auf der Straße fiel kalter Nieselregen. Ich war erst ein kleines Stück gegangen, als ich Schritte hinter mir hörte, mich umdrehte und sah, dass Gatusa mit einem Regenschirm hinter mir her rannte. Was denn jetzt?, dachte ich. Aber er wollte mir nur den Regenschirm mitgeben.

»Ich brauche ihn nicht«, fuhr ich ihn an.

»Ooooh, wo hast du bloß diese schlechte Laune her?«, fragte er, teils an mich, teils an sich selbst gerichtet. Er nahm seinen Schirm, wandte sich ab und ging davon, ohne sich noch einmal umzudrehen.

Ich setzte mich neben den Fahrer, und wir traten die fünf Stunden lange Fahrt nach Luo Shui an. Es war noch dunkel. Ich sah zu, wie der kalte Regen gegen das schwarze Fenster klatschte, und Gatusas Worte klangen mir in den Ohren. Wo hast du bloß diese schlechte Laune her? Ja, woher? Ich dachte an Geko, dem ich so wehgetan hatte, und an Hong Ling. Moment, Hong Ling hatte mich provoziert! Und Gatusa, was hatte er verbrochen? Monate lang hatte ich immerzu an ihn gedacht. Mein Herz war von Freude und Licht erfüllt gewesen, und meine Gedanken hatten nach Schönheit gestrebt. Es war das glücklichste Jahr meines Lebens gewesen, in dem ich unendlich viel erreicht hatte: Ich konnte jetzt richtig lesen – nach all diesen Büchern, in denen ich nach dem perfekten Satz gesucht hatte, dem exakten Wort, das der Liebe, die in meinem Herzen jubilierte, Ausdruck verlieh –, ich hatte meine erste Kassette aufgenommen, und ich war nicht mehr allein. Ich hatte einen Seelengefährten, ich war verliebt ... Und in einem einzigen Moment, in der kurzen Zeit, die es währt, ein unbekanntes Gesicht mit einem Namen zu versehen, hatte ich alles weggeworfen! Wie war das nur möglich?

Nie wäre mir der Gedanke gekommen, dass ich vielleicht kleinlich war, oberflächlich. Ich tat mir einfach selbst Leid, und ich war wütend auf mich und noch wütender auf Gatusa. Aber direkt unter der obersten Schicht, gleich unter meiner Haut, wo der Zorn brannte, empfand ich eine Leere, eine Sehnsucht, obwohl ich nicht wusste, wonach. Diesen Hunger trage ich noch heute in mir, aber jetzt kann ich ihn spüren, ebenso deutlich, wie ich vor mir sehe, wie ich mich an den rutschigen Rand des Abhangs auf dem Weg nach Yanyuan klammere, verbissen meinem Traum nachkriechend, nicht ahnend, dass tief unten im Tal das Wasser gurgelt, in dem ich, wenn ich falle, für immer verloren bin. Nein, ich war nicht oberflächlich. Aber ich kochte vor nicht zu unterdrückender Wut.

Diese düstere Laune wich während der ganzen Fahrt nicht. Ich redete nicht mit dem Fahrer, bemerkte kaum, wie die Sonne aufging und es zu regnen aufhörte, sah die weißen Gipfel unserer Berge nicht – bis wir den letzten Pass erreichten und der Lugu-See in seiner ewigen Herrlichkeit vor unseren Augen lag.

Mutter See, unvergänglich blau, und unsere Berggöttin, gekrönt von flaumigen Wolken. Kein Land konnte reiner und schöner sein als das meine.

Die dunkle Wolke hob sich von meinem Herzen. Schon sah ich meine Mutter in ihrem Festkleid, den langen blauen Rock, die rote Jacke, und unseren Garten. Meine große Schwester lächelte, und da waren der kleine Homi und Jiama, und Howei und Ache ... Ich

schmeckte bereits den Buttertee und fühlte die Wärme der Feuerstelle.

Der Jeep erreichte Luo Shui, wo ich meinen alten Verwandten
meine Aufwartung machte, während meine Cousins das Boot fertig
machten. Alle waren so zufrieden, mich zu sehen, und staunten
über meine Kleidung, meinen kurzen Haarschnitt, meine Stiefel ... Wir mussten an das andere Seeufer rudern – eineinhalb Stunden –, und dann lagen noch einmal zwei Stunden Fußmarsch vor
uns. Schließlich rannten uns die Kinder entgegen, um uns zu begrüßen, aber ich wusste nicht, wer sie waren, und als man es mir
sagte, erkannte ich sie nicht. Und sie betrachteten mich lächelnd,
fasziniert und verwirrt, denn sie wussten, dass ich eine von ihnen
war und konnten doch nicht übersehen, dass ich so offensichtlich
ganz anders war.

Meine Ama stand allein im Hof und hackte Holz. Sie wandte mir
den Rücken zu, und ich wagte nicht, mich ihr zu nähern. Ich wollte
sie nicht erschrecken, und außerdem hatte ich fürchterliche Angst.
Meine Knie zitterten, und mein Herz klopfte zum Zerspringen. Was
würde sie sagen? Was würde sie tun? Was sollte ich machen? Ich
bat die Kinder, ihr zu sagen, dass ich da sei. Sie legte die Axt ab und
drehte sich zu mir um, aber sie regte sich nicht. Sie stand lächelnd
da und wischte sich die Hände an den Baumwollhosen ab.

»Ama, ich habe Hunger«, sagte ich mit versagender Stimme.

Meine Ama wischte sich die Augen. »Komm ins Haus, komm
mit!« Und sie rief nach Howei. »Komm heraus! Schnell, schlachte
ein Huhn, Namu ist hungrig! Sie hat eine lange Reise hinter sich.«

Wir trugen meine Koffer ins Haus, und ich holte meine Geschenke heraus. Ich hatte noch nicht die dritte Bonbontüte geöffnet, da
wimmelte unser Haus schon von kleinen Kindern, und ich ver-
schenkte alles. Dann gab ich Homi meine Uhr, und endlich setzten
wir uns alle zusammen an die Feuerstelle. Einen Moment lang erschien alles so einfach. Wir waren zusammen und saßen um den
Herd, als sei nie etwas geschehen, und mir schoss der Gedanke
durch den Kopf, dass in unserem Dorf ja wirklich nie etwas passierte.

Es war fast fünf Jahre her, seit ich über den Bergpfad davongelaufen war. Und jetzt war mir alles vertraut und doch fremd, wie verzerrt durch die Zeit, oder durch das falsche Ende eines Fernrohrs gesehen. Konnten meine Angehörigen sich überhaupt vorstellen, wie viel ich von der Welt gesehen hatte, oder ermessen, wie sehr ich mich verändert hatte? Homi und Jiama konnten den Blick nicht von mir wenden, aber das ging mir umgekehrt genauso. Sie waren so groß geworden! Sie gingen zur Schule, und meine Ama versicherte mir, Jiama könne schon lesen und schreiben. Und mein kleiner Bruder Howei war ein so hübscher junger Mann geworden! Er musste Dutzende von Freundinnen haben, dachte ich bei mir, weil man über solche Dinge nicht mit seiner Familie reden kann. Meine Ama war ebenfalls älter geworden, aber sie war so glücklich, dass man ihr das kaum ansah.

Zhema brachte mir Tee. Auch sie sah anders aus – nicht einfach älter, sondern wie eine Han-Chinesin. Sie war ein Jahr nach mir von zu Hause fortgegangen und lebte und arbeitete jetzt in Yanyuan. Sie war genau wie ich über Neujahr nach Hause gekommen.

»In den letzten Jahren hat sich viel verändert«, meinte Howei und sprach damit aus, was ich dachte. »Wir haben jetzt sogar ein Kino, das Filme aus Hongkong und Amerika zeigt. Heute weiß jeder, wie Züge, Flugzeuge und Telefone aussehen.«

Und Ache, wo war Ache nur?

Eine verlegene Pause trat ein. »Ache wohnt jetzt im Dorf«, erklärte Ama. »Er ist ... verheiratet. Möchtest du noch Tee?«

Ich sah meine Mutter an, und mir brach das Herz. Was war aus ihrem Traum von einer großen Familie geworden?

Nach dem Essen holte Ama den Sulima-Wein hervor, und alle Dorfbewohner, auch mein Bruder Ache, kamen uns besuchen – alle bis auf Geko.

Ich hatte drei Fotoalben mit Bildern aus Schanghai und Peking mitgebracht: das Konservatorium, die mexikanische Botschaft, Umbalo und ich im Friedenshotel, meine holländische Freundin und ich beim Kaffeetrinken, ich bei einem Auftritt im Nachtclub, ich in meinem rosa Minirock ... Bei diesem Bild brach Dujema in Kichern aus. »Herrje, ist in Schanghai der Stoff knapp?« Wieder einmal stand ich im Mittelpunkt der Aufmerksamkeit, und wieder war ich der

Stolz meiner Mutter. Sie schenkte Wein ein, scherzte und lächelte und zeigte den wunderschönen Goldring herum, den ich ihr geschenkt hatte.

Als die Gäste spätabends nach Hause gingen, war ich erschöpft von der Reise und der Aufregung. Aber bevor ich meine Koffer in mein Zimmer hinauftrug, dachte ich daran, die Kaffeebüchse herauszunehmen und für das Frühstück am nächsten Tag auf das Brett in der Speisekammer zu stellen. Dabei kam ich mir ein wenig eingebildet vor, aber ich hatte jetzt in der großen Welt gelebt und mich sehr verändert. Kaffee war mir zum Frühstück lieber als Buttertee.

Am nächsten Morgen schien die Wintersonne sanft durch mein Fenster, und ich bemerkte, dass alles in meinem Zimmer neu war, das Bett, der kleine Tisch, meine Decke. Zuerst war ich gerührt darüber, dass meine Ama keine Kosten und Mühen gescheut hatte, um mein Zimmer ganz neu auszustatten. Aber dann kam mir das auch seltsam vor, weil ich ja nicht mehr zu Hause wohnte, und plötzlich fehlte mir meine alte Steppdecke.

Unten trank Zhema Buttertee mit Ache. Ich ging zur Speisekammer, um Kaffee zu kochen. Doch die Dose war mit Wasser gefüllt, und eine wunderschöne rote Kamelienblüte stand darin.

»Was ist mit meinem Kaffee passiert?«

»Frag Ama«, sagte Ache.

Ich fand meine Mutter im Schweinepferch. »Ama, wo ist mein Kaffee geblieben?«

»Was für ein Kaffee?«

»Du weißt schon, das schwarze Pulver in der Dose.«

»Ach, dieses Zeug! Ich habe es dem Schwein gegeben. Es schmeckte scheußlich.«

Ich sah die Sau an. Sie kratzte mit den Vorderpfoten hektisch im Boden und hatte schon ein großes Loch gegraben. Dann schaute ich meine Mutter an. Sie hielt eine Zigarette in der linken Hand, und mit der rechten rührte sie mit einem Bambusstock im Schweinemist herum.

»Was machst du da?«

»Letzte Nacht, als ich sie fütterte, hat sie nach meinem Finger geschnappt, und ich glaube, dass sie meinen Ring geschluckt hat.«

Ich warf einen Blick auf den Schweinemist. »Glaubst du, du findest ihn wieder?«

»Hoffentlich. Gold ist bestimmt sehr ungesund für ein Schwein. Wenn es nur nicht krank wird. Schau doch, wie merkwürdig die Sau sich benimmt.«

»Ich glaube nicht, dass das am Gold liegt«, meinte ich.

Das bedauernswerte Schwein benahm sich den ganzen Tag lang komisch, es zuckte, sprang herum und scharrte im Boden. Glücklicherweise überlebte es die Koffeindosis, und meine Schwester fand den Goldring unter dem Schweinetrog.

Ich blieb nur zehn Tage zu Hause, und jeder behandelte mich wie einen Ehrengast. Jeden Tag wurde ich zum Mittagessen eingeladen, und jeden Abend kochte Ama meine Lieblingsgerichte und servierte mir immer zuerst und mehr als jedem anderen. Und trotzdem wagte ich nicht, ihr in die Augen zu sehen, und sie wich meinem Blick aus. Wir sprachen nicht über das, was geschehen war, über den Grund meines Verschwindens, sagten nicht, dass es uns Leid tat oder dass wir einander sehr vermisst hatten. Es gab weder Umarmungen noch Küsse, keine Erklärungen oder Rechtfertigungen, keine Versöhnung, kein Bedauern, keine Versicherungen, keine Versprechungen für die Zukunft. Nichts. Gar nichts. Nicht, weil wir das alles nicht empfunden hätten, sondern weil man bei uns über solche Dinge nicht sprach. Wir sagten nichts, weil wir glauben wollten, dass nie etwas Unrechtes geschehen war, weil wir nur auf diese Weise wirklich verzeihen konnten. Wir begruben die Vergangenheit, verbannten sie aus unseren Gesprächen und unserem Gedächtnis. Wir erinnerten uns nur an das Gute. Und so lebten wir zehn Tage Seite an Seite, als sei nie etwas vorgefallen, als hätte ich nie das Haus verlassen, das meine Mutter für ihre Familie errichtet hatte, in dem ich neben dem Herd schreiend zur Welt gekommen war, in dem ich meine kleinen roten Schuhe verbrannt und in dem sie mir ihr Jadearmband geschenkt hatte.

»Was ist eigentlich aus deinem Armband geworden?«, fragte Ama eines Tages.

Ich zögerte. »Ich habe es verkauft, um die Fahrt nach Schanghai zu bezahlen.«

Ama schwieg eine Weile. »Glaubst du, wir können es zurückkaufen?«

»Wohl nicht, Ama.«

Meine Mutter nickte und sagte nichts weiter darüber. Das Armband war jetzt ebenfalls im Abgrund der Erinnerung verschwunden, zusammen mit dem zerstörten Küchenherd und den anderen unaussprechlichen Dingen. Die Vergangenheit stand fest, sie konnte nichts daran ändern, nur zu vergessen beginnen, wortlos, immer ein Ereignis nach dem anderen. Eines Abends ging ich Zhema in ihrem Zimmer besuchen, um zu reden. Ich wollte, dass alles wieder so wurde wie früher. Aber wann war dieses »früher« gewesen? Die Zeit, in der ich mit Onkel in den Bergen lebte und nur zu Besuch nach Hause kam? Als ich meine Rockzeremonie feierte? Als ich Geko schlug? Und dann fiel mir etwas ein. »Zhema, warum ist in meinem Zimmer alles neu?«

Zhema zuckte zusammen.

»Was hast du?«, beharrte ich.

»Nachdem du fort warst«, sagte sie endlich langsam und wich meinem Blick aus, »da kamen die Lehrer und haben berichtet, was du getan hattest ... Deshalb wusste Ama, dass du nicht zurückkommen würdest. Eines Tages nahm sie eine Axt und ging in dein Zimmer. Sie hat alles zerschlagen, dein Bett, die Kommode. Dann hat sie alles hinuntergeworfen und damit ein Feuer im Hof gemacht. Sie hat verbrannt, was dir gehörte, sogar deine Kleider.« Zhema hielt inne und sah mich an. Tränen standen in ihren Augen. Sie hatte mir etwas Schreckliches verraten. Plötzlich tat sich in meiner Vorstellung wieder der Abgrund auf dem Weg nach Yanyuan auf. Um Haaresbreite ... Und meine Ama hatte jede Spur von mir vernichten wollen. »Verstehst du denn nicht?«, schluchzte Zhema. »Sie glaubte, sie hätte dich für immer verloren.«

Ich starrte meine große Schwester an, und fühlte mich wie ausgehöhlt. Ich stellte mir vor, wie meine Mutter meine Sachen verbrannte, wie sie mein Bett zerschlug, so wie ich den Küchenofen in der Schule zerstört hatte ... Aber was dachte ich mir dabei? Dass ich von zu Hause weglaufen und Schande über meine Familie bringen könnte, und meine Ama einfach weitermachen würde, als wäre nichts geschehen? Natürlich hatte meine Ama etwas unternehmen müssen!

»Ja, ich verstehe«, sagte ich zu Zhema.

Als meine Mutter mir am nächsten Tag die besten Fleischstücke servierte, widersprach ich nicht, und als Zhema mir eine ganze Portion Blutwurst gab, brachen wir alle in Gelächter aus. Und als mein Vater zu Besuch kam und mir zwei kleine Lederbeutel mit Hirschmoschus reichte, den er das ganze Jahr über aufgespart hatte, nahm ich auch dieses Geschenk dankbar an. Tränen standen mir in den Augen, und mein Herz floss vor Liebe über. »In Schanghai«, sagte mein Vater, »wird das einen guten Preis einbringen. Das Geld soll dir bei deiner Ausbildung helfen.« Ich fühlte mich immer noch seltsam und beklommen, und ich wusste, dass wir alle dasselbe empfanden, aber irgendwie würden wir damit leben müssen. Außerdem war ich nur ein paar Tage lang zu Hause. Konnten wir nicht einfach froh darüber sein, dass alles vorbei war, dass wir wieder zusammen waren? Dass wir immer so zusammenkommen würden, um die Feuerstelle sitzen, Buttertee trinken und lachen, und vergessen, woran wir uns nicht erinnern wollten?

Als mein Abschied nahte, kamen alle Dorfbewohner zu unserem Haus, um mir eine sichere Reise zu wünschen. Alle außer Geko. Sie brachten Bambusschachteln, die alle das Gleiche enthielten: gekochte Eier, eingesalzenes Schweinefleisch, Schinken und Hähnchenbrust. »Damit du unterwegs etwas zu essen hast.« Ich bekam so viele Schachteln, dass ich mir langsam Sorgen machte. Nach unserem Brauch musste jede dieser Schachteln, mit neuen Nahrungsmitteln gefüllt, zurückgegeben werden, und da ich diese Mengen unmöglich tragen oder essen konnte, würde meine Mutter sich darum kümmern müssen. Meine Ama selbst gab mir einen Topf frischer Butter und einen in rote Seide gewickelten ganzen Schinken mit, den ich dem Lebenden Buddha als Tempelopfer darbringen sollte. Dass der Lebende Buddha wie alle buddhistischen Heiligen Vegetarier war, spielte dabei keine Rolle.

Ama begleitete mich auf dem Weg zum See. Sie intonierte Mantras, wobei sie mit der rechten Hand ihre Gebetsperlen zählte und in der Linken eine Zigarette hielt. Immer wieder unterbrach sie

sich, um mich zu ermahnen: Ich solle vorsichtig sein, auf mich aufpassen, versuchen, das Jadearmband zurückzubekommen, und
schreiben, denn Jiama könne die Briefe lesen. Und ich solle bald
wieder nach Hause kommen. Du kannst das Flugzeug nehmen, das
geht schneller. Komm im Sommer nach Hause ... oder sonst nächsten Winter ...

Meine Cousins erwarteten uns am Boot. Sie luden meine Koffer
ein, und ich stieg in das Kanu und setzte mich. Dann stieß Ache das
Boot ab, und ich drehte mich um und sagte ein letztes Mal auf Wiedersehen. Zhema winkte zurück. Ama weinte. »Komm bald wieder«,
rief sie. Ich nickte. Jetzt wussten wir beide, dass ich immer heimkehren würde. Ich winkte zum Abschied, dann drehte ich mich um
und starrte mit von Tränen verschleiertem Blick vor mich hin. Am
anderen Seeufer lag Luo Shui; dort begann die Straße zurück in die
Stadt, wo die ganze Welt auf mich wartete.

Nachwort

Zum ersten Mal hörte ich 1988 von den Moso. Lü Binghong, mein Chinesischlehrer, schlug mir vor, einen isolierten matriarchalischen Stamm in den entlegenen Bergen des Grenzlands zwischen Tibet und China zu erforschen. Er selbst hatte die Moso einige Jahre zuvor entdeckt, als er die Untertitel für einen Dokumentarfilm mit dem Titel *Das Land der Töchter* ins Englische übersetzte. Die Moso, erklärte Lehrer Lü, praktizierten die »mobile Ehe« (*walking marriage*), bei der die Männer ihre Frauen nur bei Nacht aufsuchen und die Paare nicht zusammenleben. Außerdem beherrschten dort Frauen die Gesellschaft, und Töchter würden höher geschätzt als Söhne.

Ich war fasziniert, aber auch skeptisch. Wie alle Studenten der Anthropologie hatte ich gelernt, dass im Gegensatz zur landläufigen Meinung so etwas wie eine matriarchalische Gesellschaft nicht existiert und das, was als Matriarchat bezeichnet wird, tatsächlich eine matrilineare Gesellschaft darstellt – ein Erbsystem, das durch die mütterliche Linie bestimmt wird. Matriarchat im Gegensatz zum Patriarchat würde ja ein soziales und politisches System bedeuten, in dem Frauen auf Kosten der Männer Privilegien und Macht genießen, und dies ist in einer matrilinearen Gesellschaft nicht automatisch gegeben. Ein humorvoller alter Professor hat das einmal folgendermaßen ausgedrückt: »Der Unterschied zwischen einer matrilinearen und einer patrilinearen Gesellschaft besteht darin, dass in einer matrilinearen Gesellschaft die Frauen nicht von ihren Vätern und Ehemännern herumkommandiert werden, sondern von ihren Onkeln und Brüdern.« Unter den relativ wenigen matrilinearen Gesellschaften der Welt können möglicherweise einige den Anspruch erheben, Geschlechtergleichheit zu praktizieren, aber bisher konnte keine den Kriterien westlicher Anthropologen für eine Frauenherrschaft genügen. Als ich Lehrer Lü zuhörte und die Zeitungsausschnitte überflog, die er mir mitgebracht hatte, war ich keineswegs überzeugt davon, dass die Moso-Gesellschaft eine Ausnahme darstellte. Trotzdem war ich interessiert.

Ich recherchierte in Bibliotheken, und meine Neugier schlug rasch in Verwirrung um. Zuerst einmal gab es nicht viele Informationen über die Moso, und was ich fand, passte überhaupt nicht zu Lehrer Lüs Beschreibung. Die Berichte aus erster Hand stammten fast ausschließlich von drei Autoren aus der vorrevolutionären Zeit, den bekannten Ostasienwissenschaftlern Jacques Barnot und Edouard Chavannes sowie einem amerikanischen Botaniker namens Joseph Rock. Jacques Bacot, der als erster etwas von wissenschaftlichem Interesse über die Moso publizierte, hatte sich 1912 auf der Durchreise in Lijiang aufgehalten, wo er eine Kopie der Genealogie der lange abgesetzten Könige der Moso in die Hände bekam, die er Chavannes überließ, damit dieser sie ins Französische übersetzte. Chavannes beschrieb dieses Dokument ganz zutreffend als erstrangige historische Quelle, aber die Moso-Chronik zeigte, dass die Könige von Lijiang tatsächlich erbliche Feudalherren waren, Vasallen des chinesischen Kaisers, die ihre Stellung seit Jahrhunderten auf *patrilinearem* Weg vererbten. Und weder Bacot noch Chavannes erwähnen matriarchalische oder matrilineare Bräuche.

Joseph Rock dagegen hatte sich nicht nur kurz in Lijiang aufgehalten, sondern fast dreißig Jahre im nördlichen Yunnan verbracht, bis er im Zuge der kommunistischen Revolution 1949 ausgewiesen wurde. Außerdem hatte er ausführlich publiziert. Bei Rock erfuhr ich jetzt, dass die Menschen, die Lehrer Lü Moso nannte, eigentlich die Nachbarn der Moso waren, die Bacot und Chavannes beschrieben, und dass die sozusagen »echten Moso« in Yongning und nicht in Lijiang lebten, dessen Bewohner sich selbst Na-khi nannten. Aus irgendeinem Grund, der Rock Jahre lang Rätsel aufgab, bezeichneten die Chinesen seit Jahrhunderten sowohl die Na-khi aus Lijiang als auch die Moso aus Yongning mit dem Namen Moso.

Ja natürlich, klärte mich Lehrer Lü auf, das liege daran, dass die Moso und die Na-khi einst einen einzigen Stamm mit dem Namen Moso gebildet hatten. Selbst heute würden Naxi – so die aktuelle Schreibweise – und Moso immer noch unter einem Namen geführt, weil man die Moso nicht als eigenständige nationale Gruppe betrachtete, sondern als einen Zweig der Naxi-Nationalität, einer der ungefähr vierzig offiziellen ethnischen Kategorien, aus denen sich der sozialistische Staat China zusammensetzt. In anderen Worten, in der Volksrepublik China wurden die Moso und die Naxi einmal mehr als ein Stamm in einen Topf geworfen, nur dieses Mal unter dem Namen Naxi!

Wer genau waren die Moso und wer die Naxi, und warum hatten sie zwei oder einen Namen? Obwohl diese Frage mir immer noch Rätsel aufgab, konnte ich nun dank Rock wenigstens die Moso in Yongning und die Naxi in Lijiang ansiedeln, und über ihn wurden mir eine Vielzahl meist obskurer historischer und geografischer Daten zugänglich, die er in einem monumentalen Werk mit dem Titel *The Ancient Na-khi Kingdom of Southwest China* zusammengetragen hatte. Daraus erfuhr ich, dass in nicht allzu ferner Vergangenheit im nördlichen Yunnan ein mächtiges Königreich mit Zentrum in Lijiang existiert haben sollte. Von der mongolischen Eroberung 1253 bis zur Annexion ihres Territoriums durch den Mandschu-Kaiser 1723 hatten die Könige von Lijiang über ein ausgedehntes Gebiet geherrscht, zu dem während der ersten hundert Jahre nach seiner Gründung sogar Yongning gehört hatte. Vielleicht begann so die Verwechslung zwischen Moso und Naxi schon mit Kublai Khan.

Zu Rocks Zeit allerdings waren vom alten Königreich der Naxi nur noch ein paar zerfallende feudale Enklaven übrig, die von lokalen Tyrannen, Opiumsucht und Banditenunwesen gebeutelt wurden. Allein Yongning stellte eine entscheidende Ausnahme dar. In Lijiang waren die Naxi zwei Jahrhunderte lang der konfuzianischen Verwaltung unterstellt gewesen und hatten so viele chinesische Bräuche übernommen, dass selbst Jacques Bacot gemeint hatte, sie unterschieden sich kaum von den Chinesen. Aber Rock bemerkte zu Recht, dass die Naxi auch außerordentliche Traditionen bewahrt hatten, insbesondere eine alte Religion namens Dongba, deren Zeremonien in einer exotischen, nirgendwo sonst in China bekannten piktografischen Schrift niedergelegt waren. Rock, der glaubte, die Ursprünge der Dongba lägen in der vorbuddhistischen Bon-Religion Tibets, widmete den Rest seines Lebens der Übersetzung der Zeremonientexte der Naxi. Auch die Moso besaßen eine

Volksreligion namens Daba, aber weder Manuskripte noch Piktogramme. Die Daba-Religion wurde mündlich überliefert, und Rock hielt sie für nichts weiter als eine verarmte Version des Dongba-Kults der Naxi.

Es ist wirklich ein großer Verlust für die Anthropologie, dass Rocks intellektuelle Leidenschaft der Religion der Naxi galt und sich nicht auf die Kultur der Moso erstreckte. Denn während seine Übersetzungen der Naxi-Zeremonien wegen ihrer Detailgenauigkeit unübertroffen sind, war er äußerst unpräzise, was die Moso anging. Obwohl Rock ein enger und loyaler Freund des Feudalherrn von Yongning war, mit dem er »viele glückliche und friedvolle Stunden« verbrachte, lässt sich das, was er über die Moso-Gesellschaft zu sagen hatte, in ein paar bissigen Allgemeinplätzen zusammenfassen, die darauf hinauslaufen, dass die Frauen die Häuser besaßen und dass sie sich Liebhaber nahmen, solange sie wollten. Die Moso hatten laut Rock eine so »ungeheure Zahl von Bastard-Kindern«, dass das Wort »Vater« in ihrem Vokabular überhaupt nicht vorkam – ein Phänomen, das er außerdem mit den vielen buddhistischen Mönchen in Verbindung brachte, die in Yongning lebten und deren Keuschheitsgelübde »sie nicht von sexuellen Aktivitäten abhielt«.

Wie ich viele Jahre später feststellen sollte, bewahren die Moso selbst viele liebevolle Erinnerungen an Rock, dem sie legendäre Wohltaten zuschreiben sowie die Zeugung vieler blauäugiger, blonder Kinder. Letztere Geschichten sind aber wohl frei erfunden. Rock war ein Koloss von einem Mann, ein übellauniger und rechthaberischer Mensch, der ohne seine tragbare Badewanne und eine bewaffnete Eskorte nirgendwo hinging, Frauen gegenüber jedoch eine Schüchternheit an den Tag legte, die ans Pathologische grenzte. Wenn wir seiner Biografin glauben, der verstorbenen Sylvia Sutton, dann ist es höchst unwahrscheinlich, dass Rock der Vater von irgendjemandem war.

Im Herbst 1990 schrieb ich mich an der Akademie für Sozialwissenschaften in Yunnan ein, um über ein Dissertationsthema zu forschen, das zu definieren mir – über die sture Vorstellung hinaus, dass ich etwas über die Moso erfahren wollte – noch große

Schwierigkeiten bereitete. Inzwischen hatte ich alle Bücher von Rock gelesen und wusste immer noch nicht viel mehr über die Moso als das, was ich Lehrer Lüs Zeitungsartikeln entnommen hatte. Und das Schlimmste: Ich hatte im Jahr zuvor Lijiang besucht und festgestellt, dass dort die Reise zu Ende war. Das Land der Töchter war für Ausländer gesperrt. Die Region sei zu unterentwickelt, hatte Genosse Soundso vom Büro für öffentliche Sicherheit erklärt, es gebe keine Straßen und keine Möglichkeit, die Sicherheit der ausländischen Freunde zu gewährleisten. Und nun bestätigten mir meine Professoren an der Akademie, was ich bereits wusste: Nicht-chinesischen Wissenschaftlern war es nicht erlaubt, in Yongning Feldstudien zu betreiben. Aber sie wussten einen Ausweg: Die Akademie hatte soeben einen brillanten jungen Mann eingestellt, Lamu Gatusa, den ersten und einzigen Akademiker unter den Moso. Er würde mir sämtliche Informationen liefern, und die Kultur der Naxi könnte ich bei den Naxi-Wissenschaftlern studieren – schließlich seien die Naxi und die Moso doch ein und dasselbe Volk.

»Wirklich? Sie gehören zum selben Volk?«, fragte ich hoffnungsvoll.

»Vielleicht auch nicht«, meinte Lamu Gatusa und erklärte mir, die Moso hätten bei der Zentralregierung eine Petition mit dem Anliegen eingereicht, als »Moso-Nationalität« anerkannt zu werden.

Gleich bei unserer ersten Begegnung wurden Gatusa und ich Freunde. Wir redeten viel miteinander: über die Moso, ihr Familienleben, ihre außerordentlichen sexuellen Bräuche, ihre moralischen Werte und religiösen Überzeugungen und die Unterschiede zwischen ihnen und den Naxi. Innerhalb von ein paar Wochen hatten wir auf komplizierten Wegen die Genehmigung erlangt, gemeinsam in das Tal des Jangtse-Flusses zu reisen, der die Siedlungsgebiete der Naxi und Moso trennt und wo die Moso weder matriarchalisch noch matrilinear organisiert sind, sondern patrilinear, weswegen man sie für eine »Verbindungspopulation« *(link population)* zwischen Naxi und Moso hielt. Diese Reise war meine erste Bekanntschaft mit der Kultur der Moso, der Schönheit und Majestät ihres Landes und der Freundlichkeit und Großzügigkeit von Gatusas Familie und hinterließ einen unauslöschlichen Eindruck in meinem Herzen und meiner Erinnerung.

Nach unserer Rückkehr nach Kunming begannen wir an der Übersetzung von Zeremonien der alten Daba-Religion zu arbeiten, die wir in Labei aufgezeichnet hatten. Und natürlich unterhielten wir uns weiter. Eines Abends erzählte Gatusa mir von einer schönen Moso-Sängerin namens Erche Namu, die jetzt in Peking lebte. Er hatte sie vor einigen Monaten besucht. »Wir waren Brieffreunde, als sie am Konservatorium in Schanghai studierte.« Er lachte, und seine dunklen Augen leuchteten. »Sie hat einen Amerikaner geheiratet. Er spricht Chinesisch wie seine Muttersprache ... Wirklich, sein Chinesisch ist großartig! Oh ja, der ist schon etwas Besonderes, dieser amerikanische Ehemann!«

Ich fragte mich, ob ich Namu jemals begegnen würde, und ob mein Chinesisch irgendwann einmal perfekt sein würde. Dann, als die Monate verstrichen, beschlichen mich Zweifel daran, ob Gatusa jemals seinen Traum verwirklichen würde, den gesamten Zeremonienkorpus der Daba aufzuzeichnen, und wie viel davon ich jemals übersetzen könnte. Inzwischen ging ich ganz in unseren religiösen Studien auf.

Als ich die Liturgie und das Ritual der Daba untersuchte, war mir der grundlegende Unterschied zwischen den Religionen der Naxi und Moso aufgefallen. Dies nährte weitere Fragen, die ich seit unserem Besuch in Labei zu stellen begonnen hatte. Insbesondere überzeugte mich die Beschreibung der Moso von Labei als »Verbindungspopulation« nicht, deren Bräuche sowohl aus der Kultur der Naxi als auch der Moso stammen sollten. Soweit ich erkennen konnte, unterschied sich die Bevölkerung von Labei sehr stark von ihren Nachbarn, den Naxi, sogar dort, wo sie am engsten mit ihnen zusammenlebten, nur durch den Jangtse-Fluss getrennt. Meiner Ansicht nach waren die Menschen in Labei in jeder Hinsicht Moso, bis auf einen Unterschied: Sie waren nicht matrilinear organisiert.

Gatusas Arbeit über die Daba war vollkommen eigenständig. Niemand sonst wusste irgendetwas über die alte Religion der Moso. Joseph Rock hatte einfach *angenommen*, der Daba-Kult sei so etwas wie ein armer Verwandter der Naxi-Religion. Und ein paar Jahrzehnte später hatten chinesische und andere Wissenschaftler dasselbe getan, um Beweise für den gemeinsamen Ursprung von Moso und Naxi zu finden, eine These, der es schmerzlich an historischen Belegen fehlte, die mir aber im Lauf der Zeit immer interessanter erschien. Denn die Geschichte der Naxi und Moso war, wie ich herausgefunden hatte, alles andere als Fakt. Sie war ein Konglomerat von Theorien, ethnohistorischer Rekonstruktion, Detektivarbeit, die auf lückenhaften historischen Aufzeichnungen beruhte sowie auf korrelierenden Belegen – Linguistik, Brauchtum, Genealogien, Religion – und bot sich daher zur Diskussion, zu weiteren Nachforschungen und zur Untersuchung an. Mit anderen Worten: ein Thema für eine Doktorarbeit. Aber das Ganze ging mit einer bedeutsamen politischen Frage einher, und meine Lehrer an der Akademie rieten mir dringend davon ab, mich weiter damit zu beschäftigen. Denn die Vorstellung, dass die Naxi und Moso einmal ein- und dasselbe Volk gewesen waren, war genau der Grund, mit dem die offizielle Klassifizierung der Moso unter die Nationalität der Naxi legitimiert wurde – und exakt das bestritten die Moso gegenwärtig.

Aber die Mahnungen meiner Lehrer kamen zu spät. Meine Neugierde hatte sich bereits zu einer Fixierung entwickelt, die dazu führte, dass ich mich während der folgenden sechs Jahre ausschließlich mit der Enträtselung der geheimnisvollen Geschichte der Moso und Naxi beschäftigte. Während dieser sechs Jahre geschah vieles, aber einiges war von besonderem Interesse: 1992 erhielt ich zum ersten Mal eine beschränkte Genehmigung, Yongning zu besuchen; und einige Monate später wurde das nördliche Yunnan uneingeschränkt für ausländische Besucher geöffnet; dann, 1993, wies die chinesische Regierung die Forderung der Moso auf Anerkennung als Nationalität zurück; und ich lernte in San Francisco Erche Namu kennen.

Sieben Jahre später saß Namu neben mir an meinem Schreibtisch und begann mir Geschichten über ihre Kindheit zu erzählen, über das Leben eines heranwachsenden Mädchens im Moso-Land. Und so redete sie, wir weinten, lachten und weinten wieder, und wir skizzierten die Geschichte, aus der später *Das Land der Töchter*.

Eine Kindheit bei den Moso, wo die Welt den Frauen gehört wurde. Aber der Leser sollte sich darüber klar sein, dass diese Erzählung, die Geschichte der Kindheit des Mädchens Namu bei ihrem Volk, in jeder Weise außerordentlich ist und von einer einzigartigen Erfahrung erzählt, einem einzigartigen Schicksal und einer unnachahmlichen Persönlichkeit. Sie ist keineswegs die Geschichte aller Moso.

Auch das, was ich im Folgenden referiere, ist nicht die Geschichte aller Moso, sondern eher ein kleiner Ausschnitt dessen, was ich über ihre Gesellschaft gelernt und an Hypothesen über ihre Geschichte aufgestellt habe. Und ich kann nur hoffen, dass ich sie zutreffend darstelle, so wahrhaftig, wie Namu behauptet, dass ich ihre Biografie erzähle. Denn seit die kommunistische Revolution 1956 in ihre Welt eindrang, standen die Moso unter einem ständigen Rechtfertigungsdruck, und wenige chinesische Minderheiten wurden so durchgängig falsch dargestellt, missverstanden und gelegentlich sogar unterdrückt wie sie.

Die Nationalität der Naxi, zu der die Moso offiziell gehören, lebt im Nordwesten der Provinz Yunnan, auf beiden Seiten des Goldsandflusses, wie der Jangtse in dieser Gegend genannt wird. Am Westufer beherbergt der autonome Bezirk Lijiang etwa zweihundertvierzigtausend Menschen, die speziell als Naxi (ausgesprochen Na-shi) identifiziert werden, während die Menschen, die sich selbst Moso nennen, am Ostufer in Yongning leben und ungefähr dreißigtausend Personen zählen. Der Jangtse trennt die Naxi und Moso schon seit Jahrhunderten, mindestens seit 1381, als der Hof der Ming mit Lijiang und Yongning getrennte feudale Bezirke einrichtete. Diese Verwaltungsgrenze zog damals bedeutsame Entwicklungen nach sich. In Lijiang übten der Konfuzianismus und die chinesische Kultur zunehmend Einfluss auf die Naxi aus. Vor allem seit 1723, als sie unter direkte chinesische Herrschaft gerieten, hatten sie Anteil an allen größeren politischen Umwälzungen, die der chinesischen Nation zustießen. 1949 gehörten die Naxi zur Vorhut der kommunistischen Revolution; die Moso dagegen orientierten sich an Tibet und dem tibetischen Buddhismus und sind noch heute treue Anhänger der Gelugpa, der Gelben Kirche des Dalai Lama. Der Feudaldistrikt Yongning wurde zwar auf dem Verordnungsweg durch China regiert, aber die Moso lebten fast vollständig isoliert vom Rest Chinas – bis 1956, als die Volksbefreiungsarmee ihre Welt auf den Kopf stellte.

Das Land der Moso liegt in der spektakulären Berglandschaft des südlichen Grenzlandes zwischen China und Tibet. Es beginnt östlich des Jangtse und erstreckt sich von den Bergen und Terrassenfeldern von Labei über die Ebene von Yongning und den Lugu-See bis in die kleineren Territorien Quiansuo, Zuosuo und Housuo in der Provinz Sichuan. Der See, den die Moso Xienami nennen, »Mutter See«, liegt in ungefähr dreitausend Meter Höhe und umfasst eine gewaltige Fläche. Hoch darüber erhebt sich die gedrungene Gestalt des heiligen Berges Gamu, der Muttergöttin, die über das Moso-Volk wacht – und vielleicht sogar über die Touristen und anderen ausländischen Besucher, die in das Land der Töchter kommen, um das »Leben im Matriarchat« kennen zu lernen.

Wie zu erwarten, ist die Kultur der Moso komplexer, als das Touristenführer oder die Massenmedien darstellen. Zuerst einmal sind die Moso nicht die einzigen Bewohner des Landes der Töchter, wenngleich sie die dominierende ethnische Gruppe bilden. Darüber hinaus sind noch die Pumi, Lisu, Yi, Tibeter und Naxi zu nennen sowie die Han-Chinesen, die sich in letzter Zeit als Händler in den städtischen Zentren niedergelassen haben. Die Moso selbst stellen ebenfalls keine vollständig homogene kulturelle Gruppe dar, sondern zerfallen in mehrere lokale Gruppen. In den Bergen von Labei, Gatusas Heimat, definieren die Moso ihre Herkunft über die männliche Ahnenreihe, und sie schließen Ehen in einer Form, die einem größeren, den Himalaja von Westchina bis nach Ladakh umfassenden kulturellen Komplex entspricht. Bis 1956 existierten vier Moso-Distrikte, deren größter das Fürstentum Yongning in Yunnan war. Daneben existierten drei kleinere Distrikte in Sichuan – Wusuo, Qiansuo und Zuosuo, aus dem Namu stammt –, die sich im frühen 18. Jahrhundert von Yongning abgespalten hatten. Noch heute teilt die Verwaltungsgrenze zwischen den Provinzen Yunnan und Sichuan das Siedlungsgebiet der Moso, wobei die Moso von Sichuan offiziell als Mongolen und die Bewohner von Yunnan als Naxi klassifiziert werden.

Doch trotz der territorialen und administrativen Unterschiede identifizieren sich alle Moso als Moso und teilen grundlegende kulturelle Züge, die nicht nur ihre gemeinsame Identität belegen, sondern sie deutlich sowohl von den Mongolen als auch den Naxi unterscheiden. Alle Moso sprechen und verstehen dieselbe Sprache, verehren gemeinsame Götter, verzehren die gleiche Nahrung, singen dieselben Lieder und tragen die gleiche traditionelle Tracht, und alle Moso, selbst die patrilinear orientierten Bewohner von Labei, teilen die Überzeugung, dass die echte Moso-Familie, dieser Grundpfeiler der Gesellschaft, die um die Mutter herum aufgebaute Großfamilie ist.

Diese matrilineare Moso-Familie fasziniert zwangsläufig jeden, der sie von der anderen Seite der Berge her betrachtet – denn die Moso sind angeblich das einzige Volk auf der Welt, das die Ehe als Gefahr für die Familie ansieht. Tatsächlich war die Heirat in der Gesellschaft der Moso nie völlig unbekannt, und Moso-Familien organisieren sich seit der Revolution sogar auf unterschiedlichste Weise, aber offizielle Hochzeiten und Kleinfamilien gibt es bis zum heutigen Tag nur wenige. Außerhalb von Labei betrachtet man als die ideale Familie eine große Gruppe von Menschen, die alle durch die Frauen des Hauses verwandt sind – Großmütter, Großonkel mütterlicherseits, Mütter, Schwestern, Onkel mütterlicherseits, Töchter, Söhne, Enkelkinder, Nichten und Neffen. Im Mittelpunkt dieser Familie kann kein Ehemann, keine Ehefrau und kein Vater stehen, sondern stattdessen Brüder, Schwestern, Mütter und Onkel mütterlicherseits. Idealerweise sollte eine Moso-Familie sich niemals spalten, der Reichtum ist Gemeinschaftsbesitz und wird zum Wohle aller Familienmitglieder gleichmäßig aufgeteilt, und eine Regelung der Erbschaft ist gar nicht notwendig, weil der Besitz einfach von einer Generation auf die andere übergeht, wenn die Kinder des Hauses der Familie die Nachfolge ihrer Mütter und Onkel antreten.

Während die Moso dieses Ideal einer unteilbaren Familie vertreten, halten sie andererseits sexuelle Beziehungen strikt aus der Familie heraus – eine Verhaltensregel, die ihren konkretesten Ausdruck darin findet, dass in einem Moso-Haus nur Frauen eigene Schlafzimmer besitzen, die man anschaulich als *babahuago* oder »Blumenzimmer« bezeichnet. Alte Menschen und Kinder unter dreizehn schlafen im Hauptraum, an der Feuerstelle oder in Alkoven. Von erwachsenen Männern wird erwartet, dass sie bei ihren Geliebten schlafen, und wenn sie keine Freundin haben, nächtigen sie in einem der Nebengebäude oder in Gästezimmern über den Ställen. Außerdem untersagt der Brauch der Moso nicht nur erwachsenen Männern, unter demselben Dach zu schlafen wie ihre weiblichen Verwandten; er verbietet sogar jede Art von Gesprächen über Sexualität, sexuelle Anspielungen und Scherze und sogar das Singen oder Summen von Liebesliedern im Haus der Familie. Männern und Frauen steht es frei, sich Partner zu wählen und nach Belieben kürzere oder längere sexuelle Beziehungen einzugehen, doch was eine Frau und ihr »Freund« (azhu) in der Zurückgezogenheit des Schlafzimmers tun, geht nur sie allein etwas an. Wenn ein Paar sich entschließt, seine Beziehung öffentlich zu machen, dürfen die beiden bei ihren jeweiligen Verwandten zusammentreffen. Sie sollten jedoch ihr romantisches Verhältnis keinesfalls vor Familienmitgliedern des anderen Geschlechts zur Sprache bringen, nicht einmal vor ihren eigenen Kindern. Diese Anstandsregeln sind so streng, dass idealerweise – und das war bis zum Eingreifen der Kommunisten auch so – Väter offiziell nicht vorhanden waren. In der Vergangenheit erfuhren die Menschen nur indirekt, wer ihr Vater war, oder sie erfuhren es nie. Denn die bedeutsamen männlichen Familienmitglieder sind die Onkel, nicht die Väter. Tatsächlich sind Moso-Männer nicht den Kindern verpflichtet, die sie zeugen, sondern den Kindern ihrer Schwestern.

Weil die Moso ihre sexuellen Beziehungen in der Form des Besuchs der Männer im Haus ihrer Geliebten organisieren, nennt man den Brauch gelegentlich »Besuchsehe« *(visiting marriage)* oder auch »mobile Ehe« *(walking marriage).* Letzterer Begriff, der von chinesischen Anthropologen bevorzugt wird, leitet sich von der Terminologie der Moso selbst ab, die sexuelle Beziehungen als *sese,* also »laufen«, bezeichnen. Diese *sese* können aber beim besten Willen nicht als Ehen betrachtet werden. Es existieren zwei Formen der *sese* – zum einen vollständig privat und für gewöhnlich kurzlebig, oder stabiler und öffentlich anerkannt –, aber alle *sese* beruhen auf dem System des Besuchs, und keine solche Beziehung umfasst den Austausch von Schwüren und Besitz, die Sorge für gemeinsame Kinder oder den Anspruch auf Treue. Natürlich sind selbst bei den Moso die Menschen nicht gänzlich gefeit gegen Eifersucht oder Liebeskummer, aber der Moralkodex der Moso missbilligt zutiefst die öffentliche Zurschaustellung von Eifersucht oder Herzeleid, ja überhaupt jede Demonstration negativer Gefühle. Bis zu einem gewissen Punkt können verschmähte Liebende auf das Mitgefühl von Nachbarn oder Freunden zählen, doch wenn sie ihre Gefühle nicht zu beherrschen vermögen, verlieren sie ihr Gesicht und müssen damit rechnen, dass die Sympathie nunmehr dem treulosen Partner gilt. Idealerweise soll nichts außer Begehren und gegenseitiger Zuneigung über die Freiheit und Häufigkeit sexueller Beziehungen bestimmen. Als chinesische Beamte in den fünfziger Jahren erstmals auf die Moso trafen, waren sie zutiefst schockiert – allein schon durch die Zahl von Partnern, die sowohl Frauen als auch Männer angaben, und auch, weil sie nicht den geringsten Anschein von Verlegenheit deswegen erkennen ließen.

Aus der Perspektive der Moso gesehen jedoch stärken und stützen solche freien Besuchsbeziehungen die Stabilität der Familie. Sexuelle Beziehungen werden als zeitlich begrenzt betrachtet; sie finden außerhalb der Arbeitszeit statt und bringen keine ökonomische Verpflichtung mit sich; daher stören sie das wirtschaftliche Leben der Familie nicht und bilden keine Konkurrenz zu den Bindungen zwischen Brüdern und Schwestern und Müttern und Kindern, die den wirklichen Kern der Familie darstellen.

Die ökonomische Organisation der Moso spiegelt diese sexuellen Verhaltensmuster. Ganz einfach ausgedrückt konzentriert sich die Arbeit der Frauen auf das Haus, während die Männer außerhalb tätig sind. So obliegt den Frauen der Anbau, die Zubereitung und die Verteilung der Nahrung, während ihre männlichen Verwandten die Häuser bauen, das Vieh hüten und Handel treiben, und sie bringen das Bargeld, das sie in der Außenwelt verdienen, nach Hause. Auf ganz ähnliche Weise sind Frauen und Männer für unterschiedliche Bereiche der Religion verantwortlich: Die Frauen kümmern sich um die täglichen Opfer an die Hausgötter und die Vorfahren, während die Männer sich in der organisierten Religion betätigen, dem tibetischen Buddhismus oder, wo diese Tradition noch existiert, dem Daba-Kult. Allerdings muss auch darauf hingewiesen werden, dass diese Arbeitsteilung zwar dominiert, die Grenzen zwischen den Geschlechtern aber leicht zu überschreiten sind, wenn die Umstände dies erfordern. In dem Maße, wie Bildung und Bargeldökonomie in die Gesellschaft der Moso vordringen, wandelt sich außerdem die Rolle der Frau. Heutzutage sind Frauen wie Männer in der lokalen Touristikindustrie beschäftigt, und Töchter ziehen ebenso wie Söhne in die Städte, um das dringend benötigte Bargeld zu verdienen, wenngleich dies niemals die erste Wahl ist.

Es ist schwer einzuschätzen, wer in der Gesellschaft der Moso die beherrschende Position einnimmt, Männer oder Frauen. Die gesellschaftliche Etikette der Moso betont eindeutig den Vorrang von Alter vor Geschlecht und verlangt demnach generell Respekt vor älteren Menschen beiderlei Geschlechts. Aber selbst eine ältere Frau, die *Dabu* – Haushaltsvorstand – ist, übt keine unangemessene Autorität über ihre Verwandten aus. Ideal gesehen funktionieren Moso-Familien als demokratische Einheiten, in denen alle Verwandten Anspruch darauf haben, in Entscheidungen einbezogen zu werden. Aus einem anderen Blickwinkel gesehen, stimmen die Arbeitsteilung und die Aufteilung der religiösen Sphäre bei den Moso mit der allgemeinen Trennung zwischen Frauen und ihren Brüdern überein beziehungsweise neigen dazu. Hieraus erwachsen eher komplementäre als hierarchische Rollen. Männer und Frauen haben getrennte Verantwortungsbereiche, und ihre Autorität übereinander ist begrenzt. So erwartet man von den Onkeln mütterlicherseits, dass sie beschlagen in den Angelegenheiten der Außenwelt sind, während Mütter und Schwestern sich auf die Führung des Haushalts verstehen. Und keine dieser Rollen ist besser oder schlechter, sie sind einfach so. Von außen betrachtet allerdings springt ins Auge, dass typische Männerarbeiten hoch geachtet werden, dass Frauen einen Großteil der körperlichen Arbeit verrichten und dass Männer auf Grund des Wissen, das sie aus der Außenwelt mitbringen, Respekt, Autorität und mehr fordern.

Unbestreitbar steht jedenfalls fest, dass die Gesellschaft der Moso nicht von den Frauen beherrscht wird, wie das die Massenmedien unweigerlich behaupten. Vor der kommunistischen Revolution wurden die Moso von männlichen Stammesführern regiert, die ihre Stellung vom Vater auf den Sohn vererbten. Adlige Frauen konnten hohe Ämter ausüben und taten das auch, aber nicht, weil sie Frauen waren, sondern weil sie aus der Adelskaste stammten. Heute existieren keine Regeln, die Frauen den Zugang zu Ämtern verwehren, und doch wird die Verwaltung fast vollständig von männlichen Funktionären dominiert. Anders als Frauen, die ständig mit der Haus- und Feldarbeit beschäftigt sind, stehen Männer für Positionen in der Außenwelt zur Verfügung, können Dorfvorsteher, Verwalter, Kader, Techniker, Lehrer, Händler und so weiter werden und üben ganz offensichtlich beträchtliche Autorität in der Öffentlichkeit und im Privatleben aus. Natürlich bestimmt in der Moso-Familie die mütterliche Linie die Blutsverwandtschaft, aber das heißt nur, dass die Gesellschaft der Moso matrilinear ist, nicht matriarchalisch.

Aber wenn die Gesellschaft der Moso auch kein Matriarchat ist, bemerkenswert ist sie dennoch. In vielen, sogar in patriarchalischen Gesellschaften sind Frauen häufig weit mächtiger, als die sozialen Konventionen glauben machen möchten. Frauen können die Hosen anhaben, die Macht hinter dem Thron darstellen oder wie die Redensarten alle heißen; mit anderen Worten: sie können die Autorität an sich reißen, die idealerweise den Männern zusteht. Aber Moso-Frauen tun nichts dergleichen. Sie sind *legitime* Trägerinnen der Familienautorität, die Verwalterinnen des Reichtums der Familie, Miteigentümerinnen des Familienbesitzes und Herrinnen über ihren Stammbaum. Und nicht zuletzt besitzen sie auf dem Gebiet sexueller Beziehungen persönliche Rechte und Freiheiten, die im Rest der Welt unvorstellbar sind. Tatsächlich ist die Gesellschaft der Moso, abgesehen von den Beziehungen zwischen den Geschlechtern, einzigartig wegen ihrer Institution der Besuchsbeziehungen. Die Moso können mit Fug und Recht den Anspruch erheben, ein universelles Problem der menschlichen Existenz gelöst zu haben, den Zwiespalt zwischen der Sehnsucht nach Sex und Liebe und den Anforderungen der Familienkontinuität und -ökonomie.

Wie der französische Anthropologe Claude Lévi-Strauss gezeigt hat, stellt die Ehe einen Mechanismus dar, durch den Blutlinien, Familiennamen, Reichtum und andere Formen von Privilegien und gesellschaftlichem Status ins Werk gesetzt und legitimiert werden. Mit anderen Worten, die Ehe ist der Kleister, der die Gesellschaft zusammenhält.

Aber in den meisten Gesellschaften muss für gewöhnlich ein Faktor zurückstehen, damit die Ehe funktioniert. In patrilinearen, männlich dominierten Gesellschaften wird fast immer die romantische Liebe geopfert und fast immer die sexuelle Freiheit und die Lust – der Frauen. In extremeren Fällen hängt möglicherweise die männliche Erblinie von der ausschließlichen sexuellen Kooperation von Frauen und Töchtern ab, etwas, wozu Frauen von Natur aus nicht neigen. Solche Gesellschaften müssen sich große Mühe geben, die Sexualität der Frauen in Schach zu halten und greifen dazu oft zu drastischen Maßnahmen, wobei zu den menschenverachtendsten die weibliche Beschneidung, das Einbinden der Füße, Witwenverbrennungen, Burkas und alle Arten sozialer Isolation gehören.

Wenn andererseits die Ehe auf den Idealen romantischer Liebe, sexueller Harmonie und der Gleichheit zweier Individuen basiert, statt auf der Sorge um Erblinien und Eigentum, gerät die ökonomische Stabilität, ja die Einheit der Familie selbst in Gefahr. Wie unsere gegenwärtigen Scheidungsraten zeigen, ist die Liebe zwar ein hehres Ideal, aber eine schwache Basis für eine stabile Ehe.

Die Moso dagegen haben eine außergewöhnliche kulturelle Wahl getroffen: Sie haben weder die sexuelle Freiheit noch die romantische Liebe geopfert, weder die ökonomische Sicherheit noch die Kontinuität ihrer Vererbungslinien. Stattdessen haben sie die Ehe verworfen. Gewonnen haben sie eine Gesellschaft, in der alle grundlegenden Bestandteile des Lebens – Nahrung, Zuneigung, Besitz und Familienlinien – Geburtsrechte sind, die durch den alleroffensichtlichsten Umstand der mütterlichen Verbindung hergestellt werden. Interessanterweise finden aus der Perspektive der Familienkontinuität nicht nur Frauen, sondern auch Männer Erfüllung in dieser Lebensweise, die sie von dem Druck befreit, für Nachkommenschaft zu sorgen – denn die Moso-Familien mit ihren zahlreichen Schwestern garantieren fast sicher den Fortbestand bis in die nächste Generation.

Die Moso vertreten idealistisch die Meinung, dass ihre um die Mütter zentrierte Lebensweise die bestmögliche ist und am besten geeignet, Glück und Harmonie zu fördern. Besuchsbeziehungen, so behaupten sie, sorgen dafür, dass die Verbindungen zwischen Männern und Frauen unbelastet und freudvoll bleiben, und Menschen, die in großen, von Frauen bestimmten Haushalten leben, neigen nicht zum Streiten wie Ehepaare. Wir können uns darauf verlassen, dass sie aus Erfahrung sprechen, denn unter dem Druck der kommunistischen Behörden haben es viele Moso mit der Ehe probiert, und die meisten haben wieder aufgegeben. Die Moso sind in der Lage, die positiven Eigenschaften ihres Familiensystems so überzeugend zu formulieren, weil sie leider einige Jahrzehnte Zeit hatten, sich seiner Vorzüge bewusst zu werden. Denn die Kommunisten erkannten nicht, welche Vorteile diese Tradition in sich barg; für sie war der Brauch der Moso bloß rückständig und unvereinbar mit ihren sozialistischen Idealen.

Zweifelsfrei steht fest, dass die Feudalherren der Moso sowohl das matrilineare Familiensystem als auch den Brauch der Besuchsbeziehungen förderten. Zuerst einmal waren die großen matrilinearen Haushalte eher im feudalen Zentrum anzutreffen als in der Peripherie wie in den Bergen von Labei. In der Umgebung des feudalen Zentrums waren nicht nur die Moso, sondern auch die Pumi matrilinear organisiert. Außerdem unterhielten Moso aller gesellschaftlichen Schichten diese Besuchsbeziehungen, und abgesehen von der Herrscherfamilie selbst verfolgten alle Moso, sogar die Aristokratie, ihre Abstammung über die mütterliche Linie. Aber die Feudalherren beförderten den lokalen Brauch auch auf andere Weise – durch Sprichwörter und Lieder, die die Tugenden der unteilbaren matrilinearen Familie priesen; durch die finanzielle

Unterstützung örtlicher Kulte, die sich um die Muttergöttin und andere Muttergestalten drehten, und durch das Steuer- und Frondienstsystem, das eher Haushalte als Einzelpersonen berücksichtigte und damit den Familien einen Anreiz zum Zusammenbleiben bot.

Andererseits förderte der Umstand, dass die Männer sich im Fernhandel betätigten und daher oft Monate lang von zu Hause fort waren, die sexuelle Untreue und ließ es sinnvoll erscheinen, die Haus- und Feldarbeit den Frauen zu überlassen. Und schließlich war der Buddhismus, wenn er auch keinen Teil des Systems bildete, gut daran angepasst. In der alten feudalen Welt war jede Moso-Familie, ganz gleich zu welcher Klasse sie gehörte – Adel, Bürger oder Leibeigene – verpflichtet, einen Sohn zum Studium der buddhistischen Schriften abzustellen. Man schätzt, dass 1956, zum Zeitpunkt der kommunistischen Machtübernahme, ein Fünftel der männlichen Moso ein Ehelosigkeitsgelübde abgelegt hatten, das sich, wie Joseph Rock anmerkte, allerdings nicht auf die Keuschheit erstreckte.

Aber wenn man auch behaupten kann, dass das Feudalsystem die Kultur der Moso stützte, so erklärt das noch nicht den Ursprung ihrer Bräuche oder den Umstand, dass die Moso als einzige unter all ihren Nachbarn die matrilineare Familie und den Verzicht auf die Ehe institutionalisiert haben. Mit anderen Worten, es gibt keine Antwort auf die Frage, woher die Moso kommen und wie alt ihr matrilineares System sein mag.

Obwohl der Name »Moso« in alten chinesischen Chroniken bereits im 7. Jahrhundert auftaucht, liegen die Ursprünge der Moso und ihres außerordentlichen Familiensystems und nicht zuletzt ihre historische Verbindung zu den benachbarten Naxi noch völlig im Dunkeln. Um die Wahrheit zu sagen, sind die historischen Aufzeichnungen äußerst unvollständig und manchmal so voller unverständlicher oder widersprüchlicher Details, dass sie nicht zu enträtseln sind. Aber vielleicht noch problematischer ist der Umstand, dass anscheinend weder Moso noch Naxi einen traditionellen Anspruch auf diesen alten Namen Moso erheben können. Heute nehmen die Naxi Anstoß daran, und die Moso wollen ihn für sich behalten, um sich von den Naxi zu unterscheiden. Der Name »Moso« wird allerdings weder in den alten piktografischen Manuskripten der Naxi noch in irgendwelchen Moso-Legenden und zeremoniellen Texten erwähnt. Gegenseitig nennen Naxi und Moso sich Naxi und Nari, auf die gleiche Weise, wie ihre Nachbarn, die Yi, deren eigener Name Nosu lautet – wobei *na* und *no* beide »schwarz« bedeuten, während *xi, ri* und *su* für »Volk« stehen. Der Name »schwarz« rührt fast mit Sicherheit von einem uralten Stammessystem her, das Jahrhunderte lang die Völker Südwestchinas in »schwarze« und »weiße« Stämme unterteilte.

Einmal abgesehen von dem alten Namen »Moso«, weisen die historischen Aufzeichnungen, die mündliche Tradition und die linguistische Analyse sämtlich darauf hin, dass der Ursprung der Naxi und Moso weder ein einziger »Moso«-Stamm ist noch zwei unterschiedliche Völker. Es gab mehrere Völker, die unter unterschiedlichen Umständen und zu verschiedenen Zeiten die Provinz Yunnan besiedelten – Qiang, Tibeter und Mongolen sowie alteingesessene Stämme. Denn ganz abgesehen davon, dass sie Invasionen durch Fremde ausgesetzt waren, führten die in Yunnan ansässigen Völker seit Jahrhunderten Krieg gegeneinander und betrieben Eroberungen, Fehden und Überfälle; sie gingen auf Völkerwanderung, heirateten untereinander und formierten sich unter dem Banner verschiedener Bündnisse, Königreiche und Kaiserreiche neu. Da ist es nicht erstaunlich, dass die historischen Aufzeichnungen Dutzende von Stämmen erwähnen, deren Namen heute vollständig verschwunden sind. Wenn eine Gruppe die andere eroberte, wurden die Unterlegenen entweder versklavt, um ihre Arbeitskraft und/oder militärische Dienste in Anspruch zu nehmen, oder sie wurden in das System der Tributzahlungen an die ortsansässigen Feudalherren assimiliert. In der Tat berichten sogar noch im 16. Jahrhundert chinesische und lokale Historiker, das nördliche Yunnan sei von einem Konglomerat rebellischer Stämme bewohnt, und die lokalen Feudalherren versuchten vergeblich, diese durch ihre jeweiligen Steuer- und Fronsysteme zu befrieden.

Wie auch immer die fernere Vergangenheit ausgesehen haben mag, im Jahr 1956 jedenfalls stellten die Moso und die Naxi zwei

277

vollkommen verschiedene Völker dar, die weder Siedlungsgebiet, Sprache, Religion oder Bräuche teilten – wenngleich die chinesischen Historiker ihre Identität seit Jahrhunderten durcheinander gebracht hatten und die Kommunisten sich anschickten, sie als ein und dieselbe Nationalität einzustufen. Zu berücksichtigen ist dabei natürlich, dass sowohl in Yongning als auch in Lijian die Bevölkerung einen großen Teil ihrer kulturellen Eigenheiten von den jeweiligen lokalen Eliten übernommen hat, die den vorausgegangenen Generationen ihre Gesetze und Bräuche aufgezwungen hatten.

An beiden Ufern des Jangtse führten die Feudalherren ihre Abstammung auf einen Armeeoffizier zurück, den angeblich Kublai Khan bei seiner Eroberung Chinas zurückgelassen hatte. Aber abgesehen von dem gemeinsam erhobenen Anspruch auf ferne mongolische Vorfahren unterscheiden sich die Genealogien der Moso- und Naxi-Herrscher vollständig. So weist der Stammbaum der Herren von Lijiang eine durchgängige Erbfolge vom Vater auf den Sohn auf, während die Genealogie der Feudalherren von Yongning darauf hindeutet, dass die Moso-Herrscher ihre Stellung auf *matrilinearem* Weg vererbten, vom Onkel auf den Neffen, und zwar bis zum 18. Jahrhundert, als durch kaiserliches Edikt das Erstgeburtsrecht und die patrilineare Erbfolge eingeführt wurden. Und das ist sehr interessant, nicht nur weil diese Genealogien die Moso und Naxi grundsätzlich unterscheiden, sondern auch weil sie darauf hinweisen, dass die alte Moso-Elite ihre edle Abstammung nicht nur bei den Mongolen zu suchen hat.

Yongning liegt südlich eines alten Qiang-Staats, der in den kaiserlichen Annalen der Sui- (581–618) und Tang-Dynastien (618–907) als ein »Land der Frauen« *(Nü Guo)* beschrieben wird und der anscheinend nicht nur matrilinear, sondern wirklich matriarchalisch organisiert war. Diese Dokumente sind bemerkenswert detailliert; sie geben eine exakte geografische Lage an, nennen Flüsse, Städte und Gebietsgrenzen und liefern zudem Informationen über die wirtschaftliche, politische und soziale Organisation dieses Reiches. Demnach wurde das Land der Frauen von Königinnen sowie einem Staatsrat regiert, der ausschließlich aus weiblichen Ministern bestand. Männer, so teilen uns die kaiserlichen Schreiber mit, waren nicht besonders hoch angesehen; sie nahmen die Namen ihrer Mütter an, bebauten das Land und zogen in den Krieg. Der Bericht nennt auch die Namen mehrerer Königinnen, die Tribute an den chinesischen Hof entrichteten, darunter eine gewisse Ngue – zufällig der Clanname der alten Aristokratie von Yongning, der bei den Naxi von Lijiang nicht vorkommt.

Mit Lehrer Lü hatte ich schon vor vielen Jahren darüber diskutiert, dass die westliche Anthropologie nichts von matriarchalischen Staaten hält, sondern der Meinung ist, das Matriarchat stelle einen Mythos dar. Aber die Berichte über das Land der Frauen sind nicht über die Mythologie zu uns gekommen, sondern in schriftlichen, offiziellen Dokumenten. Aus den Akten des Kaiserreichs verschwindet das Land der Frauen nach den chinesisch-tibetischen Kriegen während des 9. Jahrhunderts. Aber wäre nicht denkbar, dass einige seiner Clans, darunter die Ngue, nach Yongning zogen? Und wenn man diese Möglichkeit in Betracht zieht, dann werfen die Berichte über das Land der Frauen möglicherweise nicht nur ein Licht auf die Stichhaltigkeit der gegenwärtigen ethnischen Grenzen zwischen Moso und Naxi, sondern geben der westlichen Anthropologie Anlass, die Frage des Matriarchats neu aufzurollen.

Bis Ende der achtziger Jahre waren die Moso außerhalb Westchinas praktisch unbekannt. Dafür gab es mehrere Gründe, unter anderem ihre extreme geografische Isolation und nicht zuletzt der Umstand, dass sie nach der Revolution mehrere Jahre lang keinen eigenen Namen führten, sondern einfach unter die Naxi subsumiert wurden. Isolation ist immer noch die auffallendste Eigenheit des Moso-Landes, und man braucht nicht weit vom Weg abzuweichen, um malerische Dörfer ohne fließendes Wasser oder elektrischen Strom zu entdecken sowie eine praktisch bargeldlose Ökonomie, in der Handel und Tausch immer noch per Pferdekarawane abgewickelt werden. Zwischen diesen hohen Bergen, wo moderne Waren und Infrastruktur so gut wie nicht existent sind, ist die Illusion einer Zeitreise beinahe perfekt. Man hat das Gefühl, dass hier die Geschichte still steht. Doch der Schein trügt. Denn die Moso sind niemals wirklich gefeit vor den großen historischen Umwälzungen gewesen, die die tibetisch-chinesische Grenzregion erschütterten. Und auch die Umbrüche der jüngeren Vergangenheit, die ökonomische Liberalisierung und die Globalisierung, haben ihre Spuren hinterlassen.

Vieles hat sich in den vergangenen fünfzig Jahren geändert, für China und für die Moso. In dem Maß, in dem China urbaner, wohlhabender und weltoffener wurde, hat sich die Kunde von der Kultur der Moso über Yunnan hinaus im ganzen Land und in den letzten paar Jahren in der ganzen Welt verbreitet. Heute können ausländische Journalisten und Filmemacher das Land der Moso unbeschränkt bereisen, und sogar westliche Anthropologen können sich dort niederlassen, solange ihre Forschungsvisa dies gestatten, durchaus auch für Monate. Insbesondere die deutsche Wissenschaftlerin Susan Knödel und die Amerikanerin Eileen Walsh haben mit ihren Dissertationen, die auf ausführlichen Feldforschungen beruhen, einen Beitrag zum Studium der Moso-Kultur geleistet. Aber die große Mehrheit der Besucher im Land der Moso sind nicht Wissenschaftler oder Journalisten, sondern Tausende von Chinesen und zunehmend auch ausländische Touristen, die jedes Jahr in größerer Zahl nach Yongning kommen. Die meisten bleiben nur wenige Tage, gerade lang genug, um sich umzuschauen, ein wenig zu reiten, über den See zu paddeln und die Tempel zu besuchen; um zu singen, um die Feuer zu tanzen und darüber zu spekulieren, wie es wäre, in einer Gesellschaft ohne Väter und Ehemänner zu leben, wo freie Liebe herrscht und die Frauen bestimmen. Sie reizt das Exotische, die Unschuld oder die Verworfenheit. Die innere Haltung zu Sex und Moral bestimmt die Bewertung der Moso-Kultur.

Binnen eines Jahrzehnts hat sich die Provinz Yunnan zu einem der beliebtesten Touristenziele Chinas entwickelt. Der Tourismus hat enorme Veränderungen bewirkt und großen Wohlstand geschaffen, aber zugleich eine gewaltige Kluft zwischen denen aufgerissen, die in der neuen Industrie beschäftigt sind, und dem Rest der Bevölkerung. Trotz der Bemühungen der lokalen Behörden, sowohl die Industrie als auch den Wohlstand, den sie mit sich bringt, auf mehr als ein paar wenige Glückliche zu verteilen, konzentriert der Tourismus sich immer noch stark auf das Dorf Luo Shui in der Nähe des Sees. Dort haben fleißige, unternehmerisch denkende Familien ihre Blockhäuser zu geräumigen Gästehäusern umgebaut. In nur etwa sechs Jahren ist der Lebensstandard in Luo Shui dramatisch gestiegen, und viele Familien verfügen über Fernsehen, fließendes Wasser und ein dickes Bankkonto – ein materieller Wohlstand, der in krassem Gegensatz zu den Verhältnissen im übrigen Moso-Land steht.

Doch viele Moso befürchten, dass mit dem Eindringen der Außenwelt ihre traditionelle Lebensweise verloren gehen könnte – und das ironischerweise gerade jetzt, da sich keine Regierung mehr in ihr Privatleben einmischt. Heute gehen fast alle Moso-Kinder zur Schule, wo sie nach dem chinesischen Lehrplan unterrichtet werden und so lernen, sich über die Sprache und die Kultur der Moso hinaus, über die Subsistenzwirtschaft hinaus und vielleicht sogar über die mutterrechtliche Großfamilie hinaus zu definieren. In den entlegeneren Dörfern drängt die wirtschaftliche Notwendigkeit die jungen Leute dazu, fortzuziehen und Arbeit in den Städten zu suchen, wo sich einige von ihnen unvermeidlicherweise für immer niederlassen werden. Und in den reicheren Ortschaften, in denen man sich dank der Touristendollars Fernseher leisten kann, haben nun die junge Leute Zugang zu einer Welt, die die Älteren sich niemals hätten träumen lassen.

Wenige Menschen im Moso-Land würden abstreiten, dass der Tourismus der sicherste Garant für wirtschaftlichen Fortschritt ist. Aber kann der Tourismus allein die wirtschaftliche Entwicklung in Gang halten und die Abwanderung junger Menschen in die Städte stoppen? Wenn nicht, was dann? Und wenn doch, zu welchem Preis? Die »Matriarchats-Industrie« birgt ein eigenartiges Paradox, denn sie macht die Verheißung von Modernität abhängig von der Erhaltung der Tradition. Aber andererseits haben die Besuchsbeziehungen und die mutterrechtliche Familie seit der kommunistischen Revolution besondere Bedeutung gewonnen. Heute stehen sie für das Beste der Moso-Tradition und verkörpern die Identität der Moso. Und das ist gewiss mehr als ein Anreiz für die Bewahrung dieser Kultur.

Die Moso sagen, dass die Zukunft hinter uns und die Vergangenheit vor uns liegt; denn die Vergangenheit ist das, was wir kennen und vor Augen haben, während wir die Zukunft nicht sehen können, da sie sich hinter unserem Rücken verbirgt. Mich erinnert das an die heiligen Bilder von Schlangen, die sich in den Schwanz beißen und so als Symbol ewiger Erneuerung Anfang und Ende zueinander bringen. Ich denke an die Widerstandskraft eines Familiensystems, das Jahrhunderte leidvoller Geschichte überstanden hat, und das einzigartige Genie eines Volkes, das die Freiheit zu lieben zum Hüter seines kollektiven Glücks erhoben hat und diesen Geist noch heute bewahrt, während es Hand in Hand mit neugierigen Besuchern um die Feuer tanzt.

Christine Mathieu
San Francisco, Kalifornien
November 2001

Nachbemerkung von Namu

Schon lange ist mir klar, dass mein Leben sich von dem anderer unterscheidet. Während meiner Kindheit in meinem Dorf und auch, als ich nach Schanghai, Peking und später nach Amerika und Europa reiste – immer war mir klar, dass ich anders war, dass ich mich von meiner Familie, meinem Volk und meinen Mitmenschen unterschied. Aber ich wusste auch, dass ich einen Schatz mit mir trug, den Schatz meiner Geburt im Land der Töchter. Obwohl ich mich entschieden habe, den größten Teil meines Lebens im Westen zu verbringen, schenkt mir nur dieses Land einen inneren Frieden, den ich nirgendwo anders finden kann, gleich wie lange ich fortgehe oder wie weit ich reise. Ich glaube, ich habe das immer gewusst, aber bis ich begann, zusammen mit Christine Mathieu meine Geschichte niederzuschreiben, hatte ich nie die richtigen Worte gefunden, um anderen meine Empfindungen zu erklären. Christine und ich waren schon viele Jahre lang befreundet, doch nun entdeckte ich, dass ich mit ihr auf eine Weise kommunizieren konnte, wie mir das noch nie mit jemandem gelungen war. Sie wusste, woher ich kam; sie war auf unseren Bergpfaden gegangen und hatte unseren gesalzenen Buttertee getrunken, ja sie hat mit meiner Mutter in unserem Haus in Zuosuo zusammengesessen. Und mehr noch, sie konnte einen Sinn in meine verworrenen, emotional gefärbten Erinnerungen bringen. Noch nie hatte ich so gründlich nachgedacht, niemals jemandem so viele Geheimnisse anvertraut. Ich hatte zwar schon über mein Leben geschrieben und meine Geschichte in Interviews mit den chinesischen Medien oft erzählt, aber trotzdem hatte ich bis jetzt nur an der Oberfläche gekratzt.

Drei Monate lang erzählte ich Christine in San Francisco meine Geschichte. In dieser Zeit sprachen wir über jede kleine und große Begebenheit und erkundeten Bilder, Gefühle und Eindrücke, die ich mir ins Gedächtnis rufen konnte; und ich stellte fest, dass ich nicht nur über mein Leben sprach, sondern es gleichsam noch einmal erlebte und Gefühle und Ereignisse entdeckte, die ich vor langer Zeit tief vergraben hatte, so tief, dass ich sie fast vergessen hätte. Unsere Gespräche verliefen oft schmerzlich, manchmal aber auch sehr witzig und fast immer überraschend. Diese Erfahrung tiefer Reflexion und Erinnerung war für mich vollständig neu; mir war, als sähe ich mein Dorf, meine Mutter und sogar mich selbst in einem völlig neuen Licht, so als machte ich neue Bekanntschaften und entdeckte neue Dimensionen des Verstehens.

Mehr als ein Jahr ist seitdem vergangen, und jetzt habe ich das abgeschlossene Manuskript gelesen. Ich war nicht auf diese Geschichte meiner Jugend gefasst, darauf, so viel von mir in diesen Wörtern einer fremden Sprache zu entdecken, gefiltert durch die Fantasie einer anderen Person. Und doch bin ich das, ich selbst in der Vergangenheit und der Gegenwart, und es ist eine wunderschöne, traurige und hoffnungsvolle Geschichte. Es ist sehr schwer für mich, mit so vielen Emotionen fertig zu werden. Ich vermochte das Manuskript nicht in Genf zu lassen, wo ich es zum ersten Mal in die Hände bekam; ich nahm es mit nach Italien und dann nach Peking, und jetzt bin ich hier am Lugu-See, wo ich meine Mutter besuche und drei Wochen in meinem Dorf verbringe. Dies ist mein längster Besuch, seit ich vor vielen Jahren im Zorn davongelaufen bin. Ich sitze auf dem Lehmboden in der Küche, neben der Feuerstelle, und blättere das Manuskript noch einmal durch. Das Holz ist zu nass, weil es heute Nacht geregnet hat, und Rauch erfüllt den Raum; eine perfekte Ausrede für die Tränen, die in meinen brennenden Augen stehen und mein Gesicht hinunterrinnen. Mir fiel es immer schwer zu weinen, aber jetzt sieht es aus, als könnte ich gar nicht wieder aufhören!

Durch das Fenster sehe ich meine Mutter. Sie füttert die Sau und tätschelt sie sanft. Das Gesicht der alten Dame ist weich und zärtlich. Sie strahlt Wärme und Herzlichkeit aus. Endlich befindet sie sich in Harmonie, sage ich mir, und sie dreht sich um und schaut über die Schulter, als könnte sie meine Gedanken hören. Unsere Blicke treffen sich, und sie lächelt. Es ist, als träfe mich eine Feuerkugel. Ich erwidere ihr Lächeln, und die Tränen fallen auf eine weitere Seite meines Lebens.

Mir ist schon lange klar, dass meine Vergangenheit bestimmt, was ich heute bin. Immer bin ich eine Außenseiterin gewesen, immer anders; daher hoffe ich, dass meine Geschichte jedem, der sich schon einmal anders als die anderen gefühlt hat, etwas zu sagen hat. Und ich wünsche mir, eine Botschafterin für mein Volk zu sein und ihm den Stolz und das Selbstvertrauen zu schenken, die es verdient.

Namu
Lugu-See
November 2001

Danksagung

Unser tief empfundener Dank gilt unserem Agenten Richard Balin und unserer Redakteurin bei Little, Brown, Deborah Baker. Durch ihren Enthusiasmus, ihre harte Arbeit und ihre Ermunterung haben sie dieses Abenteuer erst ermöglicht. Ein besonderer Dank auch an Eileen Walsh für ihre Hilfe und Thoralf Stenvold für seine geduldige Unterstützung und sein Engagement. Außerdem danken wir Peter Shotwell, Sandra Steele, Cassis Lumb, Harley Blakeman und Lisa Cody für ihre hilfreichen Anmerkungen während der Entstehung des Buches und Paola Zuin und Matt Forney für die Weiterleitung von Nachrichten zwischen San Francisco, Genf und Peking.

Über die Autorinnen

Yang Erche Namu wurde im Jahr des Pferdes – 1966 – in dem Dorf Zuosuo am Lugu-See geboren. Im Alter von acht Jahren schickte man sie zu ihrem Onkel mütterlicherseits, wo sie in den Bergen Yaks hütete. Ins Dorf kehrte sie erst mit dreizehn zurück, bereit, sich ihrer Initiation zur erwachsenen Frau zu unterziehen. 1981 verließ sie ihre Heimat in den Bergen zum ersten Mal, um an einer Reihe von Gesangswettbewerben teilzunehmen, die vom Kulturbüro der Provinz finanziert wurden. Diese Reise, auf der ihr Talent entdeckt wurde, führte sie bis nach Peking. Ein paar Monate nach ihrer Heimkehr lief sie aus ihrem Dorf weg und trat in die Liangshan-Minderheiten-Gesangs- und-Tanztruppe in Xichang, Provinz Sichuan, ein. Im Jahr darauf wurde sie in ein spezielles Programm für nationale Minderheiten am Konservatorium in Schanghai aufgenommen, wo sie nicht nur Gesang studierte, sondern auch Lesen und Schreiben lernte. Nach ihrem Studienabschluss trat sie dem Tanz- und Gesangsensemble der chinesischen Minderheiten in Peking bei. Im Jahr 1990 verließ sie China und lebte mehrere Jahre in San Francisco. Als Namu Mitte der Neunziger Jahre nach China zurückkehrte, hatte sie auf einem Ohr vollständig das Gehör verloren und war gezwungen, ihre professionelle Gesangskarriere aufzugeben. Anschließend begann sie eine Karriere als Model, die sie nach Italien, Japan, Hongkong und in die Vereinigten Staaten führte. 1999 gewann sie als erste den seitdem jährlich in Peking verliehenen Modepreis des Magazins *Cosmopolitan*. In den vergangenen zehn Jahren hat Namu in China mehrere Bücher über ihr Leben und ihre Karriere veröffentlicht, darunter eines in Zusammenarbeit mit dem Moso-Wissenschaftler Lamu Gatusa. Heute lebt sie mit dem norwegischen Diplomaten Thoralf Stenvold zusammen und pendelt zwischen Genf, Peking und San Francisco.

Christine Mathieu wurde 1954 – auch ein Jahr des Pferdes – in Paris geboren. Mit sechzehn zog sie nach England und wanderte von dort nach Australien aus, wo sie Anthropologie studierte. Nach ihrem Studienabschluss ging sie neben dem Lehrberuf verschiedenen Interessen nach. 1989 begann sie mit den Recherchen für ihre Doktorarbeit über einen Vergleich der Geschichte, der Bräuche und der Kultur der Völker der Moso und Naxi in der Provinz Yunnan. Dort lernte sie den Moso-Akademiker Lamu Gatusa und über ihn Namu kennen. Christine ist verheiratet, hat zwei Kinder und lebt in San Francisco. Sie unterrichtet Anthropologie am Saint Mary's College of California.